Francis Xavier Weninger

Die Unfehlbarkeit des Papstes als Lehrer der Kirche

Francis Xavier Weninger

Die Unfehlbarkeit des Papstes als Lehrer der Kirche

ISBN/EAN: 9783743302457

Hergestellt in Europa, USA, Kanada, Australien, Japan

Cover: Foto ©Lupo / pixelio.de

Manufactured and distributed by brebook publishing software
(www.brebook.com)

Francis Xavier Weninger

Die Unfehlbarkeit des Papstes als Lehrer der Kirche

Die
Unfehlbarkeit
des
Papstes
als
Lehrer der Kirche
und
dessen Beziehung zu einem
Allgemeinen Concilium.

Von

F. X. Weninger, S. J.

Missionär in den Vereinigten Staaten von Nord-Amerika.

———— ◆•◆ ————

Cincinnati & New-York:

Verlag von Benziger Brothers,

Typographen des hl. Apostolischen Stuhles.

1869.

STEREOTYPED AT THE FRANKLIN TYPE FOUNDRY, CINCINNATI.

Einleitung.

———————

Das erste was jeder Autor, der ein Buch der Oeffent-
lichkeit übergibt darzuthun wünscht, ist die Nachweisung,
daß der Gegenstand, den er behandelt, ein w i c h t i g e r
und ein solcher sei, dessen Behandlung z e i t g e m ä ß
erscheint. Daß beide dieser Bedingnisse die Herausgabe
der gegenwärtigen Schrift rechtfertigen, beweist, wie uns
dünkt, ein flüchtiger Blick auf den Titel des Buches
selbst, wenn man nebstbei erwägt, in welchen Zeitverhält=
nissen wir leben. — Rom — der Papst — seine Stellung
in der Kirche — seine Beziehungen zu ihr und der Welt
— seine Rechte und ihre Vertheidigung, bilden ja den
Brennpunkt der Tagesgeschichte. — Die Wogen der Ver=
folgung gegen die Kirche und ihr Oberhaupt schlagen
mit aller Gewalt, deren die Hölle immer nur fähig ist,

gegen den Felsen Petri, um wo möglich den Primat, seinen Nachfolger, aus dem Grunde zu heben. — Anderer-
seits aber entfaltet gerade Pius IX. eine geistige Machtfülle, wie wenige Päpste vor Ihm gethan; welche kirchliche Machtvollkommenheit aber gerade in der Prärogative
culminirt, deren Vertheidigung wir zum Gegenstand dieser Abhandlung gewählt; nämlich: seine Unfehlbarkeit im kirchlichen Lehramte, wenn Er als Haupt der
Kirche die Gläubigen belehrt.

Wir betonen mit besonderem Nachdruck diese letzten
Worte, weil dieselben die Sphäre genau bezeichnen, in
der wir die Aussprüche des Oberhauptes der Kirche als
unfehlbar behaupten.

Es handelt sich nämlich nicht darum, was der Bischof
von Rom, als Privatperson genommen, wisse und lehre,
wäre er auch ein Benedikt XIV., oder ein Cölestin V.,
von der Einsiedelei auf den päpstlichen Thron erhoben;
sondern wir vertheidigen die wirkliche Primatial=Unfehl-
barkeit des Papstes, nur dann als solche, wenn Er als
Oberhaupt und Lehrer der Kirche das Wort der Ent=
scheidung an die Gläubigen richtet, in der Absicht, dieselben in Dingen des Heils zu belehren, und dieselben im
Gewissen verpflichtet, so zu glauben, wie er lehret. Mit
anderen Worten — nur dann, wenn Er, wie man zu sagen pflegt, "Ex Cathedra," vom „Lehrstuhle Petri"
aus die Christenheit belehrt.

Der Gegenstand, auf den sich diese Unfehlbarkeit bezieht ist damit von selbst angegeben. Es ist das "depositum fidei" „die Hinterlage des Glaubens" — Dogma und Moral — und was sich auf die ungeschmälerte Bewahrung und Sicherstellung des Glaubens- und der Sittenlehre mittelbar oder unmittelbar bezieht. Daß die Behauptung und Vertheidigung dieser Prärogative des Primates von der weitesten Tragweite sei, erhellt aus dem Umstande, daß die Läugnung derselben in consequenter Folge den Primat selbst, und mit ihm die Garantie der Einheit der Kirche im Glauben aufhebt, wie bereits Thomas von Aquin bemerkte, und wie die gegenwärtige Abhandlung selbst es umständlich nachweisen soll.

Was aber die Zeitgemäßheit der Behandlung dieses Gegenstandes betrifft, so wird Niemand dieselbe bezweifeln, der die Ereignisse der Zeit, in der wir leben, zu würdigen versteht. Pius, das gegenwärtige Haupt der Kirche, hat eben in unseren Tagen von dieser päpstlichen unfehlbaren Lehrautorität den großartigsten Gebrauch gemacht, und die gelehrte, wie die sociale und politische Welt in Aufruhr und Staunen versetzt; während sie den Gläubigen, zu deren größten Seelennutzen den Compaß übergab, um durch die wogenden Zeitirrthümer sicher und gefahrlos zu schiffen. Nebstbei naht das allgemeine Concilium. Was könnte da wohl zeitgemäßer sein, als daß man von der Beziehung des Papstes zur kirchli-

chen Lehrautorität und zu einem allgemeinen Concilium
eine wohlbegründete klare Ansicht habe. Allerdings mag
es Theologen geben, die, wenn sie auch mit uns die Un=
fehlbarkeit des Papstes bekennen, es dennoch ungern se=
hen, daß man durch ein Buch die Frage über dieselbe vor
den Richterstuhl der öffentlichen Meinung bringe. Sie
halten dafür, es wäre wohl gerathener, von dieser Prä=
rogative des Primates, vorerst Umgang zu nehmen, um
nicht das Kind mit dem Bade auszuschütten, und Aka=
tholiken von der Anerkennung der Wahrheit der katholi=
schen Kirche noch weiter zu entfernen.

Wir achten die gute Absicht von dergleichen Gelehrten,
allein wir schauen die Lage der Dinge der Gegenwart
in einem ganz anderen Lichte.

Es ist nämlich nach unserm Dafürhalten derzeit gera=
dezu unmöglich, unsere Glaubensüberzeugung zu bemän=
teln. Die ganze Welt weiß es, welchen Gebrauch Pius
IX. von dieser seiner unfehlbaren Lehrautorität gemacht
und vielleicht noch machen wird, und mit welch einer ab=
soluten Unterwerfung jeder Menschengeist, gelehrt oder
ungelehrt — geistlich oder weltlich — Bischof oder König
und Kaiser, sich vor den Lehraussprüchen des apostoli=
schen Stuhles zu beugen hat, wenn er darauf Anspruch
machen will, sich katholisch zu nennen.

Nichtkatholiken sehen dieses Benehmen. Dasselbe be=
mänteln zu wollen, nützte so wenig, als wenn der Strauß

seinen Kopf in den Sand steckt, meinend, daß er sich
dadurch den Blicken seiner Verfolger entziehe. Die Fein=
de der Kirche, und überhaupt alle gebildeten Nichtkatho=
liken müßten ein solches Benehmen geradezu verachten.
Hingegen muß es ihnen zeitgemäß und edel erscheinen,
wenn wir den Grund dieser unserer unbedingten Unter=
werfung, hinsichtlich des Ausspruches des apostolischen
Stuhles, aller Welt klar vor Augen legen. Sie mögen
die unüberwindliche Festigkeit derselben prüfen.

Besonders aber muß es der Episcopat wünschen, daß
dieses Recht des apostolischen Stuhles mit aller Unbefan=
genheit und möglichster Gründlichkeit öffentlich bespro=
sprochen werde. Die Gegner der Kirche sollen erkennen,
daß die Bischöfe weder aus moralischem Zwang, noch
aus bloß menschlicher Rücksicht und Heuchelei der Stim=
me der Nachfolger Petri in solcher Demuth folgen; son=
dern weil sie sein Recht in Dingen des Glaubens mit
unfehlbarer Lehrautorität in der Kirche zu lehren aner=
kennen und sich dessen wohl bewußt sind, daß dieses Recht
ein göttlich gegebenes sei, und auf dem Felsengrund uner=
schütterlicher Beweisgründe sich fuße. Andersdenkende
mögen diese Beweisgründe beherzigen.

Wer könnte übrigens richtiger beurtheilen, was in
dieser Beziehung zeitgemäß sei, als Rom selbst?

Nun aber geht gerade von Rom aus, und ohne Zwei=
fel nicht ohne Zustimmung des hl. Vaters zu wiederhol=

ten Malen die Aufforderung und Einladung, daß eifrige
Seelen sich durch ein eigenes Gelübde verpflichten mögen,
dieses Vorrecht der Unfehlbarkeit des Oberhauptes der
Kirche auf alle Weise, selbst mit Vergießung ihres Blu-
tes, zu vertheidigen. Wenn so, dann ist es wohl Zeit,
daß man von der Begründung dieser päpstlichen Lehrautorität rede, und daß in einer auch für das Volk ver-
ständlichen Sprache.

Unsere Gegner sollen es wissen, daß wir Kinder der
hl. Kirche auf den Kampf gefaßt sind, den die Kirche und
überhaupt das Christenthum gegen das neue Heidenthum,
Pantheismus genannt, zu bestehen hat. Die zwei sich
gegenüberstehenden Heerlager der Stadt Gottes und des
Reiches der Finsterniß sind scharf gemarkt; und es kann
nur zum Vortheil dienen, dem Feinde die unüberwindliche Stärke unserer Stellung als Kinder der Kirche fühlen zu lassen.—Was die Behandlung dieses zugleich historischen Gegenstandes selbst betrifft, so war es unvermeidlich
eine große Menge von Citaten einfließen zu lassen. Allein es wird dabei dem Leser, der der lateinischen Sprache
nicht mächtig ist, zur Befriedigung dienen, wenn wir ver-
sichern, daß der Sinn dieser Citate durchweg, und zumeist
wörtlich im Deutschen beigesetzt ist, endlich daß man das
Buch, mit Hinweglassung dieser lateinischen Texte, dennoch im vollkommenen Verbande lesen kann. — Möge
dasselbe erfolgreich dazu beitragen, daß a l l e Mitar-

beiter und Theilnehmer im heiligen Amte sich um so entschiedener in vollen Reihen um den Lehrstuhl Petri schaa-
ren.   Möge es alle Kinder der Kirche mit größerer Anhänglichkeit, Ehrfurcht, Liebe und Treue für den apostolischen Stuhl erfüllen.   Möge es endlich den Andersgläubigen selbst als Beweis dienen, daß der Katholik
wisse warum er glaube, und daß selbst jene katholischen
Lehrsätze, die der Welt besonders überspannt und phan-
tastisch scheinen, gehörig beleuchtet, selbst die schärfste
Kritik von Seite der Vernunft siegreich bestehen, und aus
einem solchen Kampf und solcher Prüfung nur noch evidenter und glorreicher hervortreten, und in unbezweifelbarer Wahrheit sich als göttliche Thatsache und geoffenbarte Lehren bewähren.

Inhalts-Verzeichniß.

——— ••• ———

2   (XI)

Die

Unfehlbarkeit

des

Papstes

als

Lehrer der Kirche.

I.

Anforderung

der Vernunft

hinsichtlich des kirchlichen Lehramtes.

———— •••• ————

Wenn wir die Beweisführung für die Wahrheit unserer Thesis mit der Durchführung der sogenannten "ratio theologica" beginnen, so wollen wir damit keineswegs andeuten, daß dieser Beweisgang derjenige sei, den man bei theologischen Erörterungen nothwendig und jedesmal zu nehmen habe. Im Gegentheil, der aus der Natur einer Beweisführung hinsichtlich einer geoffenbarten Wahrheit zu nehmende Ideengang, sollte sich vorerst an die Autoritäten der positiven Quellen anschließen, durch die dem Menschen das Wort der Offenbarung zufließt, insofern als darüber noch keine endliche kirchliche Entscheidung vorliegt. Diese zwei Quellen heißen Schrift und Tradition. Es fragt sich ja nicht zuerst darum, was die Vernunft, so weit es in ihrer Sphäre

(15)

liegt, von Wahrheiten und Thatsachen denke, oder ahne, die in das Bereich der Offenbarung und einer positiv göttlichen Anordnung gehören, sondern es heißt da zuerst sich darum erkundigen, was das Wort der Offenbarung uns dießfalls lehre. Die im Glauben erleuchtete Vernunft möge dann sich damit beschäftigen, den Sinn nnd praktischen Einfluß, und die wundervolle Harmonie der geoffenbarten Wahrheiten und die Convenienz und Zweckmäßigkeit, einer Thatsache der göttlichen Heilordnung, zu erörtern.

Was uns diesmal bestimmt, bei der Beweisführung der gegenwärtigen Abhandlung von dieser Ordnung abzugehen, ist folgende eigenthümliche Sachlage. Wir wählten zwar bei der Veröffentlichung unserer Schrift in englischer Sprache den ersteren gewöhnlichen Weg, und schickten den Autoritäts=Beweis voraus. Der Charakter des amerikanischen und englischen Volkes hat uns dazu bestimmt. Der Anglo=Sachse sowie der Irländer pflegt mehr das Element der Autorität und des positiven Rechtes zu würdigen. "By Law," „So will es das Gesetz," das ist etwas Zermalmendes für den Amerikaner und Engländer. "That's our rule" „das ist unsere Regel," dies gilt sehr oft als genügende ratio ultima für irgend eine Handlungsweise. — Der Deutsche scheint hingegen mehr Interesse zu fühlen für das Tribunal der Vernunft, als für das der imperativen Autorität. Dieser Charakterzug in der Volksstimmung macht sich auch im Bereich der gelehrten Welt geltend; sei es daß man sich dessen bewußt ist oder nicht. Wir erfuhren dies, als wir vor bereits siebenundzwanzig Jahren eine

Abhandlung „über die Apostolische Vollmacht des Papstes in Glaubensentscheidungen" zur Zeit der Ge-
fangennahme des Erzbischofs von Köln, Clemens
August, der Presse übergaben. Dazu kommt aber noch ein
anderer, wohl zu beachtender Umstand. Da Christus
das Lehramt der Kirche im Allgemeinen unfehlbar gemacht, und doch zu dessen Sicherstellung das Haupt derselben, auch für sich allein, zum unfehlbaren Ausleger
der Lehre dieser unfehlbaren Kirche und zum unfehlbaren
Richter in Glaubensstörungen und Zwistigkeiten bestellte,
so scheint hier ein Ineinandergreifen der unfehlbaren
Lehrautorität stattzufinden.

Die Folge dessen ist, daß wir billiger Weise zu befürch-
ten hatten, der mit Vorurtheil gegen unsere Thesis be-
fangene Leser, würde die Zeugnisse positiver Autorität
von Schrift und Tradition nicht gehörig würdigen, wenn
wir ihn nicht zum Voraus dazu stimmen, daß er das
Gewicht dieses Zeugniß für das zu vertheidigende Recht
auch gehörig prüfe, und nicht durch die gefärbte Brille
von einmal gefaßten Ansichten und Vormeinungen
ansehe.

Ferner, weil es von unermeßlicher Tragweite ist,
daß der christliche Denker vorerst darauf aufmerksam
gemacht werde, daß es sich hier nicht nur um was immer
für einen Glaubenssatz handle, den die Kirche lehrt,
sondern um die K i r ch e selbst.

Dies zur Rechtfertigung unseres Beweisganges bei
der vorliegenden deutschen Bearbeitung des Buches be-
merkend, lenken wir in die Beweisführung selbst ein,
und stellen die Frage:

„Was erwartet die gläubige Vernunft von Christus hinsichtlich des Lehramtes?"

Wir antworten erstlich: Sie erwartet, daß Christus in seiner Kirche ein Lehramt eingesetzt. Die Ursache liegt darin, weil das Wesen der Sendung Christi auf Erden nicht nur darin bestand, die gefallene Menschheit mit Gott wieder zu versöhnen, sondern dieselbe auch zu belehren, auf daß der Mensch den hl. Willen Gottes erkenne, denselben erfülle, und selig werde. Da nun aber Christus nicht persönlich auf Erden verweilen wollte, und anderseits nicht jedem Einzelnen eine Offenbarung dessen was er lehrte, zusicherte: so war es nothwendig, daß er ein dazu befugtes Lehramt in seiner Kirche eingesetzt.

Die Vernuuft erwartet zweitens, daß Christus, dieses Lehramt mit der Gabe der Unfehlbarkeit ausgerüstet habe. Die Vernunft nämlich verlangt für die Beglaubigung einer Wahrheit eine vollkommen genügende Autorität. Wir sagen Autorität; denn die Wahrheit ist nicht etwas von der Vernunft „Erfundenes," sondern „Vernommenes," etwas objectiv „Gegebenes." Die Ableitung des Wortes Vernunft von Vernehmen in unserer oft so tief philosophischen deutschen Sprache, weist selbst auf diesen Charakter der Wahrheit.

In natürlicher Sphäre genügt der Vernunft das Zeugniß der Evidenz ihrer eigenen Denkkraft, wurzelnd in den archologischen Categorien des menschlichen Wissens, und vereinigt mit dem Zeugniß der Erfahrung, sei es durch eigene oder fremde Wahrnehmung. Auch diese prinzipiellen Denkgrundsätze und die äußere Autorität auf

Erfahrung gegründet, machen auf unfehlbare Gewißheit Anspruch. Wer wirklich nach den Grundprinzipien des Denkens der menschlichen Vernunft folgerecht denkt, der denkt unfehlbar vernünftig recht. Allerdings folgt daraus nicht, daß jeder Mensch, weil er Vernunft hat, deßhalb auch durchweg unfehlbar in allem seinem Denken sei, da ein beschränktes Wesen durch Umstände beeinflußt, eben nicht immer schlußgerecht denkt, und auch in seinen sonstigen Wahrnehmungen bedingt und beschränkt, und somit Täuschungen ausgesetzt ist. Allein die Unfehlbarkeit der Vernunft in ihren Grundprinzipien und in der Geltung der Kriterien der Wahrheit aus Erfahrung geschöpft aufheben wollen, dadurch, daß man nicht zugibt, der Mensch könne etwas in der Sphäre der Vernunft unfehlbar erkennen, hieße die Vernunft selbst läugnen, und das ganze Menschengeschlecht in ein Narrenhaus verweisen.

Um so mehr verlangt die Vernunft für die Garantie, der Erkenntniß und des Bekenntnisses der Wahrheit in Ordnung einer übernatürlichen Offenbarung, eine competente Lehrautorität, und zwar eine, in Hinsicht auf das, was nur durch das Wort der Offenbarung uns mitgetheilt wird, von unfehlbarem Lehransehen. Die Ursache dessen liegt in einem zweifachen Grund. Erstlich, weil die Vernunft es weiß, daß ihr überhaupt kein endliches Urtheil zukomme, hinsichtlich der Wahrheiten und Thatsachen, welche die Sphäre der Vernunft selbst übersteigen. Wenn es somit zur Beglaubigung derselben keine unfehlbare Autorität gäbe, so hätte die Vernunft nicht nur in irgend einem Punkte keine volle

Sicherheit um vernünftig zu urtheilen und zu handeln, sondern es schwände der Boden für alle Sicherheit. Denn wie die Autorität, die ihr die Gewißheit von Wahrheiten und Thatsachen übernatürlicher Ordnung verbürgen sollte, fehlbar ist, und der Vernunft allein kein Urtheil darüber zusteht, ob diese Autorität in dem einen oder anderen Punkte geirrt, so tritt die Möglichkeit ein, daß das, was in einem Punkte geschah, auch in anderen geschehen könnte; und somit schwindet alle Sicherheit und Gewißheit, und der Mensch wäre hinsichtlich der Ordnung übernatürlicher Offenbarung und für sein Leben als Bürger einer übernatürlichen Heilsordnung weit schlechter daran, als hinsichtlich seiner irdischen und bloß natürlichen Bestimmung und Erkenntniß.

Zweitens. Die Anerkennung der geoffenbarten Glaubenswahrheiten fordert von uns einen Akt des göttlichen Glaubens, der alle Möglichkeit des Zweifels ausschließt. Das könnte aber nie der Fall sein, wenn die Autorität, welche uns die Wahrheit der geoffenbarten Lehren verbürgt, keine unfehlbare wäre. Die Fehlbarkeit schließt ihrem Begriffe nach die Möglichkeit der Verirrung ein; und die Besorgniß, daß dem so sei, schließt den Akt des Glaubens aus, den das Wort der Offenbarung von uns fordert.

Die Vernunft erwartet schließlich, daß wenn Christus eine solche Lehrgewalt eingesetzt, er auch auf die zweckmäßigste Weise gesorgt haben werde, daß diese Lehrgewalt auf die einfachste und der Lage der Kirche angemessenste Weise sich geltend machen könne, und ein solches Tribunal besitze, welches im Stande ist, zu jeder Zeit für

die ganze Kirche bei eintretenden Zweifeln und Glaubens-
streitigkeiten das Endurtheil zu fällen. Allerdings steht es
nicht der Vernunft zu, a priori auszusprechen, was
Christus in dieser Beziehung zu thun hatte und thun
konnte. Das wäre eben so anmaßend, als zu behaupten,
daß Gott die Welt geradezu nach dem Kopernikanischen
System zu erschaffen hatte, und die Wirkungen in der
Weltbewegung nicht anders hervorzubringen im Stande
gewesen, als gerade nur durch das Kopernikanische
System, was eine absurde Behauptung wäre. Allein
die Vernunft hat das Recht, a priori zu behaupten, daß
Christus, als die unendliche Weisheit, nie die Lehrgewalt
der Kirche in einer Weise bestellte, die im Widerspruch
mit seinen eigenen Aussagen steht, und die Amtsgewalt
derselben illusorisch macht, und der Kirche in der Welt-
lage, wie sie actu sich vorfindet, nicht entspricht und nicht
genügt. Wohl kann z. B. die Vernunft a priori nicht
behaupten, daß Gott nicht durch ein Buch sich mittheilen
konnte; wenn er auch dafür gesorgt, daß alle Menschen die
Fähigkeit haben zu lesen, und die Sprache eines solchen
Buches zu verstehen, und den Inhalt mit solcher Evidenz
einzusehen, wie eine mathematische Gewißheit. Allein
die Vernunft hat das Recht, a priori zu behaupten, daß
Gott ein Buch, wie die Schrift actu ist, für Menschen als Glaubensregel nicht bestimmen konnte, da
ja der größte Theil der Menschheit nicht lesen und die
Bibel nicht verstehen kann. Die Vernunft kann der
höchsten Vernunft nicht eine Absurdität solcher Art zumuthen.

Wir wollen nun sehen, was die gläubige Vernunft

auf diese ihre Forderungen an Christus für eine Antwort
erhält, so wie die h. Schrift und Ueberlieferung als der
doppelte Quell des geoffenbarten Wortes, uns darüber
Aufschluß geben. Wir sagen die gläubige Vernunft;
denn es handelt sich bei der Begründung unserer Thesis
nicht darum, einem Ungläubigen zu beweisen, daß Christus
das Haupt der Kirche mit dem Lehransehen der Unfehlbarkeit begabt und zum obersten Richter in Glaubensentscheidungen gemacht, sondern wir haben dies Denjenigen zu beweisen, die wirklich an Christus und das Wort der
Offenbarung im Allgemeinen glauben. Dem Ungläubigen hätten wir ja vorerst die Gottheit Christi und die
Nothwendigkeit und Wirklichkeit der Offenbarung zu beweisen. Unsere Thesis betrifft eine Thatsache, über welche
divergirende Ansichten unter den Kindern der Kirche selbst
zu berichtigen sind. Also:

Was that Christus wirklich?

In dieser Beziehung stellen sich uns zwei Fragen zur
Beantwortung vor; nämlich:

„Hat Christus wirklich ein unfehlbares
Lehramt in seiner Kirche eingesetzt?"
und „Wer ist es, der diesem unfehlbaren
Lehramt in letzter Stelle dafür die
Sicherheit gewährt, und den Christus
zum sichtbaren Träger und Richter in
Dingen des Glaubens seiner Kirche
gegeben?"

Hören wir darüber die Antwort aus dem Munde
Christi selbst:

Christus, nach dem Zeugniß der hl. Schrift, verkündigte und bezeugte erstlich mit den bestimmtesten Worten, daß er in seiner Kirche ein Lehramt und zwar ein unfehl= bares Lehramt eingesetzt.

Wie nämlich Matthäus ausdrücklich bezeugt, so sprach Jesus zu seinen auf dem Berge versammelten Aposteln nach seiner Auferstehung: „Mir ist alle Gewalt gegeben im Himmel und auf Erden; so gehet denn und lehret alle Völker, und taufet sie im Namen des Vaters und des Sohnes und des hl. Geistes. Lehret sie Alles halten was ich euch befohlen. Und siehe ich bin bei euch alle Tage, bei euch bis an das Ende." *)

Christus erklärte mit diesen Worten nicht nur, daß er seine Apostel mit der Lehrgewalt ausgerüstet aussende, und zwar an alle Völker, und das bis an das Ende der Zeiten; was ein bleibendes Lehramt voraussetzt und sich somit auf ihre Nachfolger erstreckt: sondern daß er auch dafür gesorgt, daß sie Alles, was Er ihnen anbefoh= len, lehren würden — somit irrthumslos; dafür habe Er gesorgt, dem alle Gewalt gegeben ward im Himmel und auf Erden. Ja, noch mehr, Er selbst werde bei Ihnen bleiben bis an das Ende der Welt. Somit fiele die Schuld der Irrthümer, wenn sie Irrthümer lehrten, auf Ihn selbst, da Er es nicht verhindert hätte, wenn sie etwas Anderes lehren würden, als was Er Ihnen anbefohlen. Die Verheißung: „Ich bleibe bei euch bis an das Ende," weiset also offenbar darauf hin, daß hier von einem bleibenden Lehramt die Rede sei, dem Er seinen unfehlbaren Beistand verhieß, Alles zu lehren was Er gelehrt, und das sich nicht bloß auf die

_____
*) Matth. 28.

Apostel beziehe, daß diese selbst lehren würden, was sie selbst
persönlich von Ihm gehört, sondern daß dieser Beistand
auch das Lehramt ihrer Nachfolger begleiten werde, bis
an das Ende der Zeiten. Von diesem unfehlbaren Lehramt, womit Christus der Menschgewordene Sohn Gottes,
der Stifter der Kirche, das apostolische Lehramt für alle
Folgen der Zeiten eingesetzt und ausgerüstet, sprach
Christus an seine Apostel auch schon zu wiederholten
Malen, während seines Wandels mit ihnen vor seinem
Tode. Er erklärte hochfeierlich in seiner Abschiedsrede:

„Vater, ich habe das Werk vollendet, das du mir
aufgetragen, daß ich es vollbringe."

„Ich habe deinen Namen den Menschen verkündigt.
Die Worte, die du mir mitgetheilt, habe ich ihnen gegeben. Vater, heilige sie in der Wahrheit." *)

Und daß dieß durch die Amtsgewalt der von
Ihm dazu erwählten Apostel geschehen werde, beweisen die mächtigen Alles umfassenden Worte: „Wie mich
der Vater gesendet, also sende ich euch." †) Und gleichwie
der h. Geist bei dem Antritt seines apostolischen Lehramtes im Jordan über ihm selbst erschien, so sollte dieser
selbe h. Geist auch sie in ihrem Lehramte überschatten
und vor allem Irrthum in der Lehre des Heils bewahren.
Er sagt in derselben Abschiedsrede: „Ich werde auch den
Vater bitten und er wird euch senden den Geist der Wahrheit — der bei euch ewig bleiben wird. Der Paraklet, der
hl. Geist, der wird euch Alles lehren und an Alles erinnern,

*) Joh. 17.
†) Joh. 20.

was ich euch gesagt. *) Und schon früher versicherte Jesus
seine Apostel: „Wer euch hört, hört mich." †) „Und
wer die Kirche nicht hört, der sei wie ein Heide." ‡)

Durch dieses unfehlbare Lehramt wird die Kirche selbst
die eine, heilige, allgemeine und wahrhaft apostolische;
denn eine Kirche, die Wahrheit und Irrthum zugleich
lehren könnte, trägt nicht in sich das Prinzip der abso=
luten Einheit — und daher auch nicht der Allgemeinheit;
sie hat keinen Anspruch auf objective Heiligkeit und auf
den apostolischen Charakter, wenn sie anders lehrte als
die Apostel selbst gethan. — Nur durch solch ein makel=
loses Lehramt wird die Kirche selbst unzerstörbar, und
steht da nicht auf Sand, sondern auf einen Felsen ge=
baut. Durch dieses unfehlbare Lehramt im Besitze der
vollen unveränderlichen Glaubenshinterlage trägt die
Kirche den Typus der Unveränderlichkeit Gottes, ihres
Gründers an sich. Sie hat in dieser Beziehung wie Gott
Bestand, aber kein Nacheinander — kann nicht altern,
sondern bleibt wie Irenäus bereits bemerkt — immer
jung. Einzelne Personen, die ihr angehörten, wechseln;
sie selbst nicht; sie ist noch dieselbe, die sie gewesen als
Christus im Fleische auf Erden gewandelt; sie hat Ihn
gehört und gesehen und seine Apostel, und ist heute die=
selbe, wenngleich die Zeitgenossin von achtzehnhundert
Jahren.

Die Apostel als Träger dieser unfehlbaren Lehrgewalt,
waren sich auch ihres Ansehens und Berufes als Lehrer
der Menschheit, von Gott selbst gesendet, wohl bewußt.

---

*) Joh. 14.
†) Luk. 10, 16.
‡) Matth. 18.

Sogleich nach der Herabkunft des hl. Geistes traten sie als bevollmächtigte unfehlbare Glaubensboten auf, und vertheilten sich in alle Welt. Der Apostel der Völker nimmt keinen Anstand zu behaupten: „Ihr Wort erging bis an die Grenzen der Erde. *) Sie versammeln sich im Concilium von Jerusalem, und erlassen ihre Entscheidung mit dem denkwürdigen Machtworte unfehlbarer Lehre: „Es hat uns und dem hl. Geiste gefallen." †) Sie bestellten sich für dieses Lehramt Nachfolger. Man erinnere sich an die Wahl des Mathias an die Stelle des Judas; und an die Ordinationen durch die Händeauflegung, von der die Apostelgeschichte bezeugt und auf welche der hl. Paulus in seinen Briefen an Timotheus und Titus hinweiset. Mit Entschiedenheit weisen sie die zurück, die sie nicht zum Lehramt bestellten. ‡) Ja, sie sprachen den Fluch aus über Alle, die anders lehrten wie sie. Paulus nimmt keinen Anstand zu sagen: „Wenn ein Engel des Himmels kommt und prediget ein anderes Evangelium, der sei verflucht."‖) Sie verweigern schlechthin allen Eindringlingen ihre Anerkennung. Es haben euch welche verwirrt, denen war es nicht aufgetragen zu lehren — höret sie nicht. Hingegen von Allen, die vereinigt mit dem unfehlbaren Lehramt der Kirche das Wort des Glaubens verkündigen, gelten die Worte Pauli: „So aber höre uns der Mensch als redete Gott aus uns;" §) denn wie derselbe Apostel seinen geliebten Jünger Timo=

---

*) Röm. 10, 28.
†) Apostelg. 15.
‡) Apostelg. 13, 1. Lucas 4.
‖) Gal. 1.
§) 2 Cor. 5.

theus daran erinnert, diese durch die unfehlbare Lehrge=
walt ausgerüstete Kirche — „sie ist die Säule und die
Grundfeste der Wahrheit."*) Dessen war sich die Kirche
auch immer bewußt und in einer Weise bewußt, daß keines
ihrer Kinder je daran zweifelte. Bei allen Stürmen
von Irrlehren, welche die Kirche Gottes umtobten, gab
es bis auf die Zeit des Protestantismus niemals solche
Ketzer, welche die Unfehlbarkeit der Kirche in Abrede ge=
stellt, sondern sie behaupteten nur fälschlich, daß diese
unfehlbare Kirche eben so lehre, wie sie. Doch wer
sollte darüber entscheiden?

So nothwendig als es für den Bestand der Kirche
selbst war, damit sie immer die wahre Kirche Christi
bliebe, daß Christus sie mit der Unfehlbarkeit im Lehr=
amt ausgerüstet: eben so nothwendig war es, daß Christus
dieser Lehrgewalt auch noch ein für die Kirche passendes
Lehrtribunal bestellte.

Es erhebt sich demnach von selbst die Frage: „Wie
heißt dieses Organ der Kirche?"

Die Kirche weiß, daß Christus ihr in der Person des
hl. Petrus und seiner Nachfolger ein Haupt, einen Ober=
hirten gegeben. Es fragt sich somit:

Ist dieses Haupt auch allein Organ
der Kirche, und der Ausleger ihrer
unfehlbaren Lehre; oder muß nothwendig
auch der übrige Lehrerkörper befragt
werden, und darüber entscheiden?

Die gläubige Vernunft allerdings, weil wohlbekannt
mit den Umständen, in welchen menschliche Störungen,

---

*) 2 Tim. 3.
3

Umtriebe und Verfolgungen die Kirche umtosen, würde
es als das zweckmäßigste erachten, wenn das Haupt
der Kirche persönlich die Vollmacht hätte, mit
unfehlbarer Gewißheit die Lehre der Kirche auszusprechen.
Doch es ist nicht an ihr, zum voraus geradehin zu
bestimmen, was Christus wirklich gethan, in dessen All=
wissenheit und Macht unzählige Möglichkeiten lagen, für
ein passendes Tribunal des Glaubens Vorsorge zu tref=
fen. Indeß bleibt es für die gläubige Vernunft doch
immer trostreich, und vollkommen befriedigend, wenn sie
bemerkt, daß Christus wirklich so gethan, wie sie es ge=
ahnt, und in Erwägung der äußern Umstände der
streitenden Kirche wünschen mußte.

Die prüfende Vernunft nämlich, wenn sie die hl.
Schrift befragt, ob Christus sich darüber geäußert und
wie, vernimmt als Antwort die bestimmteste Erklä=
rung, daß es in der That das Oberhaupt der Kirche sei,
das Christus mit diesem unfehlbaren Entscheidungsrecht
in Dingen des Glaubens ausgerüstet, und daß dieses
selbst gerade aus jenen Aeußerungen Christi unbezweifelbar
fließe, durch welche Christus den hl. Petrus und seine
Nachfolger zum O b e r h i r t e n der Kirche und zu sei=
nem S t e l l v e r t r e t e r bestellte. Ein Beweis, daß
diese Glaubensprärogative eben dieser Primatalwürde ent=
fließe, und mit derselben unzertrennbar verbunden sei.

Die drei Hauptstellen, welche die h. Schrift uns des=
falls aufbewahrte, sind die feierlichen Betheuerungen
Christi bei M a t t h ä u s, wo Christus Petro die Primatial=
Autorität verhieß; bei L u c a s, wo er demselben aus=
drücklich diese Prärogative der Lehrunfehlbarkeit zu=

sichert; und bei Johannes, wo er Petrus in sein Amt feierlich eingesetzt.

Bevor wir diese Stellen und die darin eingeschlossenen Bestimmungen und Anordnungen Christi näher beleuchten, haben wir aber die Bemerkung nothwendig vorauszuschicken, daß wir diese Stellen hier nicht sowohl in ihrer Beweiskraft für den Primat selbst erwägen, sondern nur in wie ferne die Worte Christi, auf die in dem Primat eingeschlossene unfehlbare Lehrgewalt des Oberhauptes der Kirche hinweisen.

II.

Zeugniß

der heil. Schrift

für die unfehlbare Glaubens = Prärogative Petri und seiner Nachfolger.

———•••———

Die erste Stelle der hl. Schrift, auf die wir zur Begründung unserer Thesis hinweisen, ist jene hochgefeierte Stelle bei Matthäus:

„Selig bist du, Simon Barjona, weil Fleisch und Blut es dir nicht geoffen= baret hat, sondern mein Vater, der im Himmel ist; und ich sage dir, du bist Petrus, und auf diesen Felsen werde ich meine Kirche bauen, und die Pfor= ten der Hölle werden sie nicht über= wältigen; und dir werde ich die Schlüs= sel des Himmelreiches geben, und was du immer auf Erden gebunden haben

(30)

wirst, wird auch im Himmel gebunden
seyn, und was du immer auf Erden gelöset haben wirst, wird auch im Himmel
gelöset seyn." *)

Christus verheißt mit diesen Worten seiner Kirche
offenbar einen unerschütterlichen Fortbestand, und erklärt
Petrus eben so bestimmt zum Fundament derselben.

Ist nun aber die Kirche unerschütterlich — so ist es
auch das Fundament derselben; kann sie nicht fallen, -
so kann es gewiß auch eben so wenig das Fundament auf
dem sie steht; denn weicht das Fundament eines Gebäudes, so stürzt das ganze Gebäude zusammen.

Das Leben der Kirche ist wesentlich durch den Glauben
bedingt und gründet sich auf denselben. Irrt sich die
Kirche im Glauben, dann ist sie überwunden. Somit
bringt von selbst die Eigenschaft des hl. Petrus als Fundament der Kirche, als welches Christus ihn erklärt, dessen Unfehlbarkeit im Glauben mit sich. Mit andern
Worten, der Felsengrund der Kirche, von der Christus
spricht, ist der unerschütterliche Glaube Petri. — Was
aber von Petrus als Fundament der Kirche gilt, gilt
nothwendig auch von seinen Nachfolgern im Primat, wie
wir sogleich ausführlicher beweisen wollen. So verstanden denn auch die hl. Väter die angezogenen Worte
Christi. Hören wir einige derselben:

„Petrus wird Fels genannt," schreibt der hl. **Gregor
von Nazianz,** „und die Grundfeste der Kirche ist seinem

---

*) Matth. 16 — 17.
†) Matth. 16, 17 — 18.

Glauben anvertraut." Petrus Petra vocatur atque Ecclesiae fundamenta *fidei suae* concredita habet. a)

Der hl. **Ambrosius**: „Der Glaube ist also die Grundfeste der Kirche; denn nicht vom Fleische, sondern von dem Glauben des Petrus ist gesagt worden, daß die Pforten des Todes ihn nicht überwältigen werden." Non enim de carne sed *de fide* Petri dictum est; quia portae mortis ei non praevalebunt. b)

Der hl. **Epiphanius**: „Der Apostelfürst Petrus, welcher wie ein fester Fels geworden ist, auf welchen, wie auf eine Grundfeste der Glaube des Herrn sich stützt, und auf welchen die Kirche auf alle Weise gebaut ist." Qui quidem solidae Petrae instar nobis extitit — cui velut fundamento *Domini fides* innititur, supra quam Ecclesia modis omnibus aedificata est. c)

Der hl. **Augustin**: „Er hat Petrus einen Felsen genannt, und die Grundfeste der Kirche in diesem Glauben gepriesen." Nominavit Petram, et laudavit firmamentum Ecclesiae in *ista fide*. d)

„Auf diesen Felsen; er sagte nicht auf Petrus; denn er hat auch nicht auf einen Menschen, sondern auf den Glauben desselben, nämlich des Petrus, gebaut." Non dixit super Petrum; neque enim super hominem sed super *fidem ejus*, scilicet Petri aedificavit. Also der Verfasser der ersten Rede auf das Pfingstfest, unter den Werken des hl. **Chrysostomus**.

Der hl. **Cyrillus** von Alexandrien, wenn er eben diese

---

a) Ora. de moder. ferv. indisp.
b) De Incarn. C. V. N. 34.
c) Haeres. 59. N. 7.
d) Tract. VII. in Joan. N. 20.

Stelle auslegt, sagt: „Ich meine, Christus bezeichnet durch den Felsen nichts Anderes, als den unerschütter= lichen, überaus festen Glauben des Jüngers, auf welchem (Glauben) die Kirche Christi so gegründet und befestigt wurde, daß sie nicht fallen könne, und unbezwingbar den Pforten der Hölle wäre." Petram opinor nihil aliud quam inconcussam et firmissimam *discipuli fidem* voc- avit, in qua Ecclesia Christi ita fundata et firmata esset, ut non laberetur et esset inexpugnabilis infer- norum portis. e)

Der hl. **Leo** schreibt: „So sehr gefiel Jesu diese Er= habenheit des Glaubens, daß er Petrus selig sprechend, demselben zugleich die hehre Festigkeit eines Felsens ver= lieh, auf welchen gegründet, die Kirche die Pforten der Hölle und die Gesetze des Todes stets überwältigen würde." Tantum in *hac fidei* sublimitate complacuit, ut beatitudinis felicitate donatus, sacram immobilis Petrae acciperet firmitatem, super quam fundata Ec- clesia, portis inferi et mortis legibus praevaleret. f)

Daß diese Auslegung auch zu seiner Zeit der gemein= same Glaube der Kirche war, bezeugt **Johannes** von Orleans in seinem III. Buche "de cultu imaginum."

Endlich **Cäsarius** von Cisterz: „Auf diesen Felsen, das ist, auf die Festigkeit deines Glaubens, von welcher du deinen Zunamen erhältst, werde ich meine Kirche bauen." Super hanc Petram, id est super *fidei tuae* firmitatem, a qua cognominaris, aedificabo Ecclesiam meam. g)

e) Lib. IV. de Trinit.
f) Serm. 51. et 94. C. 1.
g) Homil. de Cath. 8 Petri.

Die hl. Väter verstanden somit diese Stellen in dem Sinne, der die Wahrheit unserer Thesis unwidersprech= bar feststellt, nämlich daß der Primat, den Christus Petrus verlieh, unzertrennbar dessen Unfehlbarkeit nicht nur als Apostel, sondern als Primas der Kirche in sich schloß.

Wir ziehen die zweite Schlußfolge und sagen: „Was von Petrus als Haupt der Kirche gilt, das gilt auch von allen seinen Nachfolgern, als Haupt der Kirche, auf durchaus gleiche Weise; denn wie mit dem hl. Augustin die hl. Väter einhellig bemerken, „was Christus Petrus an kirchlicher Gewalt übergeben, hat er ihm nicht für seine Person, sondern für seine Kirche, also auch für seine Nachfolger gegeben." Mit Recht sagt daher Leo der Große serm. 3. de anniv. assumpt. C. 3. „Es dauert die Ordnung der Wahrheit, und der hl. Petrus, indem er in der empfangenen Festigkeit des Felsens ausharrt, hat die erhaltenen Steuerruder der Kirche nicht verlassen, — seine Gewalt lebt auf seinem Sitze, und sein Ansehen ragt hervor. In der Person meiner Niedrigkeit also soll derjenige geehrt werden, dessen Würde auch in dem un= würdigen Erben nicht geschwächt ist." Manet dispositio veritatis et B. Petrus in accepta fortitudine Petrae perseverans, Ecclesiae gubernacula non reliquit — cujus in sua sede vivit potestas et excellit auctoritas. — In persona itaque humilitatis meae Ille honoretur, cujus dignitas etiam in indigno haerede non deficit.

Hunderte von Vätern allgemeiner Concilien sprachen auf dieselbe Weise ihren Glauben aus, feierten die Glau= benskraft Petri in seinen Nachfolgern, und riefen, wenn

Rom entschied, mit den Vätern des vierten und sechsten
allgemeinen Conciliums: „Petrus hat durch Leo geredet,"
— "Petrus per Leonem locutus est." — "Charta et
atramentum videbatur et per Agathonem Petrus
loquebatur." — Erfüllt von dieser Glaubensüberzeugung
konnten die Väter desselben sechsten Conciliums dem
Papste schreiben: — "Tibi itaque quid gerendum sit
relinquimus, stanti super firmam fidei Petram." — „Dir,
der du auf dem festen Felsen des Glaubens stehst, überlassen
wir die Verfügung über Alles." Dieß war auch ihr Be=
kenntniß außer den Concilien.

„Du bist," schrieb **Sergius**, Bischof von Cypern, an
Papst Theodor, „wie mit Wahrheit das göttliche Wort
ausspricht, P e t r u s, und auf deiner Grundfeste sind
die Säulen der Kirche befestiget." Tu es sicut divinum
veraciter pronuntiat verbum Petrus, et super fundamentum tuum Ecclesiae columnae firmatae sunt. h)

Kräftiger noch äußert sich der hl. **Anselm**, Bischof
von Lucca: „Wenn selbst Patriarchen," sagt er, „vom
Glauben abfallen, so steht doch der Römische auf der
Grundfeste desselben Glaubens, wenn gleich bestürmt,
wenn gleich erschüttert, dennoch unbeweglich fest; denn
Himmel und Erde werden vergehen, die Worte aber des=
jenigen werden nicht vergehen, der gesagt hat: „D u
b i s t P e t r u s, u n d a u f d i e s e n F e l s e n w e r d e
i c h m e i n e K i r c h e b a u e n, u n d d i e P f o r t e n
d e r H ö l l e w e r d e n s i e n i c h t ü b e r w ä l t i =
g e n." "In ejusdem *fidei fundamento* licet pulsatus
licet concussus *tamen stetit immobilis.* Coelum enim

---

h) Epistol. ad Theodorum Pontif.

et terra transibunt, verba autem ipsius non transibunt qui dixit: *Tu es Petrus* etc." i)

Boſſuet ſelbſt konnte nicht umhin, in unſere Schluß=folge einzuſtimmen : „Durch dieſes herrliche Bekenntniß „Du biſt Chriſtus, der Sohn des lebendigen Gottes," ſchreibt Boſſuet, wurde Petrus gewürdiget, das unerſchütter=liche Fundament der Kirche zu werden. Dieſe Kraft hat Jeſus Chriſtus durch die Stimme ſeiner Allmacht einem ſterblichen Menſchen verliehen, und man kann nicht denken, daß dieſes Amt mit Petrus zu Grabe gegangen ; denn der Grund eines ewigen Gebäudes darf nicht mit der Zeit zerſtört werden. Petrus alſo wird immer in ſeinen Nachfolgern leben, Petrus wird immer von ſeinem Stuhle ſprechen, "Petrus semper in suis successoribus vivet — semper in sua cathedra loquetur," — dieß bezeugen die hl. Väter, dies beſtätigen die ſechshundert und dreißig Biſchöfe im Concilium zu Chalcedon. — — Zurückge=kehrt aus dem dritten Himmel, reiſ'te Paulus den Petrus zu beſuchen, um künftigen Geſchlechtern ein Beiſpiel zu hinterlaſſen, "ut futuris aetatibus relinqueret exem-plum," und dieß muß auch für ewig gelten ; wenn gleich ein Gelehrter, wenn gleich ein Heiliger, wenn gleich ein zweiter Paulus erſcheinen würde, "etiamsi alter Paulus quis videretur," daß er Petrus aufſuche. — Die römiſche Kirche von Petrus und ſeinen Nachfolgern unterrichtet, ſah nie Irrthümer in ihrem Schooße keimen, — und ſo iſt die römiſche Kirche immer Jungfrau, ſo iſt der römiſche Glaube ſtets der Glaube der Kirche. Petrus bleibt in ſeinen Nachfolgern die Grundfeſte der Gläubigen. "Sio

i) In libro contra Pseudo. Pontif. Guibertum.

Rom. Ecclesia semper virgo est, Romana fides semper fides Ecclesiae, Petrus in suis successoribus manet fundamentum fidelium." „So," sagt er, „dachten die allgemeinen Kirchenversammlungen, so Afrika, so Frankreich, so Griechenland, so Asien, so endlich die Kirchen vom Aufgange bis zum Niedergange der Sonne." k)

Den zweiten Ausspruch Christi zur Bestätigung des Gesagten, und insonderheit was das Ansehen der Nachfolger Petri in Dingen des Glaubens betrifft, lesen wir bei dem Evangelisten Lukas, *) wo der Heiland also an Petrus spricht:

„Simon, Simon! sieh', der Satan hat euch verlangt, um euch wie Waizen durchzusieben, ich aber habe für dich gebetet, daß dein Glaube nicht abnehme." "Ut non deficiat fides tua, et tu aliquando conversus confirma fratres tuos." — Petrus also konnte in seinem Glauben nicht irren, und seine Pflicht war es, als Oberhaupt der Kirche, den Worten Christi gemäß, seine Brüder im Glauben zu stärken: „Stärke deine Brüder!" Daß aber dieses auch das Amt, die Pflicht seiner Nachfolger sei, ist aus dem oben angeführten Grunde, und aus dem Zeugnisse der hl. Väter einleuchtend, und um so nothwendiger von Christus gewollt, je nothwendiger diese Stärkung im Glauben der nachfolgenden Christenwelt wurde. Mit den Christen in den Tagen Petri lebten ja noch die übrigen Apostel, und die Glaubensstürme sollten im Laufe der Jahrhunderte weit heftiger wüthen,

k) Sermon de l'unité.
*) Luk. 22, 32.

als zu Zeiten der apostolischen Christen. — Was aber anders, als ein unfehlbares, letztes und höchstes Urtheil, eine unfehlbare, letzte und höchste Entscheidung könnte uns, wenn wir im Glauben schwankten, kräftigen und festsetzen? Diese Macht des Endurtheils in Glaubens= sachen, hat also Christus Petro und durch ihn dem je= weiligen Oberhaupte der Kirche mitgetheilt, und alle dürfen, können und müssen mit Innocenz III. als Nach= folger Petri bekennen: 1) „Wenn ich nicht im Glauben festgegründet wäre, wie könnte ich Andere im Glauben befestigen; daß aber dieß zu meinem Amte eigenthümlich gehöre, ist offenbar, indem der Herr bezeugt: „Ich habe," spricht er, „für dich, Petrus, gebetet, daß dein Glaube nicht wanke." "Nisi ego solidatus essem in fide, quomodo alios possem in fide firmare, quod ad officium meum noscitur specialiter pertinere, protes- tante Domino: Ego rogavi etc."

Bossuet in seinen Betrachtungen über das Evan= gelium vom Tage 72, bestätigt auch diese Schlußfolge: „Die Worte, „bestärke deine Brüder," sagt er, sind nicht ein Gebot, welches den Petrus allein betrifft, sondern sie beziehen sich auf das Amt, welches Christus für immer in der Kirche eingesetzet hat.... Immer mußte Petrus, welcher seine Brüder im Glauben bestärken sollte, in der Kirche fortbestehen. "Semper in Ecclesia Petrus debuit exis- tere, qui fratres confirmaret." Dieß war das taug= lichste Mittel, die Einigkeit der Glaubenssätze zu begrün= den, welche unser Erlöser vor allem wünschte; und diese Autorität war um so nöthiger bei den Nachfolgern der

---

1) Innocent. serm. secundo de consec. Pontif.

Apostel, da dieselben nicht die Glaubensstärke der Apostel selbst besitzen."— Selbst in seiner Defensio lesen wir folgende Stelle: „Dieses Amt hat also Petrus, dieses Amt haben die Nachfolger des hl. Petrus in Petrus erhalten, daß es ihnen obliegt, ihre Brüder zu bestärken." "Hoc ergo ex officio Petrus habet, hoc Petri successores in Petro acceperunt, ut fratres confirmare jubeantur." m)

Auch in seiner Betrachtung Tag 70, schreibt er: „Für Petrus hat Christus besonders gefleht, nicht weil er sich um die übrigen Apostel weniger bekümmert, sondern, wie es die hl. Väter erklären, weil er durch die dem Oberhaupte mitgetheilte Festigkeit das Wanken der übrigen Glieder hindern wollte, "sed, ut explicant SS. PP., quia firmato capite impedire voluit, ne membra nutarent."

Wir setzen hier noch die eben so schöne als kräftige Aeußerung des eben so liebenswürdigen als gelehrten Heiligen Franz von Sales bei.

"L'église a toujours besoin d'un *confirmateur infallible*, au quel on puisse s'addresser d'un fondement que les portes d'enfer et principalement *l'erreur* ne puisse renverser, et que son pasteur ne puisse conduire a l'erreur ses enfans. — *Les successeurs donc de S. Pierre ont tous ces mêmes privileges, qui ne suivent pas la personne, mais la dignité et la charge publique.*"

„Die Kirche hat immer eines unfehlbaren Befestigers nöthig, an dem man sich, als an einem Fundament, halten könne, welches die Pforten der Hölle und besonders der Irrthum nicht zu überwältigen im Stande seien, und daß

m) Lib. 10 def. C. 3.

ihr Hirt nicht ihre Kinder in Irrthum führen könne. —
Die Nachfolger Petri haben alle diese Privilegien, die
nicht die Person, sondern die Würde und das öffentliche
Amt begleiten." — An einer andern Stelle, wo er den
Papst im neuen Testamente, mit dem Hohenpriester des
alten Testaments vergleicht, sagt er: „Unser Hohepriester
hat auch auf seiner Brust das Urim und Thumim, d. h.
die L e h r e und die W a h r h e i t. Gewiß alles was der
Magd Agar zugestanden worden, mußte wohl um so
mehr der Gemahlin Sara zugestanden werden." n)

Der Papst und die Kirche ist demnach nach dem hl.
Franz von Sales Eins und Dasselbe, denn sie steht und
fällt mit ihm. o)

Was der Herr in diesen zwei Stellen versichert und
verheißt, gab er dem Jünger wirklich nach seiner Auf=
erstehung, wo er denselben zum obersten Hirten und
Statthalter an seiner Statt in Gegenwart der Apostel
erklärt, mit den Worten: „W e i d e   m e i n e   L ä m =
m e r ,   w e i d e   m e i n e   S c h a f e."*) Wohl mußte
Christus verhüten, daß der Glaube Petri je abnehme;
denn wer könnte annehmen, daß Christus für seine Kirche
einen Hirten bestimmt, der mit falschen Lehren seine
Schäflein weiden könnte?!

„Vom Hirten, ruft der hl. **Hieronymus,** verlange ich
die Beschützung des Schafes; entscheide, wenn es beliebt;
auf dein Geheiß werde ich nicht fürchten drei Hypostasen
zu nennen." Was, fragen wir, ·ist der Vernunft an=

---

n) Maistre du Papo I. 1.
o) Epitres spirit. Lyon liv. VII. cp. 49.
*) Joh. 21, 15.

gemeſſener, als dieſe Erklärung und Betheuerung des hl. Vaters? Gewiß nicht den Schafen ſteht es zu, ſondern dem Hirten, über die Beſchaffenheit der Weide zu wachen; jenen aber, dieſen zu hören, und ihm zu folgen.

Ferners, bezeichnet das Hirtenamt in bibliſcher Sprache die leitende Gewalt. — Wo aber könnte dieſe in einem Reiche je ohne höchſte Vollmacht beſtehen?! Darum, wie Maiſtre ſo richtig bemerkt, bei Schlichtung von bürger= lichen Streitfragen in weltlichem Staate das oberſte Gerichtstribunal, was es nun immer für eine Verwaltung ſein mag, wenigſtens faktiſch als unfehlbar im Urtheile ſelbſt angenommen werden muß, wenn es auch nicht unfehlbar iſt, weil ſonſt des Rechtens kein Ende wäre. Was hier zur Aufrechthaltung der Ordnung angenom= men werden muß, das mußte im Reiche der Kirche, als Reich der Wahrheit, wirklich gegeben ſein. Eine bloße Suppoſition, da wo es ſich um Wahrheit ſelbſt handelt, genügt nicht. Es iſt bei dieſer Stelle noch überdies wohl zu bemerken, daß Chriſtus Petro mit dieſen Wor= ten die Leitung aller ſeiner Schafe, der ganzen Heerde ohne Ausnahme, übergab, nach der ſchönen und bekannten Aeußerung des großen **Eucherius**, Biſchof von Lyon, der in ſeiner Homilie in Vigilia S. Petri alſo ſagt: „Zuerſt hat ihm der Herr die Lämmer, dann die Schafe übergeben, — weil er ihn nicht nur zum Hirten, ſondern zum Hirten der Hirten geſetzt,"— "sed et pasto-rem ipsum constituit pastorum." — So wie alſo in Folge des erſten Textes Niemand ein Glied der Kirche Chriſti ſein kann, als der ſich an den Glauben Petri feſt anſchließt; — in Folge des zweiten aber Niemand unter die Schüler Christi gehören kann, als der durch die Glaubenskraft desselben Petrus und dessen Urtheil gestärkt wird; — so kann in Kraft dieses dritten Zeugnisses: „Weide meine Schafe,“ Niemand meinen, daß er in dem Reiche Christi sei, welches dem Petrus anvertraut worden ist, außer er werde durch denselben Glauben und dieselbe Lehre Petri regieret. Das Wort und Urtheil seiner Würdenträger ist also nach Christi Wort und Wille im Reiche seiner Kirche in oberster und richtender Gewalt unfehlbar bindend und unausweichlich entscheidend.

Anmerkung. — Es darf Niemanden Wunder nehmen, daß wir der frivolen Auslegung der Stelle bei Lukas 22 gar nicht erwähnten, nach welcher das "confirma" ausschließlich sich auf die, durch das Leiden Christi geärgerten Apostel bezöge. Denn da diese Auslegung, wie gegenwärtige Abhandlung es nachweisen wird, der einhelligen Stimme der Tradition der ganzen Kirche widerspricht, so hat dieselbe nach dem tridentinischen Canon der Schriftauslegung, für katholische Gelehrte ohnedieß keine Geltung. — Sie ist aber auch überdies zu absurd und lächerlich. Kam denn nicht Christus, von den Todten auferstanden, selbst bald wieder zu den Aposteln, und wurden sie nicht sogleich nach seiner Himmelfahrt von einer Stärkung des hl. Geistes erfüllt, der sie unerschütterlich machte? Und war für die zwei Trauertage nicht Johannes als Zeuge der Wunder bei dem Kreuztode Christi bei weitem mehr der Mann zur Stärkung der Apostel gewesen als Petrus? Selbst das "conversus" braucht gar nicht von einer moralischen Bekehrung genommen zu werden; sondern, wie Maldonat mit anderen Schriftauslegern richtig bemerkt, so ist das "ἐπιστρέψας" vielmehr in seiner primitiven Bedeutung als Hinwendung zu verstehen, gerade wie das הָשׁוּב im Psalm 85, v. 7. "Deus tu conversus vivificabis nos; den Hebräismus mit sich führend, nämlich die Bedeutung einer öfteren Hinwendung, wie das wirklich bei den Nachfolgern Petri geschah, so oft der Satan das Sieb der Glaubensstörungen rüttelte.

III.

Fortsetzung

der

"RATIO THEOLOGICA."

———— ••• ————

Die Folgerung, welche die gläubige Vernunft in Erwägung dieses Zeugnisses der h. Schrift zieht, ist die :

Christus v e r h i e ß dem h. Petrus und seinen
Nachfolgern die Unfehlbarkeit im Lehramte der Kirche.
Er k o n n t e geben, was er verhieß, und es z i e m t e
sich, daß er so that; somit ist diese Unfehlbarkeit im Lehramt der Kirche ein mit dem Primat unzertrennlich ver-
bundenes Recht, und dessen bleibende Prärogative. —
Promisit — potuit — decuit — "dedit."

Wir sagen Erstlich: Christus v e r h i e ß Petro und
dessen Nachfolgern diese Unfehlbarkeit; denn wenn Jemand etwas verheißt, was nie und nimmer ohne etwas
Anderes gegeben werden kann, so verspricht derjenige, der
das Eine verheißt, auch dafür zu sorgen, daß das

Andere gleichfalls mitgetheilt werde, was mit dem
Ersteren als unabweisbare Bedingung mit einge=
schlossen ist. Wer z. B. verspricht, er werde den Andern
nach Amerika bringen, der muß auch für ein Schiff sor=
gen, mit dem man die Reise machen könne. Dies hat
nun seine volle Anwendung auf den vorliegenden Fall.
Das erhellt zur Genüge aus dem bereits Gesagten und
erklärten Willen Christi, sowie das hl. Evangelium dafür
als Zeuge auftritt.

Ausdrücklich bezeugt Christus, daß er Petrus und seine
Nachfolger zum unerschütterlichen Fundament der Kirche
gesetzt. Diese Unerschütterlichkeit verlangt absolut die
Unfehlbarkeit in der hl. Lehre; denn was diese erschüttert,
erschüttert auch das ganze Gebäude der Kirche.

Ausdrücklich bezeigt Christus, daß der Glaube Petri
in seinen Nachfolgern nie wanken werde, und daß Er
demselben und dessen Nachfolgern die Pflicht auflege,
seine Brüder im Glauben zu stärken. Dieses Nieabneh=
men im Glauben postulirt nicht minder kategorisch
die Prärogative der Unfehlbarkeit im kirchlichen Lehramt.
Soll dafür gesorgt sein, daß die Schüler nie irren, so
muß auch dafür gesorgt sein, daß der Lehrer derselben
gleichfalls nie irre.

Ausdrücklich übergibt Christus seine Gläubigen Petro
und seinen Nachfolgern mit dem Auftrage, dieselben
durch das Wort gesunder Lehre zu weiden, versichernd,
daß Alle, die ihm folgten bis an das Ende der Zeiten,
die Weide einer gesunden, stärkenden, und zum ewigen
Leben gedeihenden Lehre finden würden. Diese Pflicht
Petri und seiner Nachfolger schließt anderseits nicht min=

der kategorisch die Pflicht des Gehorsams der Gläubigen
in sich, der Stimme dieses ihres Hirten zu folgen. Soll
dies jederzeit in Hinsicht auf die Lehre der Kirche ohne
Gefahr stattfinden, so mußte Christus unbedingt für die
Unfehlbarkeit des Lehramtes Petri und seiner Nachfolger
gesorgt haben. — Soll dafür gesorgt sein, daß ein Wan-
derer unfehlbar sicher an sein Ziel gelange, so muß auch
dafür gesorgt sein, daß dessen Führer den rechten Weg
unfehlbar sicher wisse.

Christus „konnte" es thun! Wer wollte das läugnen, ohne die Gottheit Christi zu läugnen? — Machte Er
doch die ganze lehrende Kirche unfehlbar, wie die Gegner unserer Thesis, die katholisch sind, zugeben, und wie
jeder Christ zugeben muß, der das Wort der hl. Schrift
als Gottes Wort anerkennt. Nun denn, wer das Mehr zu
thun im Stande ist, vermag auch das Wenigere. Die
Unfehlbarkeit der gesammten lehrenden Kirche postulirt
von selbst die Unfehlbarkeit der Gesammtheit von Vielen.
Ueberdies machte Christus, wie unsere Gegner zugeben,
jeden Apostel unfehlbar; warum sollte sein Arm abge-
kürzt sein, daß Er durch die Folge der Zeiten nicht Einen,
das Haupt der Kirche, als Nachfolger Petri des Apostelfürsten mit derselben Prärogative der Unfehlbarkeit aus-
zurüsten im Stande gewesen wäre?!

Drittens. Es ziemte sich so. Wir wiederholen
noch einmal, daß es nicht in der Sphäre der Vernunft
liegt, a priori zu bestimmen, auf welche Weise Christus
seiner Kirche, die er als unfehlbar erklärte, diese Unfehlbarkeit zu garantiren hatte. Dafür gab es in seiner un-
endlichen Weisheit unendlich viele mögliche Wege und

Mittel. Allein wir sagen, die Vernunft habe ein Recht zu sagen: „So ziemte es sich," wenn man aus der Art und Weise, wie Christus seine Kirche auf Erden gegründet und hingestellt, klar ersieht, daß etwas dieser Natur und Stellung der Kirche vollkommen entspreche. — Und die Vernunft hat das Recht, das als unziemend zurückzuweisen, was der Natur und Stellung der Kirche, wie Christus dieselbe gestiftet und in der Welt erhält, nicht passend erscheint oder völlig widerspricht. Nun denn die Behauptung, daß Christus das Oberhaupt der Kirche im Lehramte der Kirche unfehlbar gemacht, entspricht völlig der Natur und Stellung der Kirche Christi als solche; somit ziemte es sich, daß Christus demselben diese Prärogative mitgetheilt.

Christus nämlich stiftete seine Kirche als das Reich der Wahrheit auf Erden. Er selbst nennt sich den König der Wahrheit. *) Das ist der wesentliche Charakter der Kirche. Als Primas ist Petrus in seinen Nachfolgern der Mund der Kirche. Welch eine paradoxe Annahme, daß die Kirche selbst unfehlbar sei, und daß der Mund derselben Falschheit in Dingen der kirchlichen Lehre zu lehren im Stande sei?!

Christus stiftete seine Kirche als unfehlbares Lehrtribunal für alle Zeiten, und für jede Zeit; so mußte er denn dafür gesorgt haben, daß die Gläubigen auch für jede Zeit die Gelegenheit hätten, in vorfallenden Glaubensstörungen das Wort des Heiles mit entscheidender Gewißheit zu hören. Zu Zeiten der Apostel bei der Gründung der Kirche gab Christus denselben zwölf un-

---

*) Joh. 18.

fehlbare perſönliche Zeugen der Wahrheit, da die Apoſtel
ſich in alle Welt zertheilten, um die Kirche zu grün=
den: wie billig, daß zur Sicherſtellung der Wahrheit der
von ihnen unfehlbar gepredigten Lehre für die Folge der
Zeiten, dieſe ihre unfehlbare Prärogative wenigſtens in
Einem, nämlich in dem Nachfolger Petri als Oberhaupt
der Kirche, verblieben ſei. Die Kirche hat da immer die
Gelegenheit, ſoweit es Noth thut, dieſes Eine unfehlbare
Oberhaupt zu befragen.

Die Kirche, iſt ferner ihrer Natur nach hienieden die
ſtreitende Kirche, und ſollte nach Anordnung und
dem Willen Chriſti die Kirche aller Völker und aller Na=
tionen werden. Ihr bleibendes Terrain iſt ein bleiben=
des Schlachtfeld, den ganzen Erdball umfaſſend. Nun
denn, der Gemeinſinn aller Völker, aller Zonen, von den
wildeſten bis zu den gebildetſten, fand es für ziemend
und heilſam, zur Stunde des Kampfes an die Spitze der
Armee Einen Befehlshaber zu ſtellen, mit der Vollmacht des
Befehles und der Leitung ausgerüſtet: wie ziemend er=
ſcheint es demnach nicht der gläubigen Vernunft, daß
Chriſtus das Oberhaupt der ſtreitenden Kirche in ſeiner
Sphäre mit einer ähnlichen Vollmacht ausgerüſtet. Das
Heil der Kirche wird aber durch nichts ſo ſehr gefährdet
und heilloſer bekämpft, als eben durch den Angriff der
Feinde der Kirche in Hinſicht auf die geoffenbarte Lehre.

Die Kirche iſt endlich ihrer Natur und Conſtitution
nach, wie Paulus erklärt, ein geiſtiger Leib. Nun denn,
bei jedem wohl ausgebildeten Leibe iſt es das Haupt, welches
die Bewegung der Glieder regiert, und nicht die Glieder
regieren das Haupt, wenngleich dies nie vom Leibe getrennt

als Haupt betrachtet werden kann. Ebenso was die Un=
fehlbarkeit des Oberhauptes der Kirche betrifft. Es ist
unfehlbar; aber diese Unfehlbarkeit ist keine abstracte Prä=
rogative des Hauptes, sondern wurzelt im Leben der Kirche
selbst, als Trägerin des Glaubens. Der Leib, mit dem der
Apostel die Kirche vergleicht, ist ein menschlicher. Bei diesem
ist das Haupt individuell. Ein collektives Haupt wäre
ein Monstrum.

Die Weisheit Christi, der seiner Kirche in der Person
seines Stellvertreters ein irrthumloses individuelles
Haupt gegeben, erhellt um so klarer als die der Kirche
in ihrer Stellung entsprechende, wenn man erwägt,
wie ungenügend für die Kirche gesorgt wäre, wenn
Christus als Glaubensregel und letztes höchstes Tri=
bunal der Kirche nicht das Oberhaupt der Kirche,
sondern das gesammte Episcopat collectiv genommen,
eingesetzt hätte; sei es, daß das Episcopat im Concil
oder zerstreut über die Erde hin betrachtet werde. Mit
anderen Worten: Sei es, daß der Ausspruch eines all =
gemeinen Conciliums oder die Uebereinstimmung
der über die Erde zerstreuten Kirche allein, als
Glaubenstribunal und Glaubensregel zu gelten hätte.

Diese Annahme auf beider der genannten Weisen und
Wege, weit entfernt den Erwartungen und Anforde=
rungen der gläubigen Vernunft zu entsprechen, wider=
spricht ihr völlig; denn die prüfende, streng logisch schlie=
ßende Vernunft erkennt bei völliger Beleuchtung dieser
Ansicht, daß dieselbe nicht nur dem in der h. Schrift aus=
gesprochenen Willen Christi und seiner Anordnung, son=
dern nicht minder der Tradition und Erblehre der Kirche

und ihrer· Geschichte zuwider — und überdieß eine, für die Bedürfnisse der Kirche in der Welt, ungenügende und völlig unpraktische sei.

Wir wollen dies nun so wohl, was die Concilien als den Consensus der Ecclesia dispersa, der „zerstreuten Kirche" betrifft, umständlich nachweisen.

Die eine Instanz, auf daß der Gesammt-Episcopat entscheide, ist die Abhaltung und der Ausspruch eines allgemeinen Concilium. Kein Zweifel, daß ein allgemeines Concilium, wenn es gefeiert wird, un= fehlbar in seinen Glaubensentscheidungen sei; denn ein solches Concilium setzt voraus, daß es vom Oberhaupt der Kirche zusammenberufen, und von demselben bestä= tiget sei. Die Kirche ist unfehlbar. Allein daraus folgt keineswegs, daß ein solches Concilium von Christus, als das reguläre für die Kirche in Dingen des Glaubens entscheidende Glaubenstribunal betrachtet werden könne.

Die Kirche bedarf eines solchen Tribunales immer und zu jeder Zeit; allein es liegt nach der Art und Weise, wie die Kirche von Christus eingesetzt in der Welt dasteht, nicht in der Macht der Kirche, so oft sie es will und braucht, ein solches Concilium abzuhalten. Christus wollte bei Verbreitung und Erhaltung seiner Kirche der menschlichen Freiheit keinen Zwang anlegen, und somit gibt es der Hindernisse unzählige, welche die Abhaltung eines solchen Conciliums, laut Zeugniß der Geschichte, durch den Lauf von Jahrhunderten verhinderten; jawohl vielleicht bis an das Ende der Zeiten verhindern könnten.

Laut Zeugniß der Geschichte flossen drei hundert Jahre vorüber, bis das erste allgemeine Concilium zu Nicäa ab=

gehalten werden konnte. Erst mußte das Schwert der Imperatoren in die Scheide zurückkehren, und das Kreuz auf der Krone derselben erstrahlen. Und seit dem letzten allgemeinen Concilium von Trient sind nun wieder drei= hundert Jahre verflossen, und es wurde kein allgemeines Concilium gehalten. Das Haupthinderniß lag im Ge= gentheil gerade zumeist in der Stimmung der gekrönten Häupter, die selbst die Abhaltung des nächsten angekün= digten General=Conciliums noch gewaltig in Zweifel setzt. Wie viele Irrthümer sind während dieser Zeit aufge= taucht und durch das Urtheil des Oberhauptes der Kirche gerichtet worden. Wie übel wäre für die Kirche Gottes gesorgt gewesen, wenn die Irrlehren der Jansenisten, Quesnelianer, Gallikaner, Febronianer, de la Mennaisi= ten, Hermesianer, Güntherianer ꝛc. noch unentschieden geblieben wären. — Seit Clemens den Stuhl Petri be= stieg, erließen die Päpste durch den Lauf der Jahrhun= derte fort und fort Glaubensentscheidungen. Nur so ward für das Wohl der Kirche gesorgt.

Ferner selbst unter den achtzehn allgemeinen Concilien, die in nahezu neunzehn Jahrhunderten abgehalten wurden, wie wenige begriffen die Mehrzahl der Bischöfe der katholischen Welt in sich. Das war weder bei dem Concilium von Nicäa dem ersten, noch zu Trient dem letzten, und kaum bei einem der allgemeinen ersten acht Concilien des Orients der Fall. Wenn es nicht die Bestätigung des Papstes gewesen wäre, so wäre keines derselben je zum Ansehen und zur Würde eines allgemeinen Conciliums gelangt. Wer weiß ob selbst zum nächsten allgemeinen Concilium die Mehrzahl der

Bischöfe der katholischen Welt erscheinen kann. Und wie erst, wenn nicht der Dampf den Reisenden zu Hilfe gekommen wäre, wie könnten, wenn die Kirche sich über die Erde bereits völlig ausgebreitet, alle die Bischöfe sich zu einem solchen allgemeinen Concilium jedesmal zeitlich genug versammeln. Oder hat Christus das Tribunal der allgemeinen Kirche auch von Dampf und Eisenbahnen abhängig gemacht?

Doch selbst wenn die Bischöfe der ganzen katholischen Welt nach Belieben von Engeln, wie ein Habukuk und Philipp, getragen, an einem Platz versammelt werden könnten, so wäre damit für die Behauptung, als seien die Glaubensentscheidungen allgemeiner Concilien, das von Christus eingesetzte Glaubenstribunal, nichts gewonnen, während unsere Thesis in voller Kraft verbleibt. Denn die Entscheidungen des Episcopates der ganzen Welt sind ohne die Bestätigung des Papstes noch keine Entscheidungen, die absolut im Gewissen unter der Strafe des Irrglaubens und des Ausschlusses aus der Kirche verbinden. Dazu gehört die Bestätigung des Papstes. Hingegen seine Glaubensentscheidungen in und außer dem Concil, auch ohne Rücksicht auf die Beistimmung der übrigen Bischöfe, wurden in der Kirche Gottes immer als im Gewissen, unter Strafe der Ketzerei bindend, angesehen.

Beweis dessen ist die Geschichte, das Ansehen und der Ausspruch der Concilien selbst, wie wir das ausführlich in dem Abschnitt über die Abhaltung der Concilien nachweisen werden.

Nie galt, wenn nicht vom Papste bestätiget, je eine

Entſcheidung eines noch ſo zahlreichen Conciliums; wohl aber galten von jeher die päpſtlichen Entſcheidungen, den allgemeinen Concilien gegenüber, als unabänderlich. Man leſe was uns darüber die Geſchichte bei Gelegenheit der Abhaltung des III., IV., V., VI., VII. und VIII. General=Conciliums berichtet:

„Ihr habt,“ ſchärft Coeleſtin ſeinen Legaten ein, „wenn eine Streitfrage vorfällt, nicht darüber zu rechten, ſondern zu entſcheiden und zu ſehen, daß Alle thuen, was von uns verordnet wurde.“ Das ganze Concil fügte ſich dieſer peremptoriſchen Weiſung und gibt den Grund dafür an: „Weil Petrus noch immer in ſeinen Nachfolgern lebt und richtet.“

Wenngleich die Väter des vierten allgemeinen Concils dieſelbe Lehre ausgeſprochen, die bereits Leo der Große vor der Abhaltung des Concilium als die wahre bezeich=nete, ſo wollten die Legaten dennoch nach Weiſung des Papſtes nicht einmal die Aenderung irgend eines Wor=tes geſtatten: „Sagt Alle, wie Leo; ſonſt kehren wir nach Rom zurück.“ Das Concilium fügte ſich ſogleich und rief: „Durch Leo hat Petrus geredet. So glauben wir Alle.“ Wie herrlich ſteht Vigil im Kerker verſchloſſen den Vätern des fünften allgemeinen Conciliums in Conſtan=tinopel gegenüber, wie wir dies ausführlicher an ſeinem Plaße anführen werden.

„Sie ſollen es nicht wagen,“ mahnte Agatho ſeine an das ſechſte allgemeine Concilium abreiſenden Legaten, „irgend etwas zu ändern an meinem Ausſpruch, ſondern denſelben einfach veröffentlichen.“ — Was ſollen wir erſt von den beiden Päpſten Hadrian I. und Had=

rian II. sagen, welche ihre Glaubensentscheidungen und
Bekenntnisse den Vätern des siebenten und achten General-
Conciliums zugesandt als unerläßliches Bedingniß einen
Platz im Concilium selbst einzunehmen.

Das waren Concilien im Orient, entfernt von Rom
und in einer für Rom ganz eifersüchtigen Nähe gefeiert.
Wie stark mußte das Bewußtsein der Päpste gewesen
sein, ihres durch die ganze Kirche anerkannten Rechtes,
um auf solche Weise vor sich zu gehen. Und nicht nur
erhob niemals ein Bischof dagegen auch nur ein Wort,
sondern sie eifern mit den begeistertsten Ausdrücken dieses Recht des apostolischen Stuhles anzuerkennen und
definiren, und zwar vereinigt mit den Bischöfen des Abendlandes im Concil von Florenz: Der Papst sei der wahre
Stellvertreter Christi, und aller Christen Lehrer. "Defi-
nimus, Romanum Pontificem esse verum Christi
Vicarium et omnium christianorum Doctorem." Man
bemerke die zwei inhaltsschweren Ausdrücke: Der w a h r e
Stellvertreter Christi — kann der i r r e n? Wie wäre er
denn der wahre Stellvertreter Christi in seiner Beziehung
zur Kirche? Hat Christus nicht den hl. Geist als seinen
Stellvertreter verheißen — den Geist der Wahrheit?
Identificirt somit nicht die Kirche das Lehramt des Oberhauptes der Kirche mit dem des heiligen Geistes, dessen
Organ der Papst ist? Und sind die Bischöfe nicht auch
Christen? Ist somit der Papst in Kraft dieser Definition nicht auch ihr Lehrer? Wie sollte denn die Kraft
seines Urtheiles von der Beistimmung der übrigen ab-
hängen; oder wird das Urtheil des Lehrers erst wahr,
wenn der Schüler demselben beipflichtet?

Diese letztere Annahme, daß auch das Urtheil des Papstes eben so gut der Beistimmung eines Conciliums bedürfe, als vice versa das des Conciliums die Bestätigung des Papstes, ist eine ganz arbiträre und irrige, die nicht nur der Geschichte und den Aussprüchen der Concilien, sondern der Schrift und Tradition überhaupt widerspricht.

Unabhängig von dem Beisein der übrigen Apostel, erklärte Christus, Petrus a l l e i n als Fundament der Kirche. Er erklärt, daß er für seinen Glauben a l l e i n gebetet, daß derselbe nie abnehme, und übergibt ihm, unabhängig von den übrigen Aposteln, a l l e i n die Leitung seiner ganzen Heerde, der Lämmer und der Schafe, d. h. auch der Bischöfe.

Eben so wenig wissen die hl. Väter etwas von dieser Bedinguiß. So wie Rom entschied, so galt der Ausspruch des hl. Augustin durch die ganze Kirche : "Roma locuta est — causa finita est." Und wie dann erst, wenn ein Concilium so zahlreich, wie das von Rimini, dem Papste gegenüber stände, und anderer Meinung wäre? Wer würde dann als der von Christus eingesetzte Richter in Dingen des Glaubens zu betrachten sein ?

Es bleibt da unsern Gegnern nichts übrig, als zu dem sogenannten Consensus der zerstreuten Kirche ihre Zuflucht zu nehmen. Doch da sind die Schwierigkeiten, in die sie sich verwickeln, noch größer. Allerdings geben wir zu, daß die Kirche im Allgemeinen, so lange sie mit ihrem Haupte vereinigt ist, im Besitze des wahren Glaubens und der durch denselben anerkannten Wahrheiten des Heiles sei; allein wir verwerfen mit aller Entschie-

denheit, daß die zu ermittelnde Uebereinstimmung der auf
Erden „z e r s t r e u t e n K i r c h e" als das oberste Glau=
benstribunal zu betrachten sei, das Christus in seiner
Kirche eingesetzt. Denn:

I. steht diese Annahme gleichfalls im Widerspruch mit
der angeführten und feierlich ausgesprochenen Erklärung
Christi. Christus beauftragte nämlich Petrus, seine
Brüder zu stärken, und nicht diese Ihn. Wäre nun das
Urtheil des Nachfolgers Petri im Glauben noch so lange
zweifelhaft, bis die Bischöfe in oder außer dem Concil
durch die Welt hin demselben ihre Beistimmung geben,
so würden vielmehr diese durch ihre Zustimmung den
Nachfolger Petri, und nicht Er sie stärken; oder es wäre
wenigstens eine wechselseitige Stärkung, was Christus
keinesweges angedeutet, sondern vielmehr das Gegentheil.

II. Diese Ansicht widerspricht nicht minder der Erb=
lehre der hl. Väter. Diese leiten nicht die Orthodoxie
der Lehre des römischen Stuhles von der Uebereins=
stimmung der Lehre der übrigen Kirchen ab: sondern
umgekehrt, sie weisen alle übrigen Kirchen der Welt an,
ihre Orthodoxie durch die Uebereinstimmung ihrer Lehre
mit der des römischen Stuhles nachzuweisen. So wie
sie das zu thun im Stande sind, fordern sie dieselben
nicht auf, sich noch um die Lehre irgend einer andern
Kirche zu kümmern. Hingegen würde es denselben wenig
nützen, wenn sie auch im Stande wären nachzuweisen,
daß sie so glaubten und lehrten wie alle übrigen Kirchen,
wenn sie nicht zugleich nachzuweisen im Stande sind, daß
auch die Kirche von Rom, d. h. der Apostolische Stuhl,
so lehre. Sie behaupten einstimmig mit Irenäus, daß

jede andere Kirche n o t h w e n d i g mit der römischen übereinzustimmen habe" quacum necesse est omnem aliam convenire ecclesiam." Also wozu das weitere Fragen, wenn alle übrigen Kirchen n o t h w e n d i g mit der Lehre des Lehrstuhles von Rom übereinzustimmen haben?

Erfüllt von derselben Glaubensüberzeugung ruft Hieronymus aus: „Mögen Andere denken und sagen, was sie wollen; ich sage: Wer mit dem Lehrstuhl Petri über= einstimmt, der ist der Meinige." Si quis Cathedrae Petri jungitur — meus est. — Warum? Hieronymus ant= wortet: „denn auf diesen Felsen ist die Kirche gebaut" "Supra hanc petram, ecclesiam aedificatam esse scio." Allerdings behaupten wir nicht, daß der Canon des hl. Vinzenzius von Lyra unwahr sei, wenn er sagt: das ist katholisch, was immer und überall und von Allen als katholisch geglaubt wird; denn die Kirche wird im All= gemeinen nie in Irrthum fallen; allein die Behauptung, daß die Berufung auf diese Uebereinstimmung als Glau= bensregel angenommen werden müsse und als höchstes Glaubenstribunal anzusehen sei, die weisen wir mit allem Fug zurück. Da gilt uns der Canon des hl. Hierony= mus: „Was Rom lehrt, das ist katholisch" "Hoc Catholicum, quod Romanum."

Nie und nimmer kann für diesen Canon, der zu erfor= schende Consens der zerstreuten Kirche als Glaubensregel substituirt werden. Es fehlen ihm dazu die für eine Glaubensregel nothwendigen Eigenschaften.

Diese Eigenschaften sind: die V e r n e h m b a r k e i t, die B e s t i m m t h e i t und A n w e n d b a r k e i t.

Erstlich, es mangelt diesem Consens, als Canon, die

Vernehmbarkeit; denn wie heißt das Organ, das diese Uebereinstimmung ausspricht? Ein solches gibt es nicht, da es Niemanden gibt, der im Namen aller Kirchen diese Uebereinstimmung auszusprechen im Stande wäre. Diese Auffindung verlangt die Durchforschung von kirchlichen Thatsachen und kritischen Beleuchtungen in Fülle, ohne daß es ein bestimmtes Organ gäbe, durch welches die zerstreute Kirche ihren Ausspruch unbezweifelbar kund geben könnte. Das Resultat dieser Forschungen bliebe immer nur in der Sphäre minderer oder größerer Wahrscheinlichkeit. Jedoch die genügt niemals zu einem Glaubensakt. Wir sagen daher

Zweitens: Es mangelt diesem Canon die Eigenschaft der Bestimmtheit und Präzision alle Möglichkeit der Entstellung ausschließend. Diese Bestimmtheit und Präzision der Entscheidung ist absolut erfordert, um etwas durch einen Glaubensakt als göttlich geoffenbaret zu bekennen. — Zu dieser unbezweifelbaren Bestimmtheit gelangt aber in vielen Fällen kein Weg der Forschung, und wenn dieselbe von einem hl. Thomas von Aquin und von den gelehrtesten Theologen der Welt vorgenommen würde.

Beweis dessen ist das Dogma der unbefleckten Empfängniß Mariä. Bereits gaben sechshundert Bischöfe der zerstreuten Kirche ihr Gutheißen und ihre Beistimmung ab für dieses Dogma; und zweihundert derselben waren bereits in Rom, und baten den hl. Vater um diese Entscheidung. Ueberdieß wurde in der ganzen Kirche das Fest der unbefleckten Empfängniß Mariä gefeiert, und dennoch, wenn Pius den definitiven Ausspruch nicht gethan hätte,

so könnte heute, troß all dieser Uebereinstimmung der zer=
streuten Kirche, noch Niemand unfehlbar wissen, daß Maria
ohne Makel der Erbsünde in ihr Dasein eintrat, und
wer das heute noch läugnete, wäre kein Keßer. Ja
nehmen wir die Thesis selbst als Beispiel, die wir nun
hier vertheidigen. Welch eine Masse von Autorität der zer=
streuten Kirche bezeugt die Wahrheit derselben, wie dieses
Buch es nachweisen soll, und welch ein Gewicht von
theologischer Schlußfolge verbürgt ihre Wahrheit, und
dennoch ist dieselbe noch kein definitives Dogma, mithin
kein Glaubensartikel. — Was soll man nun erst von
anderen Säßen sagen, die in das Bereich des Glaubens
einschlagen, und über welche einzelne Kirchen sich gar nicht
oder nur ganz dunkel äußern. Hundert Thore ständen
da den Ausflüchten eines im Irrthum Befangenen offen.
Um so weniger wäre ein so vages und dunkles Urtheil
im Stande, die Hartnäckigkeit eines Keßers zu brechen.
Und wie erst, wenn der Irrthum sich, wie beim griechischen
Schisma, in weiteren Kreisen verbreitet und ganze Pro=
vinzen überfluthet und selbst hunderte von Bischöfen und
Patriarchen an sich gezogen, die sich auch zur Kirche rechnen?
Drittens, es fehlt diesem Canon die Anwendbar=
keit. Die Nachweisung dieser Uebereinstimmung
aller Kirchen verlangt eine Masse von Documenten, von
geschichtlichen Forschungen und eine Kenntniß von
Sprachen, die gar nicht im Bereiche der Gläubigen
liegen und eine Gelehrsamkeit voraussetzen, die nur im
Besiß der Wenigsten ist. Und selbst was diese Gelehrten
betrifft, so sind dieselben nicht immer im Stande zu einem
evidenten und ganz unbezweifelbaren Schluß zu ge=

langen, da ja selbst die größten Gelehrten, wie ein Thomas
von Aquin und Bonaventura, nicht in Allem überein=
stimmten, während doch Beide das zu lehren meinten,
was sie als die Lehre der zerstreuten Kirche ansahen.

Viertens, bleibt diese Annahme des Consens der
zerstreuten Kirche immer nur eine p e r s ö n l i ch e An=
nahme, mithin immer nur im Grunde eine Privatmei=
nung, die keinen Dritten unter der Pflicht eines gött=
lichen Glaubensaktes beizustimmen verbindet, wie es
eine Glaubensregel als solche verlangt.

Das definitive ämtliche Urtheil des Oberhauptes, dazu
durch eine unfehlbare Lehrautorität ermächtigt, ist frei
von diesen Mängeln, und besitzt im Gegentheil alle die ge=
nannten Eigenschaften in ausgezeichnetem Grade.

Der Papst ist eine sichtbare, allen zugängliche Autori=
tät, und spricht eine Glaubensentscheidung mit höchster
Präzision und nicht als Privatmann, sondern als Ober=
haupt der Kirche aus, als Nachfolger Petri im hl. Amte
und als Stellvertreter Christi.

Ja, genau betrachtet, wären die Gläubigen, die ihren
Glauben nach dem Compaß der allgemeinen Ueberein=
stimmung der ganzen zerstreuten Kirche zu richten hätten,
noch übler daran, als selbst die Protestanten mit ihrem
Bibelprinzip; denn alle die Einwürfe, die gegen dieses
Prinzip streiten, streiten gleichfalls und noch mit größerer
Kraft gegen den Glaubenscanon des Consenses der zer=
streuten Kirche.

Die Gründe, durch welche der Glaubenscanon der
Bibelauslegung als haltungslos nachgewiesen und mit
Recht als irrig verworfen wird, sind folgende:

5

I. Ob ein Buch zur hl. Schrift gehöre, und daß überhaupt die Bibel die Bibel sei, ist eine Thatsache, die erst von wo anders her, ihre Beglaubigung zu nehmen hat. Die Bibel gibt sich dieses Zeugniß nicht selbst.

II. Die Bibel ist in ihren Aussprüchen nicht genügend klar und präcis, um als Glaubenstribunal bei vorfallenden Glaubensstreitigkeiten zu gelten.

III. Die Bibel selbst widerspricht dieser Annahme.

IV. Das Bibelstudium setzt überhaupt eine Gelehrsamkeit voraus, die nur bei Wenigen sich vorfindet. Eine Glaubensregel soll aber für Jedermann gleich zugänglich und anwendbar sein.

V. Selbst was die Gelehrten betrifft, so bleibt ihre Bibelauslegung nur immer auf ihre eigene Gelehrsamkeit und auf ihr eigenes Urtheil gestützt, und trägt somit nur das Ansehen einer Privatmeinung an sich, der widersprochen werden kann, und die keinen Anspruch auf Unfehlbarkeit zu machen im Stande ist, um auch Andere zu binden. — Alle diese Schwierigkeiten und Beweisgründe gegen die Privat-Bibelauslegung als Glaubenstribunal, beziehen sich und dies zwar mit noch größerem Nachdruck gegen die Annahme des Consenses der zerstreuten Kirche als höchstes Glaubenstribunal. — Denn:

I. Auch dieser Consens ist eine Thatsache, die sich nicht selbst als solche hinstellt, sondern die ihren Beweis von anderwärts verlangt, und wo dieser Beweis oft noch weit schwieriger zu liefern ist, als daß irgend ein Buch zum Canon der h. Schrift gehöre. Und dieser Beweis, wenn er auch versucht würde, braucht, strenge genommen, zu seiner Unfehlbarkeit wieder einen neuen Beweis des Con-

senses der allgemeinen Kirche, was zu nichts anderem
führt, als zu einem endlosen Zirkel, oder zu einer petitio
principii, in infinitum. — Bei einer päpstlichen Definition ist dies nicht der Fall; die führt ihre historische Beglaubigung mit sich selbst. — Glaubst du es nicht, daß Er
so entschied, so frage ihn, oder schreibe an ihn, oder sende
Jemanden zu ihm.

II. Der Consens selbst ist oft, wie wir bereits nachgewiesen, nicht evident, klar und bestimmt genug. Das
läßt sich von einer wirklichen päpstlichen Entscheidung "ex
cathedra" nicht sagen, die immer auf das Bestimmteste
mit unbezweifelbarer Klarheit erlassen wird, so weit als
ein solcher päpstlicher Ausspruch wirklich über eine Thesis
entscheidet.

III. Der Consens selbst der „zerstreuten Kirche" ist gegen diese Annahme, wie unsere Abhandlung es nachweiset,
durch die Reihe aller historischen Zeugnisse, die wir anführen.

IV. Für Tausende — ja wohl für Alle insgesammt ist
es leichter, in vielen Fällen den Ausspruch der h. Schrift
hinsichtlich eines Glaubenssatzes zu constatiren, als den
allgemeinen Consens der ganzen zerstreuten Kirche.

V. Die Nachweisung desselben selbst beruht letztlich
nur auf dem Privat-Ansehen von Gelehrten und deren
historischen Forschungen, die nie Anspruch machen können auf Unfehlbarkeit, um Andere im Gewissen zu verbinden, und zu einem Glaubensakt zu nöthigen. Das
Lehransehen des Papstes beruht auf seiner öffentlichen und
von Christus göttlich eingesetzten Würde und Stellung
als Haupt der Kirche. Und ob der Papst so oder so entschie-

ben, ist ein beweisbares Faktum, dessen Realität nicht
Sache einer Privatmeinung, sondern eine historische
Thatsache ist, die unfehlbar sicher nachgewiesen werden
kann.

Die Vernunft findet sich um so mehr geneigt, diese
Prärogative des Oberhauptes der Kirche als göttlich
verliehenes Lehrrecht anzusehen und anzuerkennen, weil
es nicht nur von all den Inconvenienzen und Schwie=
rigkeiten der ihr entgegengesetzten Behauptung fern ist:
sondern überdies in einem so harmonischen Charakter
mit der Kirche und ihrer Stellung in der Welt steht.

Christus stiftete nämlich, wie wir bereits bemerkt, die
Kirche als sichtbares Reich der Wahrheit — als seinen
mystischen Leib, und als streitende Kirche im Kampfe
gegen die Gewalten der Finsternisse und des Irrthums.
Wie passend erscheint es der prüfenden Vernunft, daß Er
der allmächtige und höchst weise Stifter dieser seiner Kirche
auch ein dieser Natur und Stellung derselben Kirche durch=
weg genügendes sichtbares, in Dingen des Glaubens un=
fehlbares Haupt gegeben.

Die prüfende Vernunft begrüßt mit Beifall die That=
sache, daß Christus zur Erreichung seines Zieles bei Grün=
dung einer unerschütterlichen Kirche aller Zeiten und
aller Völker auch das einfachste und dennoch durchweg ge=
nügende Mittel gewählt; nämlich die Sicherstellung des
Glaubens Aller, durch Einen.

Die prüfende Vernunft bemerkt aber auch, daß die
Scheu ihrer Gegner, diese Thatsache anzuerkennen, vor=
züglich darin liege, daß es ihnen gleichsam zu Viel für
Einen dünkt, ein so hohes, ja göttliches Lehransehen zu

besitzen, und als ein an und für sich, in rationeller Beziehung, fehlbarer Mensch dennoch auf Unfehlbarkeit in der noch höheren Sphäre menschlicher Erkenntniß durch den Glauben, Anspruch zu machen.

Allein, die Sache näher betrachtet, findet die prüfende Vernunft darin gar nichts Widersprechendes oder Beispielloses. Denn, wie wir bereits oben bemerkten, so waren die zwölf Apostel durch Christi Beistand, jeder im Einzelnen auch persönlich unfehlbar. Warum sollte die Vernunft Anstand nehmen, mit Beifall anzuerkennen, daß Christus ein Vorrecht, das Er den Zwölfen zur Gründung der Kirche auf außerordentliche Weise zugewendet, auch den Nachfolgern des Einen, den Er zum Haupte derselben bestellt, zur Erhaltung und Leitung der Kirche bis an das Ende der Zeiten, ordnungsmäßig von Amtswegen mittheile.

Waren durch seinen Geist, wie Petrus bezeugt, die Propheten nicht im Einzelnen persönliche Seher in die Zukunft?*) Ist dieser Blick in die Zukunft nicht noch ein größeres Wunder göttlicher Wissenschaft, einem einzelnen Menschen zugewendet?

Gefiel es nicht gleichfalls Gott, Einzelne durch die Gabe der Wunder zu Werkzeugen seiner Allmacht zu machen? Man bedenke, was uns darüber die h. Schrift und das Leben der Heiligen berichtet. Sind die Wunder der Allmacht minder als die seiner Wissenschaft?

Endlich, wie wir dies auch schon oben bemerkten: Warum sollte die nämliche Vorsehung, welche die Unfehlbarkeit des Lehransehens den Vielen, collectiv genommen,

*) 1 Pet. 1.

zuwendet — wie unsere Gegner dies **ausschließlich** annehmen, dieses selbe unfehlbare Lehransehen nicht auch **Einem** mittheilen können? Menschlicher Weise zu reden, erfordert ja diese zu wahrende Uebereinstimmung und Unfehlbarkeit der Vielen, collectiv genommen, eine noch größere Einwirkung der göttlichen Vorsorge, als bei der Wahrung der Unfehlbarkeit eines Einzelnen. Das bekannte Sprichwort selbst: "Quot capita, tot sensa," „So viele Köpfe, so viele Sinne," erinnert daran.

Die Vernunft gewahrt überhaupt bei der ganzen Einrichtung und Leitung der Natur, das Gesetz der sogenannten "parsimonia divina," d. h. jene weise Ordnung der göttlichen Macht, die durch einfache, großartige Kräfte in der Natur ihr Ziel siegreich erreicht, und dabei das Ueberflüßige zurückweist. Daher das philosophische und theologische Axiom: "Dei sapientia non operatur superflua," „Gottes Weisheit wirkt nichts Ueberflüßiges." Und wieder: "Entia non sunt multiplicanda," was so viel sagen will als: „Man vermehre nicht nutzlos Ursachen, wo eine genügt."

Nun aber, wie Jeder der prüft, leicht erkennt; die Unfehlbarkeit des Oberhauptes der Kirche genügt zur Sicherstellung des Glaubens und der Einheit der Kirche, also wozu noch die Ermittelung des Urtheils der collectiven Vielen als "ratio sine qua non" zur Auffindung der Wahrheit des Glaubens? — Und führt diese collective Unfehlbarkeit der Vielen im concreten Fall der Entscheidung, nicht ·on selbst die Unfehlbarkeit der Einzelnen mit sich? *)

*) Merkwürdig ist dabei der Umstand, daß Protestanten besonders, es so wenig zu fühlen scheinen, daß ihr Schrecken vor einer **persönlichen** Unfehlbarkeit

Die prüfende Vernunft fühlt sich um so mehr geneigt
die persönliche Lehrautorität des Oberhauptes der Kirche
als das ordnungsmäßige Glaubenstribunal im Reiche
Gottes anzuerkennen, da die Erfahrung durch den Lauf
der Jahrhunderte christlicher Zeitrechnung es unbezwei=
felbar nachweiset, daß diese in jedem Falle zur Schlich=
tung aller Störungen im Bereich der Kirche und des
Glaubens genügte, und genüge, nicht aber die der Vielen
collectiv genommen. — Es ist nämlich eine Thatsache der
Geschichte, daß man wohl Beispiele habe, daß Irrende
sich, wie Berengar und Fenelon und Andere, selbst in
den ersten Jahrhunderten, dem Urtheile des apostolischen
Stuhles in Dingen des Glaubens unterwarfen; doch
nie hat ein Häresiarch sich dem Urtheil eines allgemeinen
Conciliums gefügt. — Es ist dies eine merkwürdige Er=
scheinung.

Unser Argument bewährt sich aber noch bei weitem
stärker und siegreicher durch eine andere Thatsache:

Sei es nämlich, daß man die Unfehlbarkeit der Kirche

um so lächerlicher sei, da sie ja eine ähnliche Glaubens-Prärogative für Jeden der
Ihrigen in Anspruch nehmen, und consequent nehmen müssen, die wir Katholiken
nur in dem einen Oberhaupte der Kirche anerkennen.

Der Protestantismus räumt ja Jedem das Recht ein, sich den Glauben aus
der hl. Schrift selbst herauszulesen. Nun aber, da im Protestantismus zugleich
der Grundcanon gilt: „Der Glaube allein macht selig,“ was auch protestantisch
nur von einem wirklich göttlichen und unfehlbaren Glauben gelten kann: so ge=
steht der Protestantismus in nothwendiger Consequenz bei Auslegung der Schrift
auch Jedem für sich eine gewisse Unfehlbarkeit zu. Wenn nicht, so mußte der Pro=
testantismus zugeben, daß sein Grundsatz: „Der Glaube macht selig“ oder um
echt protestantisch zu reden: „Der Glaube allein macht selig,“ auch von einem fal=
schen Glauben gelten könne! —Das wäre doch selbst für Luther zu starker Taback.
Nun denn, warum findet man es protestantischer Seite so anstößig, daß Katholiken
im Oberhaupt der Kirche ein Vorrecht anerkennen, das Protestanten in ähnlicher
Weise, wenn sie consequent und logisch denken, bei jedem Glied ihrer Kirche anzu=
erkennen, keinen Anstand nehmen?

anerkennt, wie dies bei den schismatischen Griechen und bei den Jansenisten, noch heute der Fall ist, und man verbleibt doch verhärtet im Irrthum — verläugnet die katholische Lehre und bleibt ein Ketzer. Hingegen ist man nicht im Stande, auch nur ein einziges Beispiel aufzuweisen, daß solche, welche die Unfehlbarkeit des Papstes als Oberhaupt der Kirche anerkannt, je in einer Ketzerei oder in einem Schisma verblieben wären. — Wenn heute Rußland und die schismatischen Griechen des Orients mit allen ihren Sekten, die Unfehlbarkeit des Papstes in seinen Glaubensentscheidungen anerkennen, so gibt es morgen keine russisch= und griechisch=schismatische Kirche mehr. Rußland und der ganze Orient, würden zurückgekehrt sein zur Einheit der Kirche im Allgemeinen; so aber bleiben sie von ihr getrennt.

Auch die englische Hochkirche zählt genug Protestanten in ihren Reihen, und zwar auch Männer von sonstiger großer Gelehrsamkeit, welche die Unfehlbarkeit der Kirche im Allgemeinen glauben, und sie bleiben dennoch in den Irrthümern des Protestantismus befangen. Lasset sie — lasset alle protestantischen Sekten heute die Unfehlbarkeit des Papstes anerkennen, und es gäbe morgen keine Protestanten mehr, — sie wären alle mit einem Male katholisch.

Mahnt dieser Umstand nicht handgreiflich, welches das zweckmäßigste, einfachste und durchweg genügende Mittel sei, das Christus gewählt, um die Einheit im Glauben für alle Glieder der Kirche, durch die Unfehlbarkeit ihres einen Oberhauptes, für alle folgenden Zeiten, und an allen Orten der Welt, sicher zu stellen?

Und erinnert diese Thatsache nicht an die Worte des

hl. Paulus, die er an die Heiden gerichtet, um sie der Unvernunft und Unentschuldbarkeit ihres Unglaubens zu überführen. Er sagt: "Invisibilia ipsius per ea, quae facta sunt, intellecta conspiciuntur." „Was an Ihm unsichtbar ist, wird durch das was geschah, verstanden."*)

Der Anblick der Welt beweiset die Allmacht und Weisheit Gottes — und so Ihn selbst, sei es auch, daß wir Ihn nicht mit Augen sehen. — So sagen wir denn auch: Sei es auch, daß wir Christus nicht mit unseren Ohren gehört, und hätte Er auch seinen Willen und seine Anordnung zur Sicherstellung seiner Kirche nicht mit so bestimmten Worten an Petrus ausgesprochen, wie die hl. Schrift bezeugt, so würde doch das Firmament der Geschichte durch die unzähligen Thatsachen von neunzehnhundert Jahren, sonnenklar darauf hinweisen, daß es das unfehlbare Lehransehen des Oberhauptes der Kirche sei, das wir Kinder derselben, als das oberste Tribunal in Glaubensentscheidungen, anzuerkennen haben.

Ja daher, und einzig nur daher, wie bereits der alte Cyprian behauptete, entspringen Schismen und Ketzereien „weil man das Ansehen dieses Einen Richters an Christi statt, nicht wie man sollte, anerkennt, und seinen Entscheidungen sich nicht gehörig unterwirft." p)

Welch ein Bekenntniß, aus welch einem Munde! Lasset Alle, die sich Christen nennen, diesem Canon folgen, und

---

*) Römer, 5.
p) Ep. 4. ad Corn.

die Kirche beider Hemisphären und aller Zonen ist
und bleibt die Eine.

Es kommt hierbei noch ein anderer Umstand zu
beachten, der so ganz in Harmonie und Einklang mit
jenem weisen Walten der göttlichen Vorsehung steht,
worauf die Worte im Buche der Weisheit hinweisen:
„Sie erreicht ihr Ziel mächtig von Ende zu Ende, und
ordnet Alles sanft."*) Das heißt: die göttliche Weis=
heit bedient sich auch der Mitwirkung ihrer Geschöpfe
und greift erst da unmittelbar ein, wo diese Mitwir=
kung von Seiten der Geschöpfe nicht mehr hinreicht
für ein bestimmtes Ziel.

So z. B. sollte Moses, der von Gott erwählte Füh=
rer und Befreier seines Volkes aus den Händen Pharaos,
am königlichen Hofe selbst erzogen werden. Paulus, das
auserwählte Gefäß der Gnade, der von Gott gesendete
Prediger vor Festus und Agrippa, vor Sergius Paulus
und im Areopag vor den gebildeten Griechen, sollte eine
dazu willkommene Vorbildung erhalten. Der Umstand
nämlich, daß der Papst als Oberhaupt der Kirche bestän=
dig im Verkehr mit der ganzen Kirche steht, und stets von
einer Menge der ausgezeichnetsten Theologen umgeben ist,
macht es Ihm auch menschlicher Weise betrachtet, leich=
ter, den Inhalt der Erblehre des hl. Glaubens zu er=
kennen und zu würdigen, als sonst einem Sterblichen.

Endlich, der Name selbst: „Apostolischer
Stuhl," welchen die ganze Kirche seit den Zeiten der
Christenheit dem Papste und seiner Stellung in der

*) Weish. 8.

Kirche ausschließlich zueignete, weiset hin auf diese besondere Glaubensprärogative, die der Papst als Nachfolger Petri mit den Aposteln theilt.—Denn was Anderes kann der Sinn dieses Beinamens „Apostolischer Stuhl" andeuten, als „Apostolische Vollmacht" — „Apostolisches Ansehen"— „Apostolische Würde" in der Kirche?

Eben diese göttliche Sendung zu lehren — unfehlbar die Menschen zu belehren, was Gott geoffenbart, hat die Apostel vor allem Anderen zu Aposteln gemacht, wie ihr Name selbst andeutet. Hätte z. B. der hl. Paulus den Syllabus geschrieben, den Pius veröffentlichte, welcher Christ hätte es je gewagt, an der Wahrheit der Lehren, die derselbe in sich faßt, zu zweifeln? Derselbe Syllabus wäre unter die canonischen Schriften aufgenommen worden. — Nun denn, wenn der römische Stuhl in Folge des Namens, den ihm die ganze Kirche gibt, mit dem Lehransehen der Apostel in der Person des Papstes bevollmächtigt ist, so muß, damit dieser Name keine leere Schmeichelei sei und keine Unwahrheit sage, das Urtheil des Papstes in Dingen des Glaubens so gut, wie das der Apostel selbst, unfehlbar sein.

Die h. Schule pflegt sich darüber folgendermaßen auszudrücken:

Die Unfehlbarkeit war, hinsichtlich der übrigen Apostel, eine außerordentliche, persönliche Prärogative, verbunden mit ihrer Sendung als die ersten Glaubensboten. Sie war aber hinsichtlich des h. Petrus zugleich ordentlicher Weise vereiniget mit seinem Amt,

als Haupt der Kirche, und geht somit auf seine Nachfolger im Amte über.

Es verdient da besonders beachtet zu werden, daß der
römische Bischofssitz a u s s c h l i e ß l i c h zum Beweise des
soeben Gesagten von der Kirche und selbst von Ketzern
und Schismatikern so genannt wurde, und genannt wird.
So wenig es je den Sekten gelang, die katholische Kirche
ihres Namens zu berauben, mag man sie tausendmal pa-
pistisch nennen; eben so wenig wird es jemals den Fein=
den des h. Stuhles der römischen Kirche gelingen, dem=
selben das Prädikat zu rauben: „Apostolischer Stuhl.“

Dieser Beiname ist um so entscheidender, da es kein
Beispiel gibt, daß je ein anderer bischöflicher Sitz An=
spruch auf diese Benennung gemacht; selbst nicht der
Patriarchal=Sitz von Constantinopel; auch nicht nach
dem Schisma. Bei manchen Patriarchal=Sitzen, wie
bei denen von Jerusalem, Alexandria von den Aposteln,
und zu Antiochia vom h. Petrus selbst gegründet, lag die
Versuchung dazu sehr nahe; und doch geschah dies nie.
Es gab selbst Sekten, wie die Donatisten, die sich katho=
lisch nannten. Die Puseiten und englischen Hochkirchler
thun es heute noch und prätendiren eine apostolische
Nachfolge; allein es fiel ihnen noch nie ein, den Bischof
von Canterbury, oder irgend einen anderen Bischofssitz,
mit dem Prädikat: „A p o s t o l i s c h e r S t u h l“ zu
beehren. Dieser Name also, mit welchem die ganze Chri=
stenheit den römischen Bischofssitz benennt, trifft den Nagel
auf den Kopf, und weiset unbezweifelbar auf dessen un=
fehlbare Glaubensprärogative hin; oder er wäre eine
I r o n i e, und der ganze Primat Petri eine I l l u s i o n.

Diese Bemerkung führt schließlich zur Beherzigung des allerwichtigsten und gewaltigsten der angeführten Beweisgründe, für das unfehlbare Ansehen des Oberhauptes der Kirche in seinen Glaubensentscheidungen. Denn wir behaupten mit Recht, wie es jüngst auch ein Artikel in der "Civilta catolica" gethan:

„Die Unfehlbarkeit des Papstes in seinem kirchlichen Lehramt läugnen, heißt den Primat selbst aufheben."

Hier ist unser Beweis:

Nach dem Zugeständniß aller Theologen hatte Christus seiner Kirche vor allem Andern ein Oberhaupt in der Person der Nachfolger Petri gegeben, um das erste Merkmal derselben, nämlich ihre Einheit zu sichern und dieselbe durch dieses Merkmal als seine allein wahre Kirche, wie auf einen Berg hinzustellen. Diese zu bewirkende und zu bewahrende Einheit, ist der wesentlichste Grund für die Einsetzung und das Dasein des Primates in der Kirche.

Nun aber besteht die Einheit selbst, welche die Kirche als solche zur wahren Kirche Christi macht vor Allem und vorzüglich in der inneren Einheit im Glauben. Die bloß äußere Einheit wäre, bei einer im Glauben getrennten und innerlich dem Irrthum preisgegebenen Kirche, nur eine Illusion, wie dies bei der russischen Kirche der Fall ist. Ein Oberhaupt, das als solches selbst in seinen Glaubensentscheidungen irren könnte, kann nie und nimmer als bleibende Garantie gelten, der inneren Einheit der Kirche im Glauben. Der Primat von seiner Unfehlbarkeit in Glaubensentscheidungen entblöst, wäre nichts mehr als nur ein höherer Grad von Jurisdiction in der Kirche, aber nie und nimmer das Schlußband und die Garantie ihrer inneren und äußeren Einheit.

Mithin die Unfehlbarkeit des Papstes in seinen Glau= bensentscheidungen als Lehrer der Kirche läugnen, heißt nicht nur irgend welche Wahrheit läugnen, die zum "de= positum fidei" gehört, sondern heißt den Primat läug= nen, und die Kirche selbst in ihrem wesentlichsten Merkmal angreifen, nämlich in ihrer unerschütterlichen, auf Petrus den Felsen sich gründenden Einheit. Weicht diese, dann weichen mit ihr auch die übrigen Merkmale, und somit die Kirche selbst.

Wir sagen demnach: Gleichwie die Harmonie, Ein= heit, und der Bestand der Welt selbst durch das Gesetz der Gravitation bedingt und gesichert ist, so daß wenn die= ses Gesetz gestört und aufgehoben würde, die Welt selbst durch die Macht der Centrifugalkraft in Trümmer zer= fahren würde: so bedingt und sichert die unfehlbare Lehr= autorität des Primates im Reich der Kirche die Har= monie, Einheit und Bestand derselben, so daß, wenn dieses Gravitationsgesetz im Universum der Kirche weicht, sie selbst in zahllose Sekten zerfahren würde, wie dies, der Erfahrung nach, bei jenen Bekenntnissen der Fall ist, die sich von der Anerkennung der Glaubens=Autorität des apo= stolischen Stuhles getrennt, als dem Centrum der inne= ren und äußeren Einheit der Kirche und ihrer bleibenden wundervollen Harmonie.

Zu dieser Anerkennung nöthigt uns das Wort und der Wille C h r i st i, unzweifelbar klar und deutlich aus= gesprochen. Sie wird aber, möchte man sagen, zur histo=

rischen Evidenz, wenn wir das Zeugniß der ganzen gläubigen Christenwelt für diese Wahrheit durch den Lauf aller christlichen Jahrhunderte hören, prüfen und beherzigen. In der ersten Reihe derselben erschallen die mächtigen, ehrwürdigen und entscheidenden Stimmen der hl. Väter und Lehrer des patristischen Zeitalters, durch die ersten elfhundert Jahre von Hermas bis auf Bernard. — Hören wir sie.

IV.

Zeugnisse

der heil. Väter

für die apostolische Vollmacht des Papstes in Glaubens - Entscheidungen.

————— •••—————

Es gewährt uns zweifelsohne eine besondere Befriedigung, den Anfang dieser Zeugnisse mit einem hl. Vater zu machen, der durch seine Namensähnlichkeit und den Gegenstand der Sache einem jener Ereignisse so nahe steht, welches in neuester Zeit die Ausübung der in Frage stehenden Prärogative des Primates so wichtig machte, und die jener Schüler der Apostel so auffallend anerkannte.

Es ist dies **Hermas**, muthmaßlich ein Schüler des hl. Paulus, von dem in der Epistel an die Römer *) Meldung geschieht.—Er schrieb ein Werk, das in der kirchlichen Vorzeit so hochberühmte Buch „Pastor," und legte bei Anlaß desselben folgendes überaus wichtige Zeugniß für die damals — in eigentlich apostolischer Zeit — (Johannes der Evangelist lebte noch) — anerkannte, oberst=

—————
*) Rom. 16, 14.

richterliche, apostolische Macht der Nachfolger Petri in
Dingen des Glaubens und der Lehre ab. Hermas näm=
lich sagt: q) „Er habe Befehl empfangen, eine Abschrift
seines Buches dem Clemens von Rom zu schicken, (wohl=
gemerkt, — nicht dem Johannes dem Evangelisten, son=
dern dem Clemens,) um es den auswärtigen Gemeinden
mitzutheilen, wozu Clemens befugt sei."

Dieser eine Fall in Verbindung mit Allem was folgt,
wirft ein helles Licht auf die ganze Machtfülle und apo=
stolische oberste Hirtensorge der Nachfolger Petri sowohl,
was die Gewalt selbst, als den Umfang der Ausübung
derselben im Werden der Kirche betrifft, daß man die ge=
schlossene Einheit des Glaubens und die Disciplin der
katholischen Kirche und ihres Hauptes von Anbeginn bis
jetzt nicht anders als mit Jubel des Geistes erkennen
und begrüßen kann!

Ignatius, gleichfalls ein Bischof apostolischer Zeit, ein
Schüler des hl. Johannes des Evangelisten, erkennt in
seinem Briefe an die Römer, in der römischen Kirche die
Würde des Statthalters Christi, und sagt von ihr, daß
sie lehrend befehle, "quae docendo praecipitis."

Wer lehrend befiehlt, der hat doch gewiß in der Kirche
das oberste Entscheidungsrecht in Dingen der Lehre. Je
spärlicher die Dokumente der apostolischen Urzeit, desto
wichtiger ist jeder Ausdruck derselben, und desto größerer
Beachtung würdig; denn im Verband mit den folgenden,
sind es unläugbare Strahlen der am Himmel des Hei=
les sich erhebenden Sonne des Glaubens, und der mit
demselben verbundenen göttlichen Rechte.

q) L. I. vision. II. C. 4.

6

Polycarp, Schüler des hl. Ignazius, Bischof von Smyrna, reis'te nach Rom, den Ketzer Marcion dort anzuklagen und in Betreff einer, mit der Lehre selbst innigst verbundenen Diciplinarsache, — der Osterfeier — sich Raths zu holen. Nun denn, **warum reis't ein Bischof der ersten Christenheit von Asien nach Rom?** — Hatte er nicht **nähere, ebenfalls apostolische Kirchen?** Gewiß diese Reisen der Bischöfe apostolischer und erster Zeit der Christenheit nach **R o m,** zur Schlichtung und Berichtigung der Glaubens-Streitigkeiten und Glaubens-Zweifel, beweisen offenbar den Glauben dieser Väter: **W o,** nach apostolischer Weisung selbst der Glaubensquell für die ganze Christenwelt fließe. — Besonders ist dieß von Polycarp wichtig, weil er ein Schüler des hl. Ignatius war, der Umgang gepflogen mit Vielen, die den Herrn selbst gesehen und gekannt, und im Glaubens-Unterricht und Treue ganz ausgezeichnet war. „Er lehrte immer," schreibt Jrenäus von Ignatius, „was er von den Aposteln gelernt hatte, was er auch wieder Andern mittheilte. Er war ein treuer Zeuge der Wahrheit, und hielt strenge an der empfangenen Tradition." — Hören wir nach solchen Prämissen apostolischer Urzeit nun der Ordnung nach in ununterbrochener Reihe der sich folgenden Jahrhunderte, die mit der wachsenden Kirche sich mehrenden Zeugnisse, und durch selbe die Stimme der Tradition und des kirchlichen Glaubens aus dem Munde der hl. Väter der ersten Jahrhunderte bis in das elfte.

Jrenäus, der hochgefeierte Bischof von Lyon, und Schüler des hl. Polycarp, ruft seinen Zeitgenossen fol-

genbe Kraftworte zu: „Alle müffen von ber r ö m i f ch e n
K i r ch e abhangen, wie Flüffe von ber Quelle, unb
Glieber vom Haupte." "Omnes a Romana Ecclesia
necesse est sic pendeant, tamquam a fonte et capite." r)
Warum nur von ber römifchen Kirche? — weil bas
Oberhaupt ber Kirche bort feinen Sitz auffchlug. Denn
im 5. Buche fpricht er alfo: „Mit biefer Kirche (ber
römifchen) muß wegen bes entfchiebenen Vorranges jebe
anbere Kirche übereinftimmen; benn in biefer wurbe bie
apoftolifche Trabition ftets wiber alle Verfälfchung be=
wahrt." "Ad *hanc* enim Ecclesiam necesse est *omnem*
convenire Ecclesiam, in qua *semper* ab his, qui sunt
undique fideles, conservata est ea, quae est ab apostolis traditio." — „Geftützt auf bie Autorität unb Lehre
biefer von Petrus unb Paulus gegründeten römifchen
Kirche," fagt Irenäus in berfelben Stelle, „machen wir
Alle zu Schanben, bie aus Eitelkeit ober Bosheit anbers
lehren, als fie follten." "Confundimus omnes eos, qui
sibi placentia, vel per vanam gloriam, vel per coecita-
tem et malam sententiam, praeter quam oportet, col-
ligunt." — s)

Man bebenke, baß **Irenäus,** ber aus bem Orient kam,
unb bann im Occibent, unb zwar in Gallien Bifchof ge=
wefen, unb babei ein Mann von fo großer Gelehrfamkeit
war, gewiß ein klaffifcher Zeuge bes erften Glaubens fo=
wohl bes Morgen= als bes Abenblanbes ift. — Quesnell
felbft kann nicht umhin bies einzugeftehen.

Ebenfo **Tertullian,** (gleichfalls im zweiten Jahrhun= .

---

r) Lib. 3. adv. haeres.
s) Lib. 5. adv. haeres.

dert.) Er nennt die römische Kirche „die Glückliche, in
der die Apostel mit ihrem Blute die Lehre ausgegossen,
und von woher uns deßhalb das Ansehen, die Autorität
der apostolischen Lehre festgesetzt ist." "Unde nobis
quoque auctoritas praesto est." t) Selbst nach seinem
traurigen Fall in montanische Irrthümer konnte Tertullian nicht umhin, den allgemeinen Glauben der
Christenwelt an diese oberstrichterliche Lehrgewalt des
Glaubens und deren notorische Ausübung anzuerkennen,
da er vom Papste Zephirin und seiner Glaubens-Ent-
scheidung also spricht: „Ich höre ein peremptorisches
Urtheil sei ergangen; der Papst, der Bischof der
Bischöfe, spricht ꝛc." "Audio edictum fuisse publica-
tum, et *quidem peremptorium*. Summus Pontifex, id
est, episcopus episcoporum dicit etc." u)

Wir haben in diesem Jahrhundert auch das Bekenntniß eines Martirers für diesen Glaubenssatz, der
sein Zeugniß ganz eigentlich mit seinem Marterblut ver-
siegelte, nämlich des heil. Hypolit, von dem es den 29.
Jänner im römischen Martyrologium also heißt: „Zu
Antiochia der Martertod des heil. Hypolitus, des
Priesters, welcher mit den Worten: „Jenen Glauben
muß man bekennen und halten, welchen der Stuhl
Petri bewahrt," — seinen Nacken dem Schwert-
streiche darbot." "Eam fidem dicens esse servandam,
quam Petri cathedra custodiret — jugulum praebuit."

Ebenso **Origenes.** († 253.) In seiner Catena ruft
er aus: „Sieh einmal, welche Macht, und welche Ge-

---

t) De praescr. c. 27.
u) Lib. de Pudic.

walt dieser Felsen habe, auf welchen die Kirche Christi gebaut wurde, daß **die Entscheidungen**, die von ihm ausgehen, solche Kraft und Gültigkeit haben, als **hätte Gott selbst gesprochen.**" "*Ut ejus judicia maneant firma, quasi DEO judicante per eam.*" Ebenso **Cyprian,** († 258). „**Nur daher** entstanden **Ketzereien,** nur daher **Spaltungen,** weil man dem Priester Gottes des Allerhöchsten **nicht gehorchte,** den Christus an seiner Statt zum Priester und zugleich zum Richter bestellte. Würde diesem die ganze Brudergemeinde nach göttlicher Vorschrift Folge leisten, und sich in Allem unterwerfen, so würde Niemand in der Kirche Spaltung herbeiführen." " Nec Unus in Ecclesia ad tempus sacerdos et ad tempus judex vice Christi cogitatur, cui si secundum magisteria divina obtemperaret fraternitas universa, nemo Ecclesiam scinderet." Und wieder: „Sie wagen es, zum **Lehrstuhle Petri** zu schiffen," "ad cathedram Petri navigare audent," (**Novatius** und seine Anhänger)„zur ersten Kirche, von der die **priesterliche Einheit** stammt, nicht wissend, daß dieß Römer seyen, **zu denen kein Irrglaube Zugang** hat." "Nec cogitare eos esse Romanos — ad quos perfidia *non possit* habere accessum." v) „**Ein Gott,**" schreibt er im 43. Briefe, „**Ein Gott und Ein Christus und Eine Kirche und Ein Lehrstuhl auf Petrus, durch Christi Wort gebaut.**" "Deus unus, Christus unus et una Ecclesia et cathedra *una*, super Petrum Domini voce fundata." Der Papst ist ihm deßhalb in die-

---

v) Ep. 48 et 49.

ser Hinsicht eben so viel, als die ganze katholische Kirche, wie aus seinem 55. Briefe ad Antonium erhellt, wo er sagt: „Du schreibst mir, daß ich ein Exemplar deines Briefes an Cornelius senden möge, damit er ohne Sorge wisse, daß **du mit ihm, das ist, mit der katho=lischen Kirche in Gemeinschaft lebest.**" "Te secum, hoc est, cum Ecclesia catholica communicare."

So spricht ein **Cyprian**, wohlgemerkt! — Wie e i t e l dagegen das sei, was man aus Anlaß des Taufstreites von diesem Vater vorbringen will, soll im Anhange aus= führlich nachgewiesen werden. —

Ebenso **Athanasius:** († 373.) „Du bist der R i ch= t e r, schreibt er an den Papst, über alle Irrthümer, welche die Kirche Gottes verheeren; — du bist der L e h= r e r und das Oberhaupt der orthodoxen Lehre, und des reinen, unverfälschten G l a u b e n s." "Tu profana-rum haeresum depositor, — *Doctor* et princeps ortho doxae doctrinae et immaculatae fidei existis." —

So A t h a n a s i u s, und mit ihm die ganze Synode von A l e x a n d r i a in ihrem Schreiben an Felix II. — Sie sagen ferner in demselben Schreiben: „Jederzeit habe ihre Kirche v o m h l. S t u h l Hülfe geholt und Hülfe erhalten; denn d i e s e r. h l. S t u h l sei die von Gott gesetzte und u n e r s ch ü t t e r l i ch e G r u n d f e s t e, das von Jesu unserm Heiland und Gott gesetzte k l a r ste Vorbild, und die R i ch t s ch n u r aller übrigen Kir= chen." "Ipsa enim firmamentum a Deo fixum et *immobile* percepit, quoniam ipsam *firmam* universo-rum *lucidissimam* Dominus J. C. vestram apostoli-cam constituit sedem. Ipsa enim sacer vertex in quo

omnes Ecclesiae vertuntur, sustentantur, relevantur."
Sehr wahr ist, was Möhler in seiner trefflichen Schrift
„Athanasius der Große und die Kirche seiner Zeit,"
in Betreff dieses Mannes und der Kirche seiner, und al=
ler Zeit sagt: „Da der Papst," sagt Möhler, „auf
welchen die Würde Petri übergegangen, das Haupt ist,
mit welchem alle Glieder in organischer Verbindung
stehen, so sollten auch alle Bewegungen der einzelnen
Kirchen im Einverständnisse mit demselben vor sich gehen.
In der Vertheidigung des Athanasius, des Reprä=
sentanten der katholischen Kirche im Kampfe für die
Gottheit des Erlösers, wurde erstlich auf das Haupt der
sichtbaren Kirche hingewiesen. — So griff Alles inein=
ander. — Die, welche die Würde des unsichtbaren Haup=
tes vertheidigten, schlossen sich an das sichtbare an, und
wurden durch dasselbe vertheidigt; auf diese Weise wur=
den sie ihren Kirchen wieder gegeben, um das sichtbare
Haupt wieder vertheidigen zu können. So wurde die
Geschichte des Athanasius ein sehr merkwürdiger
Punkt für die Geschichte des Primats, und ihre Wirkun=
gen erstreckten sich auch in dieser Beziehung weit in die
Zukunft hinein!"

Ebenso **Basilius.** († 378.) In einem Briefe an
den römischen Papst Damasus, durch den Diacon Sabi=
nus, schreibt er: „Eurer Heiligkeit verlieh
Gott, das Unächte und Verfälschte vom
Aechten und Wahren zu unterscheiden,
und den Glauben der Väter ohne
irgend eine Makel zu verkünden."
—Pietati tuae donatum est a Domino, scilicet ut,

quod adulterinum est, a legitimo ac puro discernas, et fidem patrum sine subtractione ulla praedices." —

Er bittet und beschwöret demnach den Papst, dem im Glauben schwankenden Orient durch Briefe und Gesandte zu Hülfe zu eilen, „auf daß wir," schreibt er, „in unserem Sinne befestigt, oder, wenn wir gefehlt, durch Euch verbessert werden, d e n n a u ß e r d u r ch E u ch i st k e i n e H ü l f e m ö g l i ch." w) Wir werden in dem nächsten Abschnitte sehen, wie kräftig Damasus diesen Bitten entsprochen.

E b e n s o **Optatus,** († 390) der berühmte Bischof von Milevi. In seiner gefeierten Schrift: "Contra Parmenianum," setzt er den Ketzern als unwidersprechlich, peremptorisches Argument der Rechtgläubigkeit oder des Irrglaubens die E i n h e i t mit der Cathedra Petri, mit dem Lehrstuhle Petri und der Nachfolge der römischen Päpste auf demselben entgegen, ohne dessen L e h r g e m e i n = s ch a f t u n d E i n h e i t k e i n e V e r e i n i g u n g m i t d e r w a h r e n K i r ch e C h r i st i m ö g l i ch s e i. — „Du kannst ja nicht läugnen," sagt er, „du wissest, daß Petrus in der Stadt Rom den bischöflichen Stuhl gesetzt, auf welchem Petrus, das Haupt der Apostel, zuerst saß, und in welcher E i n e n C a t h e d r a die E i n h e i t von Allen bewahret werde." — "In qua una Cathedra Unitas ab omnibus servaretur." —

Von d i e s e m a l l g e m e i n e n W e l t g l a u = b e n d e r C h r i st e n waren die Donatisten selbst so überzeugt, daß sie, um den Schein einer Glaubensgemein= schaft mit R o m, und somit der R e ch t g l ä u b i g =

w) cfr. Ep. 71. 74. 77.

keit, zu haben, eigens einen Bischof ihrer Partei in
der Stadt Rom unterhielten. Wie der eben so gelehrte als gottselige **Ambrosius**
(† 397) über die Lehrautorität und Macht des Primats
in Glaubensentscheidungen dachte, hat er durch Wort
und That vielfach bewiesen. — In seiner Trauerrede auf
seinen Bruder S a t y r u s lobt er diesen, wegen seines
Glaubens und Eifers für die hl. r ö m i s c h e K i r c h e,
und daß er darum jeden Bischof, der zu ihm kam, zu
fragen pflegte, ob er mit den katholischen Bischöfen, das
ist, m i t d e r r ö m i s c h e n K i r c h e, übereinstimme.
Sonst wies er ihn zurück. Besonders denkwür-
dig und Alles entscheidend ist aber der classische Grundsatz, den dieser hl. Vater in seiner 47. Rede de fide Petri
aufstellt, nämlich: „W o P e t r u s i s t, d a i s t d i e
K i r c h e." — "Ubi Petrus, ibi Ecclesia."
Will also Jemand wissen, was die Kirche lehrt, so
werden wir ihm nach dem Ausspruche des h. Lehrers die
Antwort geben: „Frage Petrus, in seinen Nachfolgern;
d e n n w o P e t r u s i s t, d a i s t a u c h d i e
K i r c h e. Und könnte d e r P a p s t i r r e n, s o w ü r d e
d i e K i r c h e i r r e n; d e n n w o P e t r u s
i s t, d a i s t d i e K i r c h e!—„V e r s u c h t k o n n t e
d i e r ö m i s c h e K i r c h e w e r d e n," schreibt Er
im II. Buche seiner Abhandlung, "de fide ad Gratia-
num," „v e r ä n d e r t n i e m a l s," "aliquando
tentata, mutata nunquam!"
Dieses oberste, peremptorische Entscheidungsrecht erkennt nicht minder entschieden **Epiphanius**, am Ende
des vierten, und **Chrysostomus**, am Anfange des fünften

Jahrhunderts an. Die Appellation des letzteren an
den Stuhl Petri, nennt Dr. Rothensee sehr richtig, den
alles rednerischen Schmuckes ermangelnden, a l l e r b e=
st e n Ausleger seiner rednerischen Theorie über die
Würde und Vollmacht der Kirche von Rom und ihres
Oberhauptes. Dahin gehören die Aeußerungen desselb=
ben Kirchenvaters, Hom. 1. in Act. Cap. Hom. 24. in
Matth. XI. L. 2. de Sacerd. e. 1. Hom. in ps. 50. und 51.

Ebenso **Hieronymus** († 420.) — Auf die ihm eigene
klare, kräftige Weise spricht er seinen Glauben an
die höchste kirchliche Lehrautorität und das unfehlbare
Entscheidungsrecht des Papstes, in seinem Schreiben an
Damasus, mit folgenden Worten aus: „Ich stehe mit
Deiner Heiligkeit, das ist, mit dem hl. Stuhle Petri in
Gemeinschaft; denn ich weiß, daß auf diesem Felsen ge=
gründet die Kirche stehe." — "Beatitudini tuae, i. e.
Cathedrae Petri communione consortior; supra *illam
Petram aedificatam Ecclesiam scio*." „Entscheide nur,
wie es dir gefällt; ich werde kein Bedenken tragen, eine
dreifache Hypostasis zu bekennen, wenn Du es so be=
fiehlst." "Discerne, si placet; non timebo tres Hypos-
tases dicere, si jubebis." Indessen werde ich Allen
zurufen: „Wer mit dem hl. Stuhle Petri Gemeinschaft
hat, der ist mein." "Si quis Cathedrae Petri jungitur,
meus est." — „Ich rede mit dem Nachfolger des
Fischers; — wer mit Dir nicht sammelt, der zer=
streut, das heißt, wer nicht Christi ist, der ist des Anti=
christ." "Qui tecum non colligit, spargit, hoc est, qui
non est Christi, Antichristi est." — In seiner Apologia
adv. Ruffin. schreibt er, „daß die Kirche von Rom, wenn

auch ein Engel vom Himmel käme, und anders lehrte, niemals einen Irrthum annehmen würde."

Nicht minder herrlich und entschieden äußert sich **Augustin.** († 430.) Indem er in der Reihenfolge der römischen Päpste das Ansehen und die Macht des Petrus fort und fort sich vererben sieht, ruft er den Donatisten zu: „Zählet alle die Oberpriester vom Stuhle Petri der Ord= nung nach, und sehet, wer und wem jeder nachfolge; das ist jener Fels, den die stolzen Pforten der Hölle nicht zu überwältigen vermögen." "Ipsa est Petra, quam non vincunt superbae inferi portae." x) — An einer andern Stelle, in der Streitsache der Pelagianer, schreibt Augustin also: „Die Entscheidung zweier Concilien be= richtete man schon nach Rom an den hl. Stuhl, — es erfolgte auch ein Antwortschreiben hierauf, der Streit hat ein Ende." "Rescripta venerunt — causa finita est." y) Er erklärt also, daß die ganze Zwistigkeit durch die **Entscheidung Roms** nun gehoben sei, und diesen Ausspruch that er, **bevor** er etwas von der **Uebereinstimmung** der ganzen übrigen Kirche erfahren hatte. — Bei einer andern Gelegenheit schreibt er gegen die Pelagianer: „Durch die Briefe, die wir von Innocenz erhielten, ist nun aller Zweifel, der früher in dieser Sache obwaltete, verschwunden." "Litteris Innocentii tota hac de re dubitatio sublata est." z) — Und gegen Julian: „Wie? — du willst noch darüber eine Untersuchung anstellen lassen, da der apostolische

---

x) In ps. cont. Don.
y) In serm. de verb. Apost.
z) Lib. 2. cap. 3. cont. 2. ep. Pel.

Stuhl schon entschieden hat?" — "Quid quaeris examen,
quod apud apostolicam sedem jam factum est." a) —
In dem 157. Briefe schreibt er: „In dem Bekenntnisse
des apostolischen Stuhles ist der katholische Glaube so
alt und fest begründet, so sicher und klar, daß es eine
Gottlosigkeit wäre, an demselben zu zweifeln." "In
verbis sedis apostolicae tam antiqua atque fundata,
certa et clara est catholica fides, ut nefas sit, de illa
dubitare." — Hieraus kann man sich leicht erklären, wie
dieser hl. Lehrer bei einer andern Gelegenheit ausrufen
konnte: „In der katholischen Kirche halte ich mich an
den Stuhl des hl. Petrus selbst; denn ihm übergab der
Herr nach seiner Auferstehung seine Schafe zu weiden; —
und die Nachfolge der Oberhirten besteht fort und fort
bis auf den gegenwärtigen Papst." — Und wieder:
„Meine Schafe, sagt der himmlische Hirt, hören meine
Stimme, und folgen mir. Die Stimme desselben läßt
sich von der Kirche von Rom nicht undeutlich hören:
Wer immer von der Heerde desselben nicht irren will,
höre diesen, und folge ihm." "Vox ejus de Ecclesia
Romana non est obscura. — Quisquis ab ejus grege
errare non vult, hunc audiat — hunc sequatur." b) —
Man bedenke hier wohl, daß es das Zeugniß eines
Augustin ist, das wir anführen; des größten Denkers
und Theologen unter allen Vätern der hl. Kirche. Wie
kindlich unterwirft er sein Urtheil dennoch dem Urtheil
der Nachfolger Petri.

Ebenso bekennen die würdigen Schüler des hl.

a) Lib. 2. adv. Jul.
b) De Unit. Eccl. C. XII.

Auguſtin, der hl. Proſper und der hl. Fulgentius.
Erſterer ſingt in ſeinem Carmine de ingratis:

In causam fidei flagrantius Africa nostrae
Exequeris, tecumque suum jungente vigorem
Juris apostolici solio fera viscera belli
Conficis et lato prosternis limite victos
.... Gemino senum celeberrima coetu
Decrevit, quae Roma probet, quae regna sequantur!

Man begreift, wie Proſper in eben demſelben Carmen
von Rom ſingen konnte:

Sedes Roma Petri, quae pastoralis honoris
Facta caput mundi, quidquid non possidet armis,
Religione tenet.

Welche Verſe Kuhn im Morgenblatt, (Juni 1815,)
ſehr ſchön alſo überſetzt:

Wie der Sonne Kron' der Himmelszone
Blieb immer Rom! dein Name dir zu eigen
In deiner Vorzeit großen Ehrenkrone,
Und wird auch fürder niemals von dir weichen;
Durch Waffen ſonſt, jetzt durch St. Peters Krone,
War dir, und iſt kein Land dir zu vergleichen.

In ſeiner Schrift "Contra collatorem" ſagt Proſper:
„Papſt Zoſimus hat ſeinem Urtheil Kraft verliehen, und
zur Enthauptung der Böſen mit dem Schwerte Petri den
rechten Arm aller Kirchenvorſteher bewaffnet." "Papa
Zosimus sententiae suae robur adnexuit, et ad impio-
rum detruncationem *gladio Petri* dextras omnium
armavit antistitum." — Und er fährt fort: „Wir vertrauen (confidimus), der Herr werde, was Er in Inno-

cenz; Zoſimus, Bonifacius und Coeleſtin gewirkt, auch
in Xiſtus bewirken, und daß, ſo wie jene die offenbaren
Wölfe verjagt, dieſer die verborgenen vertreibe." c)

Auch wir ſagen und vertrauen im gleichen Sinne
"confidimus," Gott werde, was er in Innocenz, Zoſi=
mus und durch die ganze Reihenfolge der Päpſte gethan,
auch durch Pius IX. bewirken, zum Schuße der Gläu=
bigen gegen alle ihre offenbaren oder geheimen Feinde.

Ebenſo bekennt **Fulgentius** von Ruſpa. Dieſer in
der Kirchengeſchichte mit Recht hochberühmte Vater, tröſtet
die afrikaniſche Kirche in ihren Drangſalen mit der Zu=
flucht dahin, wo die echte Glaubenslehre eine ſichere Zu=
flucht habe; — dieſe Zuflucht ſagt er, iſt zu Rom, der
wahren Mutterſtadt des Glaubens, die vom Glanze Petri
und Pauli ſtets wiederſtrahlt. Was ſie glaubt, und lehrt,
das glaubt die ganze Chriſtenheit. — d)

Ebenſo **Maximian,** Patriarch von Konſtantinopel.
Er ſchrieb in einem Briefe an alle Orientalen: „Alle
Grenzen des Erdballs, alle Bekenner des wahren Glau=
bens blicken zur Würde und Autorität des römiſchen
Papſtes, wie zur Sonne auf. Ihn erwählte aus den
übrigen Sterblichen auf dem Erdkreiſe der Schöpfer
der Welt, ihm übergab er das Lehramt vorzugsweiſe, und
zwar auf ewige Zeiten ſollte er dieſes Vorrecht genießen.
Wer daher etwas Göttliches und Erhabenes zu wiſſen
wünſcht, der komme zu dieſem Drakel der Wiſſenſchaft
und Lehre." "Cui *Cathedram magisterii*, perpetuo
privilegii jure concessit, ut, quisquis divinum aliquod

---

c) C. 1. X. XLI.
d) In libro de Incarnatione.

sive profundum nosse desiderat, *ad hujus praeceptionis
oraculum, doctrinamque recurrat."* e)

Ebenso der hl. **Cyrillus.** (†444.) Er schreibt an
den Papst Cölestin in Angelegenheit des Nestori=
us also: „Wir wollten mit dem Nestorius nicht
eher ohne weiteres frei brechen, bevor wir dieses deiner
Heiligkeit berichtet hätten. Wir bitten dich daher, du
wollest deine Gesinnung hierüber uns zur Richtschnur
unseres Verfahrens vorlegen, damit wir volle Ge=
wißheit haben, ob wir mit ihm noch Gemein=
schaft haben, oder ob wir uns von ihm trennen sollen;
denn wir müssen als Glieder unserem Haupte, dem rö=
mischen Papste, und dem apostolischen Glauben getreu
anhangen. Von dorther müssen wir uns
bestimmen lassen, was wir glauben,
meinen, und was wir festhalten sol=
len." "Inde nostrum est quaerere, quid credendum, quid opinandum, quid tenendum sit."

In seinem libro thesaurorum sagt derselbe Cyrill:
„Ihn, — den Bischof von Rom, — müssen wir ehren,
Ihn vor Allen fragen, weil es Ihm allein zusteht,
zu rügen, zu bessern, zu befehlen, zu verordnen, zu bin=
den, zu lösen an Dessen Statt, der ihn gesetzt, und der
keinem andern vollkommen all' das Seine gegeben,
als Ihm allein, dem Alle nach göttlichem
Rechte ihr Haupt neigen, und alle Vor=
steher der Welt wie Jesu Christo gehor=
chen." f) "Ipsius solius est reprehendere, corri-

---

e) Ep. ad Orient.
f) Hard. VIII. 1829.

gere, statuere, disponere, ligare et solvere loco illius, qui ipsum aedificavit, et *nulli alii* quod suum est *plene* — sed *ipsi soli* dedit, cui omnes *jure divino* caput inclinant, et primates mundi tamquam *ipsi Jesu Christo* obediunt."

Ebenſo der hl. **Petrus Chryſologus.** (†450.) Er redet den Eutyches, der ſich dem Dekrete des Papſtes zu unterwerfen weigerte, alſo an: „Ganz vorzüglich beſchwören wir dich, auf den Ausſpruch des römiſchen Papſtes Acht zu haben, und in aller Bereitwilligkeit dich demſelben zu unterwerfen; denn der hl. Petrus, der auf ſeinem Sitze fortlebet, und demſelben vorſteht, ertheilt den Anfragenden die Wahrheit des Glaubens." "Quoniam S. Petrus, qui in propria sede vivit, et praesidet, praestat quaerentibus fidei veritatem." g)

Die Zeugniſſe der beiden Kirchenhiſtoriker **Socrates** und **Sozomenus,** gehören gleichfalls dieſer Zeit an, — dem fünften Jahrhundert, — und beide, obwohl Griechen und Kirchenhiſtoriker, erkennen, und bekennen in der Perſon und Würde des Papſtes den oberſten Glaubensrichter und höchſten Lenker der Kirche, deſſen Anſehen durchaus entſcheidend zu aller Zeit in der ganzen Kirche anerkannt geweſen ſei. h)

Größere Kraft noch liegt in dem Zeugniſſe des großen Theologen, Kirchenhiſtoriker und Biſchofes von Cyrus, **Theodoret,** (†460) Vorſteher einer der größten Diözeſen des Orients, von 800 Pfarreien. Um das Jahr 460

---

g) Ep. ad Eutych. inter Act. Conc. Eph.
h) Socr. II. 9, 15, 17. Socr. III. 8, 9 und IV, 39.

appellirte er, weil er von der Synode zu Ephesus abge=
setzt, und excommunicirt und auf kaiserlichen Befehl in
Stadtarrest gethan war, nach Rom an den Vater
der Christenheit und Richter des
Glaubens. „Wenn Paulus," sagt er, „der
Herold der Wahrheit, zu dem großen Petrus eilte,
daß er jenen, die zu Antiochien stritten, von Ihm die
Lösung brächte, um wie weit nothwendiger
ist es, daß wir zu dem apostolischen
Stuhle unsere Zuflucht nehmen."—
" Si *Paulus* praeco veritatis ad magnum *Petrum* cucur-
rit, ut iis, qui Antiochiae contenderent, ab *ipso* affer-
ret solutionem, multo magis nos ad apostolicam vestram sedem currimus." — Theodoret, wie Ger=
bert i) wohl bemerkt, und was bei ihm, wie bei andern
hl. Vätern sehr beachtenswerth ist, — appellirt
nicht an den, durch seine Persönlich=
keit, sondern durch seine Würde im=
ponirenden Papst, — weil an den apo=
stolischen Stuhl!

Theodoret schrieb zugleich an den Cardinal Re=
natus, und bat ihn, den Papst zur Ausführung seiner
Machtfülle zu ermahnen; „denn es hat," schreibt dieser
wohlerfahrene Kirchenhistoriker und dabei ein
Grieche, — „es hat dieser Stuhl die Herrschaft und
Obergewalt aller Kirchen der Welt, zwar aus vielen Ur=
sachen, aber vor allen aus dieser, weil er von je=
dem ketzerischen Flecken unbemakelt
blieb, noch irgend Einer, der im Glau=

---

i) De comm. pot. Eccl. 131.

7

ben geirrt hätte, auf selbem saß, son=
dern die apostolische Gnade treu be=
wahrte." "Habet enim ss. illa sedes omnium per
orbem Ecclesiarum ducatum et principatum multis
quidem de causis, atque hoc ante omnia, quod ab hae-
retica labe immunis mansit, nec ullus fidei contraria
sentiens, in illa sedit." In eben dem Sinne schrieb er
an den Archidiakon von Rom. Wie Leo der Große
diesem Verlangen entsprochen, ist bekannt, und wird un=
ten sogleich ausführlich dargethan werden. Wir über=
gehen in der Reihe der Väter absichtlich alle Päpste,
die in derselben glänzen, und werden selbe füglicher,
wenn wir bereits die Aussprüche der übrigen hl. Väter
gehört, gleichfalls in geschlossener Reihe anführen.

Ja, so allgemein und heilig galt seit jeher in der Kirche
die Anerkennung der Unfehlbarkeit der Nachfolger Petri
im kirchlichen Lehramte, daß sie selbst in liturgischen
Gesängen selber Zeit während des hl. Opfers hoch=
gefeiert wird. So singt in jenem uralten Meßbuche der
römischen Kirche S. 11, das durch Muratori und
Petrus Ballerinus an das Licht trat, und
vom hl. Leo verfaßt sein soll, die Kirche in der Präfa=
tion der Messe am Feste der Apostel Petrus und Paulus
also: „O Gott! der du nach dem unabänderlichen Rath=
schlusse deines Willens dem apostolischen Bekenntnisse
durch die Kraft von Oben verleihest, daß ihr, auf das
Fundament deiner Wahrheit gefestiget, die giftigen Pfeile
des Irrthums nicht schaden können." "Ut in veritatis tuae fundamine solidatae, nulla mortifera falsitatis
jura praevaleant." „Und daß sie, (die Kirche) das

wahre Band des mystischen Körpers an allen Orten sei, die in Demuth unter deinem Beistande sich allen unterwirft, was immer jener hl. Stuhl entscheiden mag, welchem du den Vorrang über die ganze Kirche einräumtest." "Ipsaque (Ecclesia) sit sacri corporis ubique vera compago — quae te dispensante devota subsequitur, quid sedes illa censuerit, quam tenere voluisti totius Ecclesiae principatum."

Und in der Präfation der 20. Messe: „Der du diesem Sitze die Leitung der ganzen Kirche übergeben, und was er verkünden würde, überall zu halten befohlen hast." — "Et quid haec praedicasset, ostenderes *ubique* servandum."

Die Kirche von Spanien, die im Concil von Taragossa im Jahre 465 versammelt war, legt im Schreiben an Papst Hilarius folgendes Bekenntniß ab: „Wenn auch keine Nothwendigkeit kirchlicher Disciplin es erheischte, so müßten wir doch in der That uns an jenes Vorrecht Eures Stuhles halten. Deshalb wenden wir uns an den vom apostolischen Munde mit Lob verkündigten Glauben." "Ad fidem recurrimus ore apostolico laudatam, inde responsa quaerentes unde nil *errore* — nil praesumptione, sed pontificali totum deliberatione praecipitur."

Den Glauben der Kirche von Frankreich derselben Zeit spricht überaus herrlich und schön der hl. **Avitus** aus. Im Namen und Auftrag der gallicanischen Bischöfe schreibt Avitus an den Clerus von Rom, in der Angelegenheit des Papstes Symmachus, eine Erklä-

rung, die mit wenig Worten gar sehr viel Licht über das
Grundprinzip, des zu aller Zeit von der rechtgläubigen
Welt anerkannten Kirchenrechtes, und der Stellung des
Oberhauptes der Kirche zu den Gliedern verbreitet. —
Avitus schreibt, und das wohlgemerkt, im Namen aller
Gallicaner: „Wenn der Papst der Stadt Rom in
Zweifel gezogen wird, so scheint nicht nur ein Bischof,
sondern das g a n z e E p i s c o p a t zu wanken."

So mahnen, wohlgemerkt, Gallicaner, die Römer,
wenn diese in den Umtrieben der Papstwahl zu vergessen
scheinen, welch eine Wunde sie dadurch der ganzen Kirche
schlagen.

Derselbe Avitus erklärt sich darüber in einem andern
Briefe nach Rom ganz unmittelbar, indem er sagt:
„Wenn irgend ein Zweifel sich in kirchlichen Dingen er=
hebt, so heißt es an den Hohenpriester der Kirche von
Rom, als folgende Glieder "membra sequentia," an
das Haupt sich wenden."—Und nun wohlgemerkt, was
Avitus weiter spricht: „Nur so viel wird mir an Wahr=
heit erhellen, als der Bischof der Stadt Rom, in Folge
des Vorrechtes seiner Macht, den Fragenden zu antwor=
ten belieben wird. "Tantum mihi veritas innotescere
poterit, quantum se Romanae urbis antistes, auctoritatis *privilegio*, expetentibus respondisse gaudebit etc."
Wunderschön spricht sich Avitus in demselben Sinne auch
in seinen Homilien aus. k)

Mögen Protestanten, falls dem einen oder andern
diese Reihe von Zeugnissen zu Gesicht kommen sollte,
bedenken, daß es noch nicht das Jahr 500 war, als die

---

k) S. Galland. X. p. 746.

Gallier so bekannten, und daß mithin alle die bisher bereits angeführten Zeugnisse aus der, von ihnen selbst noch als goldenes Zeitalter der Kirche anerkannten Aera genommen, also auch für Protestanten als Protestanten, in Betreff echt kirchlicher Anerkennung u n w i d e r s p r e c h = l i c h beweisend sind. —

Wir beginnen die Zeugnisse der Väter des sechsten Jahrhunderts, mit dem des berühmten Bischofs **Possessor** aus Afrika. Er schrieb dem Papste: „Es ist billig und ersprießlich, zum Haupte um Heilung Zuflucht zu nehmen, wenn es sich um die Gesundheit der Glieder handelt. Denn wer trägt wohl größere Sorge für die Untergebenen, oder von wem ist die Feststellung des wankenden Glaubens mehr zu erwarten, als von dem Vorsteher jenes Stuhles, dessen erster Vorsteher von Christus selbst gehört: „Du bist Petrus 2c." "Aut a quo magis nutantis fidei stabilitas expectanda, *quam ab ejus sedis praeside, cujus primus a Christo rector audivit, tu es Petrus etc.*" Welch ein herrliches Zeugniß für unsere anfangs gemachte Behauptung, daß es nicht Petrus für seine Person, sondern für seine Würde war, der jene Verheißung hörte; daß diese ferner sich vor allem auf den Glauben selbst beziehe, und in dieser Hinsicht jeder Papst mit Petrus, als Träger derselben Würde, auf der nämlichen, leitenden, kräftigenden Höhe stehe. Dies ist auch das Glaubensbekenntniß der orientalischen Kirche jener Zeit.

Stephan, Metropolit von Larissa in Thessalien (†532), von dem konstantinopolitanischen Patriarchen Epiphanius mißhandelt, appellirte an den Papst. Weil zu Konstantinopel von Epiphanius mit Hülfe der weltlichen Macht gefangen gehalten, um ihm das Entkommen nach Rom unmöglich zu machen, schickte er einen seiner Suffragane, nämlich den Theodosius von Echine, an den Papst mit einem Appellations=Schreiben: „Keine kirch= liche Macht," sagt er in demselben, „kann jener voran= gehen, die von dem Heilande Euch als dem ersten Hirten verliehen ward." "Nullus ecclesiasticus ordo illam vestram, quae a salvatore omnium et primo pastore Vobis est collata, potest praecellere potestatem." So habe es Gott angeordnet, sagt er, so habe es das ganze Alterthum der Kirche anerkannt, so die Gewohnheit be= währt, so das Ansehen der Canones geheiliget, und so sei für alle Verläumbete der apostolische Stuhl seit jeher der sicherste Hafen der Zuflucht gewesen, — er werde es auch für ihn sein. — So schrieb nicht nur dieser Metropolit nach Rom, sondern im Angesicht seiner Feinde rechtfer= tigt er zu Konstantinopel durch eben diese Gründe seine Appellation, indem es weltbekannt sei, daß in dem Aus= spruche des apostolischen Stuhls alle Kirchen der Welt ruhten. "In cujus confessione omnes mundi Ecclesiae requiescunt." Ebenso sprach sein Delegat, der Bischof Theodosius, vor der römischen Synode bei Uebergabe seiner Appellation an den Papst. 1)

Ebenso bekannte der gelehrte **Ferrandus**, Archidiacon von Carthago (†505). Dieses Orakel seines Jahr= hunderts schreibt dem Scholastiker zu Konstantinopel also: „Wir sind zu lernen bereit; wir wagen es nicht, andere zu lehren; willst du also Wahrheit hören, so

---

1) Hard. II. Lup. V. 166; VII. 138.

frage vor Allem das Haupt des apostolischen Stuhles."
Ebenso spricht sich Ferrandus in seinem "Compendio
canonum ecclesiasticorum" aus.

Merkwürdiger noch ist das Zeugniß des gleichzeitigen
afrikanischen Bischofes **Facundus Hermianensis**, (†553)
der in seinem Buche "Pro defensione trium capitu-
lorum," fortwährend auf diese anerkannt höchste Ent=
scheidungsmacht des Papstes zurückkommt, wenn er ihr
auch als Schismatiker in jener Streitfrage, die nicht als
Frage der Lehre, sondern der Personen betrachtet ward,
auszuweichen sucht, obwohl vergeblich. „Sie werden es
erfahren," schreibt er, „wie sehr sie ihre Vermuthung ge=
täuscht habe; denn Er (der Papst) hat nicht zur Nieder=
reißung der Lehre der Väter, sondern vielmehr zu deren
Vertheidigung und zur Rechtfertigung die erste und höchste
Gewalt erhalten" " primam accepit et maximam potestatem," „und daß Er nicht gegen die Wahrheit, sondern
für die Wahrheit, mehr als seine übrigen Mitpriester,
(die im Concil versammelten Bischöfe) vermöge."

In diesem Jahrhunderte lebte und schrieb auch der
strenge Moralist **Gildas** in England; denn er starb nach
Usher, im Jahre 570. m) Er sprach in seiner sehr
scharfen "Increpatio in Clerum," den durch die ganze
Kirche vom Aufgange bis zum Untergang der Sonne laut
verkündigten Glaubenssatz aus, daß der apostolische Stuhl
die Fülle des Apostolates in sich schließe und als das
Centrum und die Quelle aller kirchlichen Macht, und na=
mentlich in Glaubensentscheidungen betrachtet werden

---

m) De primord. Eccl. brit.

müſſe. — Gleiches erhellet aus dem Zeugniſſe des durch
ſeine Tugenden, durch ſeine Kenntniſſe und ſeine Frei=
müthigkeit in der Kirchengeſchichte rühmlichſt bekannten
Abtes **Columban.** (†615.) Er ſchrieb an Papſt Gre=
gor den Großen, n) in Betreff der Oſterfeier, und da
dieſer bereits in dem Herrn verſchieden war, an Boni=
faz IV., mit der Bitte: „Wenn die Oſterfeier der Ir=
länder nicht gegen den Glauben anſtoße, dieſelben bei
ihrer alten Sitte zu laſſen; — was aber nicht zugelaſſen
ward. Columbanus ließ ſich zwar durch ſeinen
Feuereifer verleiten, auch an der damals verhandelten
Frage, wegen Verdammung der drei Capitel, mit mehr Hitze
als Sachkenntniß Antheil zu nehmen, und eben deßhalb,
weil Columban in ſo freimüthiger Sprache ein Er=
mahnungsſchreiben an den Papſt erließ, ſein apoſtoli=
ſches Anſehen kräftiger geltend zu machen, iſt ſein Zeug=
niß um ſo gewichtiger, weil es ſo unbefangen und dabei
ſo gründlich und umfaſſend iſt: „Ich habe,“ ſchreibt er,
„den Irländern verſprochen, daß die römiſche
Kirche nie einen Irrgläubigen gegen den
katholiſchen Glauben vertheidigen werde,
ſo wie es dem Schüler ziemt, daß er von dem Lehrer
denke. — Ich, entſetzt, weil ich von der Feindesgewalt uns
umrungen ſehe, bemühe mich, Dich als fürſtlichen An=
führer aufzuwecken; denn Dich geht die Gefahr des gan=
zen Heeres des Herrn an. Deiner harret Alles, weil Du
die Gewalt haſt, Alles zu ordnen,“ “Ad te namque totius exercitus Domini periculum pertinet. — Te totum expectat, qui potestatem habes omnia ordinandi,”

---

n) Galland. XII. 345.

„den Krieg zu beginnen, in die Posaunen des Streites zu stoßen, die Heerführer aufzuscheuchen, zu befehlen, daß man die Waffen ergreife, die Schlachtreihen ordne und den Kampf, mit Dir an der Spitze, beginne. — Dir allein, sag' ich, kommt Alles dies zu, weil Du die einzige Hoffnung unter den Anführern bist, durch die Ehre des hl. Petrus mächtig." "Quia unica spes de principibus es, per honorem potens Petri apostoli." — „Wir sind dem Stuhle des hl. Petrus verbunden, und wenn Rom auch sonst groß und bekannt ist; bei uns ist es nur durch diesen L e h r s t u h l groß und herrlich." " Licet enim Roma magna est et vulgata, per istam *Cathedram* tantum apud nos est magna et clara." — „Und es ist," fährt C o l u m b a n in der Art des hl. P r o s p e r fort, „die Größe und Herrlichkeit Roms durch Petrus und Paulus bekannter und mächtiger, als durch die Macht seiner Imperatoren, die in Irland nie etwas zu befehlen hatten; — erst durch den Statthalter Christi, sagt er, ward Rom uns wichtig und herrlich, ja gleichsam h i m m l i s c h." " Et si dici potest, prope coelestes estis."

Sehr richtig schreibt B e r k a s t e l l o) von jener Zeit, „überhaupt bot die Kirche Englands damals erbauende Schauspiele dar. Ihre ehrerbietige Anhänglichkeit an die römische Kirche war überaus groß, und sie rühmte sich, ihren Ursprung und die Erkenntniß des Evangeliums derselben zuschreiben zu müssen. Vom großen Weltmeere an bis nach Rom waren die Straßen mit Engländern bedeckt. Menschen beiderlei Geschlechtes, und

---

o) Berc. VI. 274.

aus allen Ständen, der Adel, Herzoge, Könige, als da
sind: Ceadwalla, Renred, Offa, u. a. m.,
zogen hin, um dem Statthalter Jesu Christi ihre Ehr=
furcht zu bezeugen."

Daß dieselbe Stimmung im Glauben zur selben Zeit
auch den fernen Orient durchdrang, beweist das herr=
liche Zeugniß zweier Bischöfe, das des **Stephan,** Bischof
von Dora, und das des für die Glaubenseinheit eifern=
den **Sophronius,** (†636) Patriarchen von Jerusalem.

Gleich in seinem Synodalschreiben, bei Besteigung
seines patriarchalischen Stuhles, sprach Letzterer ein höchst
feierliches Zeugniß dieser seiner Anerkennung der päpst=
lichen Glaubensprärogative aus. Er nennt nämlich in
demselben das dogmatische Schreiben Leo's eine Glau=
bens=Richtschnur, die er, wie alle Briefe und
Aussprüche des Papstes, gleichwie aus
dem Munde des hl. Petrus gesprochen,
umfange und verehre. — Er bekräftigte aber weit
offenbarer noch seinen Glauben durch die That.

Stephan nämlich, Bischof von Dora, eilte, aufgemun=
tert durch Sophronius, nach Rom zu Martin I. In
dem Libell, das er demselben überreichte, und in welchem
er um Schützung des orthodoxen Glaubens gegen die
Umtriebe der Monotheliten bat, sagte er: „Wir wün=
schen mit David, Taubenflügel gehabt zu haben, zu Euch
zu fliegen, und Euch Alles Dieß mitzutheilen, von Euch
Heilung der Wunde zu erhalten; — denn Petrus, von
dem Eure apostolische Vollmacht stammt, hat nicht nur
die Schlüssel des Himmels von dem Herrn erhalten, und
die oberste Sorge, seine Schafe zu weiden; sondern vor

Allem und insonderheit den unverletzten Glauben, mit
dem Befehle, einst seine Brüder zu stärken; weil er über
Alle, von dem für uns Alle Mensch gewordenen Gott, dazu
die Gewalt und die priesterliche Autorität erhalten. Dieß
wohl wissend, hat mich Sophronius auf den hl. Kalva=
rienberg geführt, und an jener durch den Tod des Welt=
erlösers geheiligten Stätte also angeredet: „Eile so
schnell als möglich, und trachte, daß Du zum apostolischen
Stuhle gelangest, wo die Fundamente der ortho=
doxen Glaubenssätze gesetzt sind," "ubi
orthodoxorum dogmatum fundamenta existunt," „und
lasse nicht nach, bis ein Urtheil nach apostolischer Klug=
heit, die in Gott ist, ergangen, und so die neu einge=
schlichenen Irrlehren vollends zernichtet sind, ꝛc. Deßhalb,
fährt Stephan weiter fort, bin ich hieher geeilet und sinke
nieder zu Euren apostolischen Füßen, bittend und flehend,
daß Ihr dem gefährdeten Glauben der Christen die
rettende Hand reichet ꝛc." — "Propter hoc properavi,
vestris apostolicis adesse vestigiis, expetens ac depre-
cans, ut fidei christianorum periclitanti manum por-
rigere etc." — „Ihr wollet doch nicht meine und aller
orthodoxen Orientalen Bitten verschmähen, sondern als
Leuchte der ganzen Welt das Wort des Lebens bewahrend,
verscheuchet die Finsternisse der Irrlehren." "Sed sicut
luminaria in universo mundo verbum vitae retinentes,
introductas exstinguite tenebras haeresum." — Sieben
und dreißig griechische Archimandriten, Priester, Diako=
konen und Mönche, in einer ähnlichen Vorstellung und
Hülferufung im Namen der Orientalen, sagen in der=
selben auf gleiche Weise, wie Stephan: „Wir bitten und

rufen an und beſchwören den apoſtoliſchen Stuhl, den
Ausſpruch zu thun." — "Petimus, interpellamus ac
conjuramus apostolicam et principalem sedem." p)

Ein überaus herrliches Zeugniß gab in derſelben An⸗
gelegenheit **Sergius**, Biſchof von Cypern, in ſeiner Vor⸗
ſtellung an den römiſchen Stuhl; er ſagt: „Dich nennt
in Wahrheit das göttliche Wort den Felſen, über dein
Fundament erheben ſich die Säulen der Kirche." "Tu
enim, sicut divinum veraciter pronuntiat verbum,
Petrus, et super fundamentum tuum Ecclesiae columnae confirmatae sunt." „Dir ſind die Schlüſſel des
Himmelreiches anvertraut; Dir iſt alle Gewalt zu bin⸗
den und zu löſen im Himmel und auf Erden gegeben.
Du biſt als Richter über die gottloſen Irrlehren geſetzt,
als Haupt und als Lehrer der orthodoxen und unver⸗
fälſchten Lehre." "Ut princeps et doctor orthodoxae
et immaculatae fidei."

Mit der nämlichen Beſtimmtheit und einem gleichherr⸗
lichen Zeugniſſe wandten ſich in der nämlichen Ange⸗
legenheit die afrikaniſchen Biſchöfe der Provinzen
Numidien, Mauritanien und Byzacene, in ihrer gemein⸗
ſchaftlichen Vorſtellung an den Papſt. Sie nennen in
derſelben den Papſt den Biſchof der Biſchöfe, und ſprechen
ihre Ueberzeugung von der Glaubensprärogative des
apoſtoliſchen Stuhles in ſeinem Verhältniſſe zum Glau⸗
ben der Gläubigen und der dießfalls nothwendigen Ent⸗
ſcheidungen alſo aus: „Daß eine ſtarke, unverſiegbare,
in Strömungen über alle Chriſten überfließende Quelle
beim apoſtoliſchen Stuhle aus ſich ergieße die das ganze

p) Hard. III. 711.

chriſtliche Erdreich reichlich durch Belehrung bewäſſert,
kann Niemand bezweifeln.... Die Verordnungen der
Väter ſelbſt beſtätigen es; denn es iſt durch alte Regeln
unverbrüchlich beſtimmt, daß Alles, was, wenn auch in
entfernten und weit entlegenen Provinzen, wichtiges ge=
ſchehe, nicht eher entſchieden werde, als bis es zur Kennt=
niß Eures erhabenen Stuhles gebracht iſt, damit durch
das Anſehen deſſelben der Ausſpruch bekräftiget würde."
"Ut quidquid, quamvis in remotis ageretur provinciis,
non prius tractandum vel accipiendum sit, nisi ad
notitiam almae sedis vestrae fuisset deductum, ut
hujus auctoritate, justa quae fuisset pronuntiatio,
firmaretur." Aus dieſer Urquelle apoſtoliſcher Lehre,
ſagen ſie weiter, ſchöpfen alle übrigen Kirchen im Lehr=
amte, und durchweg ſpricht ſich in dieſem Zeugniſſe das
klare Bewußtſein der Väter von Afrika aus, daß die
Reinerhaltung der Glaubenslehre nur vom apoſtoliſchen
Stuhl ausgehe, und daß ſie aus dieſer Quelle geſchöpft
werden müſſe, die unverſiegbar iſt. — Höchſt bemerkens=
werth iſt auch dabei der volle Einklang der Ausdrücke,
mit denen der Orient ſo gut wie der Occident, der Süden
ſo gut wie der Norden die Glaubensmacht Petri in ſeinen
Nachfolgern feiert. — Welch ein Unterſchied ſonſt in den
Ausdrücken der derben Afrikaner und der höfiſchen
Griechen! In dieſen Bekenntniſſen hingegen herrſcht die
eine und dieſelbe Feierlichkeit, Wärme und Würde der
Sprache. — Es liegt in dem geheimnißvollen Verbande
der Sprache mit der Erkenntniß und dem Inhalte der
Wahrheit etwas überaus Wichtiges, Wahres — und
Tiefes! —

Als unerschütterlicher Glaubensheld derselben Zeit, legte auch der hl. **Maximus**, während der Herrschaft des Monothelismus mit seinem treuen Schüler Anastasius ein Zeugniß ab, das in die Reihe der Väterzeugnisse dieses Jahrhunderts gehört. Dieser als Theolog, Philosoph und Staatsmann ausgezeichnete Mann, war anfangs kaiserlicher Staats-Sekretär gewesen, hatte sich aber, als er den theologischen Hof- und Kabinets-Unfug sah, in ein Kloster bei Chalcedon zurückgezogen, dessen Abt er war. In einer seiner Schriften gegen den Monothelismus q) sagt Maximus: „Wenn Pyrrhus behauptet, er sei kein Ketzer, so säume er nicht, sich öffentlich zu rechtfertigen; er beweise seine Unschuld dem Papste, der hl. römischen Kirche, das heißt, dem apostolischen Stuhle, dem die Macht zu binden, und zu lösen verliehen ist: „in Allem und durchaus." "In omnibus et per omnia." Hören wir den Grund dafür, „denn es ist," sagt Maximus, „das über alle himmlischen Mächte waltende Wort selbst, welches mit diesem Bischofe bindet und löset." — „Wenn also Pyrrhus sich vor Anderen rechtfertiget und sich nicht vielmehr an den Papst wendet, so macht er es so, wie einer, der eines Todschlages oder andern Verbrechens beschuldigt, sich nicht vor Jemandem als unschuldig beweiset, der gesetzlich das Recht zu richten erhalten hat." r) Das ist, dem hl. Glaubensbekenner in Dingen des Glaubens, der Papst.

So wie nur die Kirche im deutschen Norden sich aufschwang, erglänzen auch zugleich die herrlichen Zeugnisse

q) Epist. ad Petrum illustr.
r) Baron. I. 243.

für den von ihr feierlichst anerkannten Glaubensprimat der römischen Kirche. — Dahin, als zum Quell des zu verkündenden göttlichen Wortes wallten ein Willbrord, ein Hubert von Lüttich, insonderheit aber **Bonifacius**, Apostel von Deutschland. Er eilte nach Rom um apostolische Sendung für dieses Land. Gregor II. gab sie ihm mit der Weisung, sich völlig nach der Erblehre der römischen Kirche zu halten. Gregor gab ihm dießfalls Instructionen, und sagt, er thue es, in Kraft der unerschütterlichen Autorität des hl. Apostelfürsten Petrus, dessen Lehramt er verwalte, und dessen Stelle er durch den apostolischen Stuhl einnehme. — Der Papst machte ihn später zum Missionsbischof, wobei Bonifacius sich eidlich verpflichtete, sich unverbrüchlich an die Lehre und die Entscheidungen des jeweiligen Papstes zu halten. So verlange es, sagt Gregor, die Sicherstellung der E i n - h e i t und R e i n h e i t der Lehre.

Es war auch dem hl. Bonifacius mit dieser "Unitas und Puritas" der Lehre Ernst. Das beweist sein Eifer, Weisungen von Rom aus zu erhalten. Gregor belobt seine Glaubenstreue und Unterwerfung gegen den hl. Stuhl, die übrigens nichts mehr als Pflicht sei, da Petrus in der Kirche als Grundprinzip des ganzen Apostelamtes und des Episcopates dastehe: "Quia beatus Petrus et Apostolatus et Episcopatus *principium* existit," und Er somit als dessen Nachfolger nicht sowohl aus sich entscheide und lehre, "non ex nobis, quasi ex nobis," „sondern durch die Gnade dessen, der den Mund der Stummen öffnet, und durch den wir Dir, wie Du es zu halten habest, in apostolischer Kraft der Lehre, sagen." — Wollte

Gott, daß auch jetzt noch von allen deutschen Rechtgläu=
bigen gesagt werden könnte, was Bonifacius von den Chri=
sten seiner Zeit sagt, nämlich: „Alle blicken mit solcher Ver=
ehrung auf das Haupt des apostolischen Stuhles, daß sie die
Handhabung der Kirchen=Disciplin und der Unterwei=
sung in der christlichen Religion lieber von dem Munde
seines Stellvertreters, als von den hl. Schriften und väter=
lichen Ueberlieferungen verlangen. Diese sind nur partiel=
ler, — materieller Behelf, nicht formelle und volle Glau=
bensrichtschnur." Er setzt noch bei: „Sie forschen nur nach
Seinem Wollen und Nichtwollen, damit sie nach Seinem
Urtheile ihr Benehmen ordnen." — "Et antiquam
christianae religionis institutionem magis ab ore
praedecessoris ejus, quam a sacris paginis et paternis
traditionibus expectant; — illius *velle* — illius *nolle*
tantum explorant, ut ad ejus arbitrium suam con=
versationem et ipsi remittant aut intendant." — So
lebte die gute Ordnung der frühern Zeit durch das innigere
Anschließen Deutschlands an Rom, als dessen Legat
Bonifacius mit den Franken handelte, wieder auf. „Die
römische Kirche," sagt Bonifacius an einer andern Stelle,
„hält in Petrus, die Leitseile des Himmels und der Erde.
Da sie die geistige Mutter aller in Christo Gläubigen ist,
darf Niemand sich weigern, durch ihre Zucht gestraft,
durch ihre Zurechtweisung gebessert zu werden, weil sie
nicht nur Richterin, sondern zugleich Mutter ist." — Ihr
von uns getrennten deutschen Brüder, ist Euer Glaube
ein anderer geworden, als er zur Zeit Bonifacii war, des
Apostels der Deutschen? Und wenn er sich geändert, wie
kann er der wahre sein? — Dieselbe Sprache führte

Bonifacius in der Synode von Liptine in Gallien, und mit ihm dieselbe Synode.

Wir sehen diese erste Hälfte des achten Jahrhunderts auch noch durch ein anderes Doppelgestirn ersten Ranges im Morgen= und Abendlande erleuchtet. Das eine war der berühmte Britte **Beda**, den Bonifacius eine Fackel der Kirche, Walafrid Strabo den Vater der Engländer, Wilhelm von Malmesbury s) aber einen Mann nennt, leichter zu bewundern, als genügend zu preisen. Das andere war **Johannes Damascenus** im Orient; beide gleich herrliche Zeugen für den Glaubensprimat des Pap=stes. Wir trachten nämlich mit dem Fortschreiten der Jahr=hunderte immer die Zeugnisse aus verschiedenen Theilen der Welt zugleich zu hören, um den Einklang unter sich und mit den vorhergehenden desto auffallender zu ver=nehmen.

Was Beda betrifft, so ist seine tiefe und umfassende Gelehrsamkeit auch von den Protestanten anerkannt. Dieser Kirchenvater legt in seiner Homilie de S. Petro et Paulo, für den richterlichen Glaubensprimat Petri, folgendes herrliche Zeugniß ab: „Darum hat der hl. Petrus insbesondere die Schlüssel des Himmelreiches und die oberste, richterliche Gewalt erhalten, "et principatum judiciariae potestatis," daß alle Gläubigen der Welt verstünden, daß alle diejenigen, die auf was immer für eine Weise, "quolibet modo," sich von der Einheit seines Glaubens und seiner Gemeinschaft trennen, von ihren Sündenbanden nicht gelöset werden, und durch die Pforte

---

s) De gest. angl. III. 3.

8

des Himmels nicht eingehen können. — Kann man bestimmter und umfassender reden?! — Ja, — aber nur
mit Beda's Worten, wenn man kurz sagt, was er bei der
Erwähnung der Osterfeier von dem Könige Oswio sagt:
„So erkannte dieser Sachse, daß die römische Kirche die
katholische, apostolische sei," das heißt, die erste, ursprüng=
liche; — also die wahre. Wollte Gott, daß es Alle auf=
richtig bedächten, man dürfte von Jedem also sagen: So
erkannte dieser Sachse, dieser Preuße, dieser Däne, dieser
Schwede, dieser Britte, daß die römische Kirche die katho=
lische, apostolische, mithin die erste, also ursprüngliche
und wahre sei, und daß, wie Beda gleichfalls sich aus=
drückt, der Papst der erste Bischof der Welt sei, der auch
das Hohe=Priesterthum regiere, mithin im Besitze des
höchsten und letzten kirchlichen Tribunals sei, wohin
Glaubens=Entscheidungen vor Allem und $\varkappa\alpha\tau' \, \grave{\varepsilon}\xi o \chi \grave{\eta} \nu$
gehören. Das erkannten und bestätigten auch die Britten
insgesammt höchst feierlich in der Synode von Chalchut,
deren Statuten von den Königen, Herzögen, Bischöfen,
Aebten, unterschrieben, an den Papst gesandt wurden.

Zur selben Zeit erglänzte am östlichen Himmel der
Kirche der an theologischer und philosophischer Gelehr=
samkeit hochgefeierte **Johannes Damascenus**, (†750.)
„Hört es ihr Völker," ruft dieser Glaubensbekenner mit
Macht dem Bilderstürmer Leo entgegen, „hört es ihr Ge=
schlechter, ihr Nationen aller Zungen, Männer, Weiber,
Knaben, Greise, Jünglinge! wenn Jemand anderes euch
evangelizirt, euch lehrt, als was die apostolische Kirche bis
an den heutigen Tag hält, weicht nicht ab." Und wollen wir
wissen, aus wessen Munde, durch wessen Regierung die hl.

Kirche an Lehrgewalt den Königen und Engeln vorgehe, so antwortet derselbe Damascenus mit uns: „Petrus ist es." „O! seliger Mund," ruft er in seiner Rede "de Transfiguratione" aus, „o theologische, gottesgelehrte Seele, der Herr hat Dich nicht nur für das Tabernakel, sondern zum Führer und Lenker der ganzen Kirche gesetzt."
Dem Philosophen und Mathematiker konnte es nicht entgehen, daß die über die ganze Welt ausgebreitete Kirche, sollte sie nach Christi Wort auf Petrus fortbestehen, eines Führers und Lenkers in Petri Macht weit mehr im Laufe der Zeit als Weltkirche bedürfe, als in den Zeiten ihres ersten Anfanges, wo überdies dem Petrus die übrigen Apostel noch zur Seite standen.
Dieselbe Sprache führt Abt **Stephan,** jener gleichfalls unerschrockene Kämpfer für den Glauben und die kirchliche Freiheit. — Copronymus, der Bilderstürmer, hielt eine Aftersynode und sandte einen abtrünnigen Bischof als Delegaten zu Stephan, der bereits in das Gefängniß geworfen war. — „Wie bildest du dir ein," sagte dieser Abgesandte, „mehr zu wissen, als der Kaiser und so viele Bischöfe, die du für Ketzer ansiehst? Das siebente, allgemeine Concil hat entschieden." — Stephan erwiederte lächelnd: „Wie könnt ihr ein Concil ökumenisch nennen, dessen Haltung von dem römischen Bischofe nicht bewilliget worden ist, ohne dessen Ansehen und Gewalt die Canones verbieten, kirchliche Dinge in einem Concilium zu richten." Besser als die zu seiner Verführung abgesandten Höflinge in der Kirchen= und Dogmengeschichte bewandert, brachte sie Stephan zum beschämenden Schweigen. „Wir sind besiegt," sagte der kaiserliche

Kommiſſär Calliſtus dem Kaiſer, „man kann weder den Kenntniſſen, noch den Vernunftſchlüſſen dieſes Mannes widerſtehen." t)

Nicht minder kräftig und wichtig iſt das Zeugniß der drei Patriarchen von Jeruſalem, Alexandria und Antiochia, welche zu ſelber Zeit in derſelben Angelegenheit an den Patriarchen von Konſtantinopel ſchrieben, in welchem Schreiben ſie erklären, daß, wenn nur der Papſt ſeine Beiſtimmung gäbe, und ſeine Geſandten ſende, ihre Abweſenheit, weil durch die Saracenen verhindert, nicht zu beachten ſei; gleichwie das ſechste, allgemeine Concil dadurch nichts an Anſehen eingebüßt, daß kein Biſchof ihrer Gegend daſelbſt erſchienen ſei; und deſſenungeachtet das Concilium durch die Beſtätigung und den Einfluß des Papſtes ſein volles Anſehen über den ganzen Erdball hin erhalten habe. u)

Dieſes Zeugniß, ſagt Rothenſee, v) welches mitten unter den Verwüſtungen der Saracenen und den Gräuelthaten der griechiſchen Kaiſer die Vorſteher der älteſten und berühmteſten Kirchen des ganzen Orients öffentlich ablegten, iſt ein unvergängliches Denkmal, das noch zu den entfernteſten Jahrhunderten ſo vernehmlich ſpricht, wie es im achten Jahrhunderte ſprach; — ein Echo, das aus der Vergangenheit zu uns überhallt, und den Glauben derſelben allen folgenden Zeitaltern laut verkündet.

Hören wir, wie durch Alcuin, als Organ der deutſchen Kirche, auch in dieſer zweiten Hälfte des achten Jahr-

---

t) Buttler XVII. 358.
u) Lup. VIII. 127.
v) Der Primat des Papſtes 2. B. S. 108.

hunderts, der christliche Norden in das Bekenntniß
des fernen Orients einstimmt! — Alcuin, der große
Lehrer und Vertraute Karls des Großen, so ausgezeichnet
an Wissenschaft und ihrer Wiederherstellung in Europa,
äußert sich mit seinen Zeitgenossen im Buche "De div.
officiis" über die Kirchengewalt also: „Der Herr hat in
Petrus die Fülle der Religion gelegt, auf daß von Ihm,
wie vom Haupte die Gaben dem ganzen Körper der Kirche
zuflößen." — Daß aber dieß nach Alcuin auf gleiche
Weise von den Nachfolgern Petri gelte, erhellt aus seinem
Schreiben an den neu erwählten Papst Hadrian, welches
er dem kaiserlichen Gesandten mitgab: „So wie ich
Dich," schreibt er, „als Stellvertreter Petri auf dem hl.
Stuhle anerkenne, so bekenne ich Dich gleichmäßig auch
als Erben seiner wunderbaren Macht."

Auf gleiche Weise bekennt Alcuin seinen Glauben an
die Glaubensprärogative Petri in seinem Schreiben an
Leo III. „Du Hoher-Priester von Gott erwählt," sagt
er in selbem, „Stellvertreter der Apostel, Erbe der Väter,
Fürst der Kirche, Ernährer der Einen unbefleckten Taube!
In Dir leuchtet der Glaube, unter Dir als Hirten ver=
mehret sich die Heerde Christi! Du Tröster der Betrübten,
Du Hülfe der Bedrängten, Du Hoffnung der zu Dir
Schreienden, Licht des Lebens, Zierde der Religion." —
Und warum dieß? „Der Platz, auf dem Du stehst," sagt
Alcuin, „macht Dich so ehrwürdig, der Du den hl. Stuhl
inne hast." w) — Wir fragen, wenn Deutschland annoch
den Glauben seiner Väter besitzt, muß und soll es nicht

---

w) Baron. ad a. 772.

auch heute, wie Alcuin einst das Oberhaupt der Christenheit angeredet, dem Bischofe von Rom zurufen: „In
Dir, Pius, leuchtet der Glaube, Du Tröster der
Betrübten, Du Hülfe der Bedrängten, Du Hoffnung
der zu Dir Rufenden, Du Licht des Lebens, Du Zierde
der Religion, des heiligen Glaubens, und der Kirche in
unseren Tagen." O! daß wir doch mit Alcuin auch sagen
dürften: „Unter Dir als Hirten mehret sich die Heerde
Christi!" — Und wir können es. — Vielen werden die
Augen geöffnet, — Allen, die sehen wollen, — ja, Allen,
die nicht vorsätzlich ihre Augen der Wahrheit schließen.
— Und ist es nicht ein offenbarer Beweis von Neu-
gläubigkeit, und somit von Irrgläubigkeit, wenn irgend ein
Land des deutschen Bodens, wenn es sich noch christlich
nennt, nicht mehr die Sprache eines Bonifacius, eines
Alcuin führen kann, ohne sich selbst zu verläugnen?

Wir schließen die Zeugnisse des achten Jahrhunderts
mit **Angilram,** Bischof von Metz. In einem Schreiben
an Karl den Großen schreibt er: „Wenn es sich fragt:
Welch ein Ansehen dem hl. Petrus, dem Fürsten der
Apostel, und seinem heiligsten Sitze verliehen sei, so zweifeln wir keineswegs, daß Jeder wisse, daß Er es ist, der
das Recht hat, über alle Kirchen zu richten; hingegen daß
es Niemandem erlaubt ist, sein Urtheil zu richten."
"Utpote quae sedes de omnibus Ecclesiis fas habeat
judicandi, neque cuiquam licet, de ejus judicare judicio."

Den Glauben des westlichen Kaiserreiches im neunten
Jahrhundert sprechen die bekannten karolinischen Bücher
aus. Sie bekennen den Glauben der deutschen und
französischen Kirche mit dem feierlichen Bekenntniß, „daß

der apostolische Stuhl durch seine oberste Lehrgewalt alle Glaubens=Irrthümer richte, und den Kirchen der ganzen Welt den Kelch der reinen Lehre zur Verkün= digung der Wahrheit des Glaubens reiche." "Et mellifluae praedicationis pocula catholicis per orbem ministrat Ecclesiis." Und mit Berufung auf das Bei= spiel des hl. Hieronymus, der sich an den Papst Da= masus wendete, auf daß Er erkläre, was man glauben müsse, heißt es weiter also: „Alle Kirchen der Welt haben diesem Beispiel zu folgen, und die Befestigung im Glauben bei jener Kirche zu suchen, die keine Makel und Falte hat, und das Haupt aller Ketzereien siegreich zertritt, und die Gläubigen im Glauben stärket." — Dieser Quelle habe Deutschland die Gnade der Recht= gläubigkeit zu danken: "Quae non habet neque maculam, nequa rugam, et portentosa haeresum capita calcat, et fidelium mentes in fide corroborat." — "Ab hac, Ecclesia Germaniae semper suscepit veneranda fidei Christmata." Lib. 1. c. 6.

In demselben Sinne äußert sich **Agobard** von Lyon, in dessen Briefen an Ludwig den Frommen, und Jonas von Orleans, der in seinem "Opusc. de institutione regia" ausdrücklich sagt: "In Ecclesia nemo Pontifice potior."

Sehr bündig ist auch die Erklärung des Bischofs **Jesse** von Amiens (†836), der in einem Pastoral=Schrei= ben an die Geistlichkeit seines Sprengels, wo er von der Taufe redet, also sagt: „Folgen wir der Autorität der hl. römischen Kirche, auf daß wir daher, woher wir den Anfang des katholischen Glaubens erhielten, auch das Vorbild unseres Heiles entnehmen, damit die

Glieder nicht von ihrem Haupte getrennt werden, und der Pförtner des Himmelreiches diejenigen zurückweise, die er von seinen Lehren abweichend erkennt." "Ne claviger regni coelestis abjiciat, quos a suis diversos intelligit doctrinis." x)

Die Akten der Synoden von Soiffons (867), von Douzi (871), von Pontigny (876), von Troyes (878), von Fimes, in dem Sprengel Rheims (881), und von Tribur (895), sprechen denselben Glauben der gallicanischen Kirche jener Zeit aus. An mehreren dieser Synoden hatte Aeneas von Paris, königlicher Hofkanzler, Theil genommen. Er schrieb ein eigenes Werk historischer Zeugnisse, von Ignatius M. bis Photius, zum Beweise, daß der apostolische Stuhl seine Vorrechte nicht den Synoden verdanke, sondern dieselben nach dem eigenen Geständniß der Concilien, von Christo selbst erhalten habe.

Vom Orient liegt uns für den Glauben der Väter des neunten Jahrhunderts ein herrliches Zeugniß in Theodor Studita vor. In seiner Zuschrift an Leo III. nennt er den Papst "omnium capitum caput," das Oberhaupt aller Häupter, "Τῶν ὅλων κεφαλῶν κεφαλὴν," und sagt: „Christus, Gott, hat dem großen Petrus mit den Schlüsseln des Himmels die oberhirtliche Herrschaft gegeben. So muß denn an Petrus und seine Nachfolger, was immer in der katholischen Kirche durch Neuerung von jenen eingeführt wird, die von der

---

x) Galland. XIII. 4. Cap.

**Wahrheit irren, nothwendig berich-
tet werden.**"— Ad Petrum utique, vel ejus successorem, quidquid in Ecclesia Catholica innovatur
per eos, qui aberrant a veritate, necesse est referri. —
Und nachdem Theodor berichtet, was von den feilen
Hofbischöfen in Angelegenheit der ehebrecherischen Verbindung des Kaisers geduldet warb, ruft Theodor
aus: „Darum, wie einst die Jünger Christo, so rufen
wir Deiner Christo ähnlichen Heiligkeit zu: „**Rette
uns, Oberhirt der Kirche, die unter
dem Himmel ist, wir gehen zu Grunde!
Ahme dem Meister nach, und reiche
unserer Kirche die Hand!**" Ahme nach, so
flehen wir, dem Dir gleichnamigen Papste Leo, der bei
ausbrechender eutychianischer Irrlehre einem Löwen gleich
sich erhob." "Aemulare, praecamur, *cognominem tibi papam*, atque ut ille, pullulante tum haeresi Eutychiana,
leonum in morem experrectus est, etc."

„Wir haben pflichtgemäß dem Oberhaupte der Kirche
Alles mitgetheilt. Es ist nun Sache des Papstes, unter
Eingebung des hl. Geistes, was Gott gefällig ist, anzu-
ordnen." "Ejus est de caetero, quae Deo sunt placita,
facere *Spiritus* s. ductu, *a quo*, ut in aliis, sic in hoc
quoque *regitur* et *gubernatur*." y)

Da nun die Kirche unveränderlich ist und bleibt, hat
nicht das neunzehnte Jahrhundert nur mit Veränderung
der Namen der Nachfolger Petri, an dieselben die gleiche
Sprache zu führen? Und wenn es Solche gibt, die das

y) Spicileg. d' Achery I. 143. 148.

nicht thuen, und sich dennoch katholisch nennen, was haben wir denselben zu sagen? Freunde! gerade das, was Theodor in seinem Briefe an Naucratius von dergleichen Namenchristen sagt: „Und wären es auch Könige und Kaiser, ich. rufe Gott und die Menschen zu Zeugen an, sie haben sich vom Leibe Christi, vom obersten Lehrstuhle getrennt, in welchen Christus die Schlüssel des Glaubens gelegt, welchen Lehrstuhl die Pforten der Hölle niemals überwältigt, noch bis an das Ende der Welt überwältigen werden, wie Der verheißen hat, Der nicht lügt." "Deum hominesque contestor, sejunxerunt se a corpore Christi, a Coryphaea sede, in qua Christus posuit *fidei claves*, adversus quam non praevaluerunt per omne saeculum, nec praevalebunt usque in finem saeculi, portae inferi, *sicut promisit ille, qui non mentitur."* z)

An Papst Paschal, den Neuerwählten, schreibt Theodor also: „Höre, apostolisches Haupt, Du von Gott gesetzter Hirt der Schafe Christi, Pförtner des Himmelreiches, Glaubensfels, auf dem die katholische Kirche gebaut ist! denn Petrus bist Du, Petri Stuhl schmückend." "Petrus enim tu, — Petri sedem exornans." — „Hieher also vom Abendland mache Dich auf! Dir hat Christus unser Herr gesagt: „Und Du einst stärke Deine Brüder!" — Siehe, nun ist es Zeit, nun ist's am Platz, "ecce tempus, ecce locus." „Hilf uns, dazu bist Du von Gott uns gegeben."

Das dogmatische Schreiben des Papstes kam und ent-

---

z) Hard. IX. 605.

schied. Man erkannte das Heillose der Trennung und sehnte sich nach Vereinigung mit Rom. „Nun denn," rief Theodor dem neuen Kaiser Michael entgegen: "Ecce nunc tempus acceptabile, nunc dies salutis." „Nun ist die gelegene Zeit, nun sind die Tage des Heils, daß wir uns Christo wieder vereinigen, — durch die Vereinigung mit dem Glauben und dem Oberhaupte der Kirche zu Rom." Hat nicht dieses für uns heute noch in derselben Glaubens-Zuversicht dieselbe Kraft und Bedeutung? Wollte Gott, alle schismatischen Kirchen des Orients hörten und folgten der Stimme Pius IX., der dieselben zu dieser Rückkehr und Wiedervereinigung so väterlich einladet! Denkwürdig ist es überdies, daß die griechisch-russische Kirche Theodors Bekenntniß in ihre Sammlung von Reden und Briefen der Kirchenväter zur erbauenden Lesung aufgenommen, wo es unter dem 11. November wörtlich heißt: „O! Du oberster Hirt der Kirche unter dem Himmel, hilf uns in der höchsten Gefahr; versehe die Stelle Jesu Christi; reiche uns eine schützende Hand, und stehe unserer Kirche von Constantinopel bei, zeige Dich als den Nachfolger des ersten Papstes Deines Namens Leo! — Leihe unserer Bitte Dein Ohr, o Haupt und Fürst des Apostelamtes, von Gott selbst zum Hirten der Heerde erwählt; denn Du bist wirklich Petrus, weil Du den Stuhl Petri einnimmst, und ihm Glanz verleihest. Du bist es, zu dem Jesus Christus gesagt hat: „Stärke Deine Brüder!"—Dieser Glaube der Väter, er wird einst den Irrglauben der Söhne richten, die es nicht wagen, die historische Gewißheit dieser Bekenntnisse anzustreiten, ja selbe lesen,

und doch im Schisma und Irrglauben verhärtet blei=
ben! — Ja wohl ist der Mensch frei, der Wahrheit ge=
flissentlich das Auge zu schließen; doch! wehe dieser un=
verzeihlichen Sünde wider den hl. Geist.

Photius selbst tritt gegen sich, und Sie, wider seinen
Willen als Zeuge des Rechtglaubens aller Jahrhunderte,
an den Glaubens=Primat der Nachfolger Petri auf,
wenn er in seiner "Enarratio de recentiorum Mani-
chaeorum repullulatione" a) sagt: „Die Manichäer
nannten die wahren Christen „neue Römer," sich selbst
aber Christen, ein Name, den sie gar nicht verdienen." —
Welch ein Beweis für das Bewußtsein der Ketzer, wie
es die Rechtgläubigen mit Rom meinten. Gleichwie,
wenn in neuerer Zeit die Irrgläubigen uns Rechtgläu=
bige, R ö m l i n g e, P a p i s t e n, sich aber evangelisch oder
altgläubig nennen. Diese Verirrten geben dadurch deut=
lich genug zu erkennen, daß sie es wohl fühlen, daß un=
sere Vereinigung mit Rom uns eigentlich zu Kindern
der katholischen Kirche macht. Wir nehmen mit Freu=
den den Namen an, den sie uns geben, er erinnert uns an
das Siegel unserer Rechtgläubigkeit. Allein sie sind
genöthiget, uns auch diejenigen Namen zu lassen,
mit denen sie sich selbst ganz widerrechtlich bezeichnen.

E v a n g e l i s c h nennen sie sich? Doch nicht Pro=
testanten — sondern wir Katholiken sind evangelisch;
denn die Protestanten nahmen das Evangelium aus der
Hand der katholischen Kirche, und nicht sie von ihnen.

Wir haben es — und glauben demselben. Nicht sie.
Beweis dessen sind die feierlichen Aussprüche des Evan-

a) L. 1. § 6.

geliums: „Du biſt Petrus — Dir übergebe
ich die Schlüſſel des Himmels; — weide
meine Schafe; Petrus, — ich habe für
Deinen Glauben gebetet, daß er nicht
wanke. Und Du einſt ſtärke Deine Brü=
der." Wer immer es läugnet, daß Petrus in ſeinen
Nachfolgern mit dieſer durch Chriſtus Ihm übergebenen
apoſtoliſchen Vollmacht ausgerüſtet ſei, glaubt nicht dem
Evangelium, und hat ſomit kein Recht, ſich evangeliſch
zu nennen. Wir Katholiken, nicht die ſchismatiſchen
Griechen des Orientes, ſind orthodor, d. h. alt=
gläubig, denn wir, nicht ſie, bekennen den Glauben
der erſten Jahrhunderte, wie die Zeugniſſe, die wir ſo
eben in ununterbrochener Weiſe angeführt und noch an=
führen werden, unwiderſprechlich beweiſen. Wie voll=
kommen der Orient ungeachtet der Umtriebe des mächti=
gen Hofpatriarchen, ſich der Prärogative und Machtvoll=
kommenheit des Papſtes bewußt blieb, beweiſet auch das
im Namen ſo vieler Biſchöfe, Prieſter und Archimandri=
ten durch **Stylian,** (†897) Erzbiſchof von Neucäſarea,
nach Rom gerichtete Schreiben: „Da wir wiſſen," ſchreibt
er in ihrer Aller Namen, „daß wir von Euerem apoſto=
liſchen Stuhle regiert und geleitet werden müſſen, ſo bit=
ten wir, — erhöre uns; Petrus ſelbſt, deſſen Plaß und
Thron Du verwalteſt, bittet Dich."

Ebenſo **Hincmar** von Rheims (†882). Angeklagt
über verſchiedene, ſelbſt die Anordnungen des apoſtoli=
ſchen Stuhles verletzende Anmaßungen, legt Hincmar
dagegen im Angeſichte der Synode von Douzi ſein Glau=
bensbekenntniß ab: „Was ich," ſagt er, „von der bin=

benden und lösenden Macht des apostolischen Stuhles
halte, der da die Mutter und Lehrerin aller Kirchen der
Welt ist," "omnium Ecclesiarum in toto orbe *magistra*," „und dessen Bischof der Patriarch der Patriarchen,
und der Primas aller Primaten ist, — damit ihr es wisset, — so erkläre ich vor Euch Allen, wie ich's im Herzen
glaube zur Gerechtigkeit, und mit dem Munde bekenne,
zum Heile ꝛc."

Bei **Flodoard,** b) sagt H i n c m a r : „Eine jede
Streitfrage, die an den apostolischen Lehrstuhl gebracht
wird, erhält durch das Urtheil und die Entscheidung desselben ihr Ende." In der That ein gewaltiges Geständniß und Bekenntniß aus dem Munde eines so gelehrten
und für seine bischöfliche Amtsverwaltung so eifersüchtigen Gallicaners, wie Hincmar es war!

Ebenso äußern sich **Ratramnus** von Corbei, und **Pau-
lin** von Aquileja, Zeitgenossen Hincmars, beide mit ihm
Zeugen für die Glaubens-Prärogative Petri: „Er ist
das Haupt der Bischöfe," sagt Ratramnus in seiner
Schrift "contra Graecorum errores." „In kirchlichen
Dingen hängt Alles von seinem Urtheile ab, auf daß
durch selbes, was gesetzt ist, bleibe, oder was gefehlt war,
verbessert werde." "Ad ejus judicium pendeat, quidquid in ecclesiasticis negotiis disponitur, ut ex ejus
arbitrio, vel maneat constitutum, vel *corrigatur erra-
tum.*" P a u l i n von Aquileja aber, wo er die Ruhe der
abendländischen Kirche mit den Unruhen der morgenlän-
dischen von Rom sich losreißenden Kirche vergleicht, gibt
den Grund des festen Standes der ersteren mit diesen

b) Hist. Rem. III. 13.

Worten an : „Wir stehen inner den Gränzen der apofto=
lischen Lehre und der heil. römischen Kirche fest, folgend
ihrer erprobtesten Autorität, und haltend ihre heiligsten
Lehren!" "Nos intra terminos apostolicae doctrinae
et S. Romanae Ecclesiae firmiter stamus, illorum pro-
batissimam auctoritatem sequentes et sanctissimis in-
haerentes doctrinis." — Dieser Grund ist es auch, wa=
rum wir Katholiken auch heute fest stehen im Glauben,
während bei den von uns Getrennten Alles schwankt und
fällt: — wir halten an Roms erprobtester Autorität, und
halten fest an ihrer heiligsten, unantastbaren Lehre.

Ebenso **Rabanus Maurus** (†856), Abt zu Fulda,
dann Erzbischof zu Mainz und unermüdeter Beförderer
der Wissenschaften. Man lese seinen Commentar in das
XVI. Hauptstück des heil. Matthäus. Seine Ehrfurcht
gegen den Nachfolger Petri, als Lehrer der Kirche, beweisen
auch die dem Papste Gregor IV. gewidmeten Verse :
Sedis apostolicae princeps, lux aurea Romae
Et decus, et doctor plebis, et almus amor ;
Tu caput Ecclesiae es primus patriarcha per orbem etc.
Vestra valet coelum reserare et claudere lingua.
Principi apostolico Petro conjunctus in aevum,
In terra vicem cujus et ipse gerit.
Was hindert uns, dieselben Verse ohne Veränderung
auch nur einer Sylbe, unserm jetzt glorreich regie=
renden Papste Pius IX. zu senden ? — Und weil wir es
können, wer wagt es zu sagen, daß wir nicht so glauben,
wie unsere deutschen Väter ?

Dieselbe Sprache führt **Lupus** von Ferrieres (†862),
der mit Raban und Hincmar in enger Verbindung stand,

und großen Antheil an den Reichsgeschäften Karls des Kahlen nahm mit Rhegino von Prüm, der von dem Stuhle Petri so kernhaft sagt: "Nec se fefellit, nec ab aliquo falli potuit." „Er selbst hat sich niemals geirrt, noch konnte er von Jemand in Irrthum geführet werden." Er sprach damit das Bekenntniß aller vorhergehenden und folgenden Jahrhunderte aus.

In dieser vollsten Anerkennung lautet auch das Schreiben des Erzbischofes **Hatto** von Mainz und der Bischöfe von Bayern an Papst Johann IX., und des Erzbischofes **Theotmar** von Juvavien.

Wir gelangen an das zehnte Jahrhundert, und dieses Jahrhundert zeigt uns leider Päpste, deren persönlicher Character sehr verderbt war, wenn auch das sehr wahr und nicht zu übersehen ist, was H e r d e r gesteht: „Bei manchen derselben sind ihre Fehler nur darum auffallend, weil sie Fehler der Päpste waren. Daß es in jener Zeit unwürdige und lasterhafte Päpste gegeben, die als Ein= dringlinge auf den Stuhl Petri Platz genommen, läug= nen wir nicht. Allein wir behaupten, daß von Seite dieser einigen unwürdigen Päpste durchaus kein Beweis= grund gegen die Wahrheit unserer Thesis erwachse, son= dern daß im Gegentheil eben diese Zulassung Gottes die Richtigkeit unserer Behauptung in ein noch helleres Licht stelle. Laut Zeugniß der Geschichte nämlich, wie B a r o= n i u s in seinen Annalen ganz richtig bemerkt, hat kei= ner dieser entsittlichten Päpste irgend etwas irrthümli= ches im Glauben entschieden, oder etwas Unheiliges in Hinsicht auf die allgemeine Kirchen=Disciplin angeordnet. Es galt, von ihnen buchstäblich gesagt: „Auf dem Lehr=

stuhle Mofis sitzen sie; folgt ihren Worten, aber nicht
ihren Beispielen." Ebenso denkwürdig bezeugt auch die
Geschichte jener Zeit, daß die Unterwerfung gegen den hl.
Stuhl, gerade in jenen traurigen Tagen, so tief die christ=
lichen Völker durchdrungen habe, wie in den Tagen der
heiligsten Päpste. Eben dieses Benehmen der gläubigen
Christenwelt beweiset ja noch evidenter, daß die Vereh=
rung der päpstlichen Macht keineswegs auf die persönli=
chen Vorzüge der Päpste, sondern auf die göttlich gege=
benen Vorrechte des apostolischen Stuhles sich fußte. —
Nicht für die S i t t e n, für den G l a u b e n Petri, hatte
Christus gebetet, und darum, wie Baronius bemerkt, trotz
aller Wehen dieses Jahrhundertes war doch Niemand,
der sich von Rom losriß, sondern alle Völker verharrten,
ungeachtet der Mängel so mancher dieser Päpste, dem rö=
mischen Stuhle durch das Band des Glaubens und des
Gehorsames verbunden, "non merita, sed jura sedis" im
Auge behaltend.

Unter den Zeugnissen für diese Behauptung und die
unseres Satzes steht oben an das Zeugniß aller Väter
der Synode von Troslei (909). Sie erklären ausdrück=
lich, die Kirche sei von Christus auf den Fels, das heißt,
auf die Confession Petri erbaut, und sagen, insbesondere
sei die gallicanische Kirche durch die Nachfolger desselben
belehrt worden, daher sei die Glaubenskraft, die sie An=
fangs erhalten, annoch unerschüttert: "Sed ab eo ejus=
que successoribus etiam edocta *firmitatem fidei*, quam
primo percepit, hactenus inconsussam servare studuit."

Ja selbst **Nicolaus**, Patriarch von Konstantinopel,
feiert zu selber Zeit auf das Entschiedenste die Vorrechte
9

des apostolischen Richteramtes. Von Rom aus verlangt
Er und der Kaiser für die Wirren der griechischen Kirche
Entscheidung; und Rom nicht gehorchen wollen, nennt
er, in seinem Briefe an den Fürsten der Bulgaren, ge=
radezu ein Verbrechen.

Ebenso **Odo** von **Clugni**, **Otto** von Verzelli und **Pil=
grim** von Passau († 942). Odo, die Zierde seiner Zeit,
an Tugend und Wissenschaft, äußerte sich in einer seiner
Reden also: „Wir danken dem ewigen Könige, daß er
eine solche Macht dem gegeben, welchen er zum Fürsten
und Vorsteher seiner ganzen Kirche gesetzt; — denn wenn
auch zu diesen unseren Zeiten etwas in kirchlichen Dingen
recht geschieht, so ist es der Leitung desjenigen zuzu=
schreiben, dem gesagt ward: „Du einst, stärke deine Brü=
der!" — Welch ein Zeugniß zu dieser Zeit, und dies aus
dem Munde eines hl. Odo! — Mit eben der Bestimmt=
heit erkennt O t t o von Verzelli in seiner Schrift: "De
pressuris ecclesiasticis" den Papst als obersten Richter
der Kirche an. Ingleichen P i l g r i m, Bischof von
Passau, in seiner Legation an Papst Benedict VII. g)

Ebenso **Ratherius** von Verona, späterhin von Verona
vertrieben, Bischof von Lüttich. In seinem Itine=
rarium, schreibt er von der Macht Roms durch den Papst
in kirchlichen Dingen: „Niemals hat etwas gegolten,
was dort verworfen ward; und niemals war etwas
ungültig, was dort als gültig angenommen wurde."
"Nusquam ratum, quod illic irritum; nusquam irritum,
quod illic ratum fuerat visum." „Wo also," fährt nun
Ratherius weiter fort, „wird wohl meiner Unwissenheit

---

g) Baron. ad a. 983. Hard. VI. 695—739.

beſſer abgeholfen werden, als dort, wo der Quell der Weis=
heit fließt." Er nennt den Papſt den von Gott geſetzten Vater
und Fürſorger der ganzen Welt. "Orbi vero universo
pater et provisor industrius a Deo institutus." In ſeiner
Appellation an den apoſtoliſchen Stuhl ſagt er dem Papſte:
„Helfet mir, denn deßhalb habt ihr den Stuhl inne, daß
ihr die Pforten der Hölle gegen die Kirche nicht überwäl=
tigen laſſet." "In omnipotentis amore precor, ejusque
vice succuratis, cujus ideo sedem obtinetis, ut portas
inferi praevalere adversus Ecclesiam non sinatis."

Ebenſo **Abbo** von Fleury (†999). Er kehrte von
Rom mit Aufträgen des Papſtes an König Robert zurück,
deren er ſich mit unerſchrockenem Muthe entledigte. In
ſeinem Vollziehungsberichte ſchreibt er: "Domino semper venerabili Papae romanae et apostolicae sedis prae-
sulio et ideo *universalis Ecclesiae Doctori*." „Dem
Herrn — dem immer ehrwürdigen, des heiligen römiſchen
und apoſtoliſchen Stuhles Vorſteher, und darum der
ganzen Kirche Lehrer." Dies heißt l o g i ſ ch und ſomit
auch t h e o l o g i ſ ch argumentirt. Dieſer für Kirchen=
und Sittenzucht eifernde gelehrte Abt Abbo ſagt in einer
Schutzſchrift, und einer an den König Hugo und deſſen
Kronprinzen Robert gemachten Sammlung von Canones
über die Pflichten der Regenten gegen die Kirche und
ihre kirchlichen Unterthanen, noch etwas anderes ſehr
Beherzigungswerthes: „Petro ward geſagt: Du biſt
Petrus — auf dich werde ich meine Kirche bauen."
Meine, ſagte er, nicht deine. Wenn alſo die Kirche nicht
Petri iſt, weſſen wird ſie ſein? — Oder wie? die Nachfol=
ger Petri haben es gewagt, ſich eine Gewalt anzumaßen,

welche Petrus, der Fürst der Kirche nicht gehabt?! Wahr=
lich, theuerſte Fürſten! wir leben weder katholiſch, noch
reden wir katholiſch, wenn wir ſagen: dieſe Kirche iſt
mein, und ein Anderer ſagt, dieſe Kirche ſei ſein.‟ „Certe,
carissimi principes, nec catholice vivimus, nec catholice loquimur, quando illam ecclesiam dico esse meam,
ille alteram dicit suam!‟ — Wir fragen: Was wer=
den auf dieſe Rüge Abbo’s die Proteſtanten antworten
können? Was diejenigen, welche febronianiſche Natio=
nalkirchen wünſchten und wünſchen? Und ſelbſt was
katholiſche Herrſcher betrifft, ſie verdienen leider noch
heute dieſen Zuruf, dieſe Rüge Abbo’s: „Ihr Fürſten
huldiget der ſogenannten öffentlichen Meinung und nennt
es Diplomatie und Allgewalt des Staates. Doch das
heißt weder katholiſch reden, noch viel weniger katholiſch
leben.‟ — „Videte, principes, quo vos ducit cupiditas,
dum refrigescit charitas.‟ h) So Abbo.

Denſelben Glauben bekennen **Fulbert** von Chartres
(†1029), die Synode von Limoges, und **Burkhard** von
Worms. „Der römiſchen Kirche widerſprechen, ſagte
der der Synode von Lymoges präſidirende Erzbiſchof von
Bourges, iſt ein Verbrechen. — So wie unſer Haupt, die
heilige römiſche Kirche, und der apoſtoliſche Stuhl es gut
heißt, ſo müſſen wir, als Glieder, es in aller Ehrfurcht
umfangen.‟ i)

Biſchof Burkhard von Worms, einſt Erzieher Kaiſer
Conrads, verfaßte eine Sammlung von Canones, welche
nicht allein für Deutſchland, ſondern auch für andere

---

h) Nat. Alex. XI. 449.
i) Hard. VI. 837. 855. 599.

Länder als klassisches Werk galt, und die Ueberzeugung seiner Zeit an die oberste, höchste, richterliche Gewalt des Papstes in Dingen des Glaubens unumwunden darthut.

Ebenso **Odilo** (†1039). Er gab den Gesandten Polens, die um Losgebung Casimirs anhielten, der bereits Mönch war, und zur Krone verlangt wurde, zur Antwort: „Er könne dies aus eigener Macht nicht," *"proinde supremum in terris, tribunal, supremamque potestatem, sedem videlicet apostolicam Romanam et vicarium Christi adirent"* — „sie möchten also zum höchsten Tribunale der Erde, zur obersten Gewalt, nämlich zum apostolischen römischen Stuhle gehen, zum Statthalter Christi, der allein könne es." k)

Ebenso **Petrus Damian** (†1072). Bekanntlich war Petrus Damian ein Mann, der frei von aller Menschenfurcht und Rücksicht, dabei nicht minder gelehrt, offen die Wahrheit Allen in das Angesicht sagte, ob Papst oder Kaiser. — „Ich suche keinem Sterblichen zu gefallen, fürchte auch den Zorn Keines," sagte er Leo IX. in's Gesicht. — Imgleichen sagte er dem Kaiser Heinrich nicht minder frei in den Bart: „Wenn Du ein Sachwalter Gottes bist, warum vertheidigest denn Du nicht die Kirche?" — l)

Hören wir diesen unerschrockenen Zeugen und Herold der Wahrheit. Er fordert die Mailänder, nach dem Beispiele Ambrosii zum vollkommenen Gehorsam gegen den römischen Stuhl auf, und erklärt unumwunden, daß wer sich dessem Urtheile widersetzen würde, der Ketzerei ver-

---

k) Bar. ad a 1049—1065.
l) Bar. ad. a 1044.

falle. — Er nennt die römische Kirche das "*magisterium Petri*, ad cujus rectitudinis lineam, quidquid uspiam depravatum fuerit, *reformatur!*" — Hört ihr's, Reformatoren, nach wessen Magisterium reformirt werden müsse, daß es nicht depravatum sei! — Er vergleicht das Urtheil der römischen Kirche mit einem siegreichen Schwert in der Schlacht, durch welches der Feind enthauptet, und die Einheit im Glauben erkämpft wird. "Evangelico mucrone veritati resistentium cervicem obtruncat, et ad invictissime dimicandum totam Christi militiam; in unius caritatis et *fidei unitate* confirmat." Was aber Petrus Damian immer Herrliches von Rom sagt, hat er vom Papste selbst und seinetwegen gesagt; denn „wo der Papst ist," sagt er, „da ist Rom, und die römische Kirche." "*Vos* estis apostolica sedes, *vos* Romana estis Ecclesia; quo *vos* Petrus vobiscum fugiens attrahit, illic est Romana Ecclesia." m)

So antwortete **Petrus**, siebenhundert Jahre zum Voraus auf die Bedenklichkeiten der Febronianer und anderer Halbtheologen neuerer Zeit! —

Ebenso nennt **Wilhelm** von Poitiers in seiner Geschichte des Königs Wilhelm den Papst gleichfalls: den Lehrer der Kirchenvorsteher.

Ebenso **Arnulph** von Mailand n) und **Vener** von Vercelli. Obwohl sonst kaiserlich gesinnt, können sie doch nicht umhin, die Glaubensrichtschnur des apostolischen Stuhles anzuerkennen. Ersterer beruft sich hierbei auf das Vorbild **Ambrosii**. Letzterer nennt die römische

m) Baron. I. c. Buttler III. 194.
n) Hist. mediol. C. 15.

Kirche die Mutter aller Kirchen, die nie durch ein falsches Dogma betrogen hat, noch von irgend einer Ketzerei betrogen wurde. "Quae aliquo pravo dogmate nec aliquando fefellit, nec aliqua haeresi unquam falli potuit." Ein solches Zeugniß, aus dem Munde eines offenkundigen Feindes des Papstes, hat gewiß volles Gewicht.

„Unerschütterlich," sagt **Anselm** von Lucca, „steht der Papst," licet pulsatus, licet concussus, tamen stetit immobilis; „denn Himmel und Erde werden vergehen, die Worte desjenigen aber werden nicht vergehen, der gesagt hat: Du bist Petrus, 2c." o)

In gleicher Weise äußern sich die Bischöfe der Provinz Rheims und **Sigfried** von Mainz. „Ihnen ist der Papst der oberste Richter im Gottesreich der Kirche." p)

Noch wichtiger ist uns das Bekenntniß **Theophylact's** (†1096), Erzbischofes von Acrida in Bulgarien. Obwohl äußerlich dem griechischen Schisma angehörig, war es ihm doch unmöglich, die Wahrheit des altgriechischen und echt kirchlichen Glaubens zu verkennen, so wie der einfache Sinn der hl. Schriften ihn, wie jeden, der aufrichtig die Wahrheit sucht, dazu nöthiget. — In seinem Commentar, nämlich über die Evangelien, sagt er: q) „Dem Petrus ist die Kirche zum Unterrichte im Glauben vertraut." "Petro Ecclesia in fide erudienda credita est." Das Magisterium Petri ist ihm, wie dem hl. Petrus Damian, die Glaubensrichtschnur der übrigen

---

o) Opusc. adv. Guibert.
p) Thomass. I. 441.
q) Comment. in Evang. Lucae.

Kirchen. — Theophylact erklärt sich hierüber selbst noch deutlicher in seinem Commentar, über die Worte: "Confirma fratres tuos." Der klare Sinn dieser Stelle ist, sagt Theophylact: „Weil ich Dich zum Fürsten der Jünger gesetzt, — befestige sie," "confirma illos," „so ziemt es Dir, der Du nach Mir der Fels und das Fundament der Kirche bist. Du hast in Dir den Samen des Glaubens;" "habes recondita semina fidei," — „darum, wenn auch der Wind die Blätter abwirft, die Wurzel jedoch wird leben, und Dein Glaube wird nicht abnehmen." r)

Wir beeilen uns, diese lange Reihe der hl. Väter und ihrer Bekenntnisse zu schließen; denn bereits sind wir an das Zeitalter Gregor's VII. gelangt. Wir begnügen uns, nur einige der Hauptorgane jener Zeiten redend einzuführen, zum Beweise, daß sich die Zeitgenossen Gregor's nicht blind, sondern mit vollem und klarem Bewußtsein des einen Glaubens ihrer Väter den Aussprüchen und Ansprüchen des apostolischen Stuhles gefügt. Aus diesen erlauchten Zeugen ist einer der wichtigsten, der in der Kirchengeschichte hochberühmte **Lanfranc,** Erzbischof von Canterbury, Primas von England (†1089), der den Glauben Frankreichs und Englands zugleich ausspricht, und eben deßhalb ist sein Zeugniß unbefangener, also auch gewichtiger, als wenn er zu Gregor's Zeiten in Deutschland oder Italien seine Stimme zur Anerkennung der Prärogative des apostolischen Stuhles erhoben hätte. In seiner Schrift gegen Berengar sagt er: „Kein Dogma sei ja selbst bei

r) Marca 1. 109.

den Ketzern so unangestritten gewesen, als die Würde
und das Lehransehen Petri in seinen Nachfolgern, den
römischen Päpsten." — Lanfranc nennt dieses Bewußt=
sein gleichsam das Gewissen der Christenheit; nämlich
in seiner Antwort auf die Prätension des Erzbischofes
von York, welcher Lanfranc das Primat Englands ab=
streiten wollte, als sei die Ernennung Augustins durch
Gregor den Großen zum Primas von England nur per=
sönlich gewesen, da Gregor damals nicht ausdrücklich
von den Nachfolgern Erwähnung that. — Lanfranc er=
wiedert: „Als der Herr dem Petrus sagte: Du bist Pe=
trus ꝛc., hatte er auch nicht ausdrücklich der Nachfolger
erwähnt, und doch waren diese Zweifels ohne mit inbe=
griffen; oder wie, willst du es läugnen, oder anstreiten
wollen? Wahrlich dem Gewissen aller Christen ist ein=
gepflanzt, "enim vero omnium christianorum con-
scientiis est inditum," daß sie den Nachfolgern Petri,
wie Petrus selbst, gehorchen, vor seinen Drohungen er=
zittern, und dann erst die Verwaltung aller kirchlichen
Angelegenheiten als gültig ansehen, wenn sie durch das
Urtheil der Nachfolger Petri gutgeheißen ward." "Est-
que tunc demum omnium ecclesiasticarum rerum rata
dispensatio, si successorum b. Petri fuerit approbata
judicio." Das katholische Gewissen gibt dieser Behaup=
tung Lanfrancs Zeugniß bis auf diese Stunde. Kein
Zweifel; es ist nicht sowohl theologisches Bewußtsein,
als ein gewisses katholisches Gewissen, welches auch
in unserer Zeit alle gläubigen Geister zur unbedingten
Unterwerfung unter die Aussprüche des heiligen Vaters
beuget. „So wie Christus," fährt Lanfranc fort, „was

Er Petro gesagt, allen seinen Nachfolgern, den römischen
Bischöfen gesagt, so auch Gregor, was er Augustin ge=
sagt." Und die ganze Synode, der König Wilhelm und
der Erzbischof von York konnten selbst nicht umhin, die
Primatialrechte von Canterbury anzuerkennen. Eine
solche Kraft hatte bloß die analogische Beziehung jener,
dem Gewissen der Christen so tief eingeprägten apostoli=
schen, unbestreitbaren Autorität. Eben dieses so klare
und tief eingewurzelte, durch Jahrhunderte so oft und
weltkundig erprobte Bewußtsein dieser höchsten, richter=
lichen, entscheidenden, absoluten Gewalt des Papstes in den
höchsten, heiligsten und göttlichen Dingen war es ja, die
gemacht, daß in dem Papste zu Gregor's Zeiten von Völ=
kern und Königen der allgemeine höchste Richter, selbst
in den weltlichen Dingen, geehrt wurde, wenn gleich nicht
mit der Nothwendigkeit, als wie in ersteren, weil nur für
diese der Primat Petri von Christus gegeben ward.

Ganz gleichstimmig mit Lanfranc äußert sich der nicht
minder berühmte Anselm von Canterbury. „Da sie sich
weigern, sagt Anselm, (nämlich Wilhelm der Rothe und
sein Anhang), den apostolischen Dekreten, die der Papst
zum Heile der Christenheit erläßt, Folge zu leisten, be=
weisen sie sich gegen Petrus, dessen Stelle er vertritt, ja
gegen Christus selbst als ungehorsam, der Petrus seine
Kirche zur Leitung anvertraut hat." Und als er von Kö=
nig Wilhelm zu fliehen genöthiget ward, sprach er die
Bischöfe der Synode, die er einberief, also an: „Ich
werde zum obersten Hirten und Fürsten Aller, zum Engel
des großen Rathes eilen, und in meiner übergroßen Sorge,
in seiner und der Kirche Angelegenheit von Ihm den

Rath holen, den ich befolgen werde. — Christus sprach zum seligsten der Apostel: „Petrus, Du bist Petrus und auf diesen Felsen werde ich meine Kirche bauen, und die Pforten der Hölle werden sie nicht überwältigen, ... und dir werde ich die Schlüssel des Himmelreiches geben;" — daher möget ihr alle wissen, daß ich in jenen Dingen, die Gott angehören, dem Statthalter des sel. Petrus Gehor= sam; und in jenen Dingen, die der irdischen Würde mei= nes Herrn und Königes mit Recht zukommen, demselben treulichen Beistand sowohl als Rath erweisen werde, so viel ich kann." "Quare cuncti noveritis, quod in his, quae Dei sunt, vicario Petri obedientiam; et his quae terreni Domini mei regis dignitati jure conveniunt, et fidele auxilium et consilium, pro sensus mei capacitate in- pendam." Seine Schrift gegen den Irrlehrer Rosselin dedicirte er dem Papst, und legt in der Weihung dersel= ben folgendes unumwundene Glaubens=Bekenntniß ab: „Die göttliche Vorsehung hat Euere Heiligkeit erwählt, den Glauben zu schützen, die Kirche zu regieren. Es ziemt sich demnach, daß man vor allen Anderen Euere Heilig= keit darüber berichte, wenn sich etwas in der katholischen Kirche ereignet, was den katholischen Glauben gefährdet, damit durch Euere Autorität was irrig ist verbessert werde." "Ad nullum alium rectius refertur, si quid contra catholicam fidem oritur in ecclesia, ut ejus auc- toritate corrigatur."

Nicht nur im Abendlande, auch im Orient erheben sich um diese Zeit noch Stimmen bezeugend den Glauben der altgriechischen Kirche, wenngleich bereits dem Schisma verfallen. So nennt **Euthymius** von Constantinopel, der beim Kaiser Alexius Comnemus in großer Achtung stand, den Papst in seinem Commentar in die Evangelien, „den von Christus gesetzten Lehrer der ganzen Welt," " hunc orbis magistrum esse constitutum."

Wir nennen noch am Schlusse die Vertheidiger der päpstlichen Gewalt des Zeitalters Gregor's, die während seiner Kämpfe, für die der Kirche und ihrem Haupte gött= lich gegebenen Rechte, als Sterne erster Größe erglänzen, als da sind : **Leo** von Chartres, **Bruno** von Asti, **Godfrid** von Vendome, **Rupert** von Deutz. Letzterer sagt: s) „Die römische Kirche, auf den Felsen des apostolischen Glau= bens übergebaut, stand unerschütterlich, und hat sowohl die Irrlehren von Griechenland, wie die der ganzen Welt, widerlegt, und vom höchsten Glaubenstribunal aus gerichtet." " Romaua Ecclesia super apostolicae fidei petram altius fundata firmiter stetit, et tam Graeciae, quam totius orbis haereticos semper confutavit et *de excelso fidei tribunali data sententia judicavit.*" Was könnte Bündigeres und Herrlicheres von der Glaubens= prärogative des apostolischen Stuhles gesagt werden? „Auf Petri Nachfolger," fügt er bei, „sei die Kirche so erbaut, daß sie gegen alle Ketzereien als undurchdringliche Mauer dastehe, und von was immer für einer Seite der ge= fährdete Glaube zu ihr fliehe, so reiche sie ihm tausend Schilde und alles Waffengerüste, sich zu vertheidigen." t)

Zu den Glaubenskämpen dieser Zeit gehören ferner **Guido** der Carthäuser, **Otto** von Bamberg, Kanzler Kai= sers Heinrich V., der berühmte Scholastiker **Hugo** a St.

---

s) De div. officio l. c. 22.

t) Lib. de div. off. c. i.

Victore, — **Adalbert** von Mainz, **Humbert,** Erzbischof
von Lyon, und **Anselm** von Havelberg, Bischof von Ha=
velberg in Preußen, ein eben so gelehrter, als großer
Staatsmann. Er sagt in seinem Buche, welches er Eu=
gen III. dedicirte: „Ich habe gethan, was Eure apofto=
lische Autorität befohlen, der immer zu gehorchen, nicht
nur Demuth, sondern Nothwendigkeit des ewigen Heiles
ist." "Verum etiam aeternae salutis necessitate." An=
selm von Preußen war nämlich von Lothar dem Kaiser
nach Constantinopel gesandt, die Griechen ihrer Pflicht
zu mahnen. Wir können uns auch nicht enthalten, et=
was aus dessen Disputation mit der dazu in Constanti=
nopel gehaltenen Versammlung der griechischen Bischöfe
hier beizuseßen. Die Stelle ist überaus kräftig und
wichtig.

Anselm sagt: „Darum ward die römische Kirche vor
allen andern vom Herrn durch ein besonderes Privile=
gium beseliget, und ragt durch ihre Prärogative nach gött=
lichem Rechte über alle anderen Kirchen hinan. Während
daher die anderen zu verschiedenen Zeiten im katholischen
Glauben schwankten, wie die von Alexandrien, Antio=
chien, Jerusalem, Constantinopel, blieb die römische, weil
auf dem Fels gegründet, immer unerschüttert. "Illa
supra petram fundata semper mansit inconcussa."
Deshalb sprach der Herr zu Petrus: „Ich habe für dich
gebetet, daß dein Glaube nicht wanke," als sagte er of=
fenbar: Du, der Du die Gnade erhalten, daß, während
Andere im Glauben scheitern, Du im Glauben uner=
schüttert bleibest, kräftige die Wankenden und weise sie
zurecht als Schirmer und Lehrer und Vater und Meister

Aller." "Acsi aperte ei dicat: tu, qui hanc gratiam accepisti, ut aliis in fide naufragantibus, semper in fide immobilis permaneas: alios, vacillantes, confirma et corrige tamquam omnium provisor, et doctor et pater et magister omnium."

Er weist dann den Griechen aus der Kirchengeschichte nach, daß alle Häretiker durch das Ansehen des Papstes des Irrthums überführt, verurtheilt und durch Petrus, den Fels, zermalmet wurden. "A petra fidei per Petrum destructos." „Es ist nämlich gewiß, daß die römische Kirche zwei Privilegien von Gott erhalten habe, nämlich vor allen anderen die unbefleckte Reinheit des Glaubens, und die Gewalt über alle zu richten." "Prac omnibus incorruptam puritatem fidei, et supra omnes potestatem judicandi." Wohlgemerkt — Anselm von Preußen erwähnt zuerst der Unfehlbarkeit, und dann erst des Primates des römischen Papstes. Ganz recht; denn der Papst, wie wir in der "ratio theologica" bereits nachgewiesen, kann kein Primas der unfehlbaren Kirche sein, wenn er nicht selbst unfehlbar ist. Die Griechen waren nicht im Stande, den Gründen Anselms etwas zu entgegnen. Auch die jetzigen Preußen, seine Landsleute, die nun freilich ganz Anderes reden, können nichts Gründliches Ihrem Anselm entgegnen. — Zu selber Zeit erhob auch Isac, Patriarch der katholischen Armenier, seine Stimme, um die Verirrten seiner Nation zu den Glauben ihrer Väter zurückzurufen.

Und so sind wir denn bis an **Bernard**, dieses hellleuchtende Gestirn seiner Zeit gelangt; der als Kirchenlehrer die lange Reihe der hl. Kirchenväter, und mithin

auch unsere Zeugnisse aus denselben, für den Glaubens=
primat Petri und dessen absolute Autorität, auf die
allerherrlichste, kräftigste Weise schließt, durch Aeußerungen,
die aus dem Munde des unerschrockensten, welthistori=
schen Mannes, von der allergrößten Gewähr sind. —
Hören wir, wie Bernard an Innocenz II. schreibt:
„Es ziemt sich, deinen apostolischen Stuhl in Kenntniß zu
setzen über die Aergernisse und Gefahren, welche das
Reich Gottes besonders in Glaubenssachen bedrohen;
denn dort hat man meines Erachtens den Abgang und
Mangel des Glaubens zu ergänzen, wo der Glaube nie
wanken wird. Das ist dessen Vorrecht; denn zu ihm
ward gesprochen: „Ich habe für dich gebetet, daß dein
Glaube nicht wanke;" und was daraus folgt, das hat
der Nachfolger Petri's uns allerdings zu leisten." "Dig-
num namque arbitror, ibi potissimum reparari damna
fidei, ubi non possit fides sentire defectum. Haec
quidem hujus praerogativa sedis. Cui enim alteri dictum est: rogavi pro te etc.; ergo quod sequitur a Petri
successore exigitur: et tu aliquando confirma fratres
tuos. Id quidem modo necessarium." „Und nun hei=
liger Vater," — fährt Bernard fort — „nun ist es Zeit,
daß du Deine Vollmacht und Dein Ansehen geltend
machest, Deinen Eifer bewährest, Dein Amt verwaltest;
daran wird man erkennen, daß Du Petri Stelle, dessen
Sitz Du einnimmst, vertrittst, wenn durch Deine Worte
und Deine Mahnung die Gemüther, die schwankend sind,
im Glauben bestärkt und aufgerichtet werden; durch Dei=
nen Machtspruch und Dein Ansehen die Feinde des
Glaubens vernichtend." In seinem 131. Briefe in der

Sache Abälards schreibt Bernard: „Die Machtvollkom=
menheit, "plenitudo potestatis," über alle Kirchen der
Welt ist durch besondere Prärogative dem apostolischen
Stuhle gegeben." "Plenitudo potestatis super univer-
sas orbis ecclesias, singulari praerogativa, apostolicae
sedi donata est."
Am feierlichsten aber spricht sich B e r n a r d über die
päpstliche Machtfülle, die des obersten Richteramtes im
Glauben einschließend, in eben jenem Briefe aus, wo er
dem Papst, seinem ehemaligen Ordensjünger, als dessen
Vater, mit wahrhaft väterlicher Unbefangenheit schreibt.
Er sagt: „Untersuchen wir also wer Du bist, u) wessen
Person Du in der Kirche Gottes vorstellest. Wer bist
Du? Der Hohe=Priester und höchste Bischof. — Du bist
der Fürst der Bischöfe, der Erbe der Apostel. — Dem
Primat nach bist du Abel, — der Leitung nach Noe, —
dem Patriarchat nach Abraham, — der Ordnung nach
Melchisedech, — der Würde nach Aaron, — der Autorität
nach Moses, — der Gewalt nach Petrus, — der Salbung
nach Christus. — Du bist es, dem die Schlüssel des Him=
mels gegeben sind. Es sind zwar auch die Anderen
Pförtner und Hirten der Heerden, doch Du um so glor=
reicher, je verschiedener der Name ist, den Du vor den
Andern empfangen. — Auch sie haben zwar als Einzelne
ihre einzelnen, ihnen bestimmten Heerden. Dir sind
alle vertraut, dem Einen — die Eine. "Tibi universi
crediti — *uni* — *una*." Denn nicht allein der Schafe,
sondern auch der Hirten bist Du der Eine, der Hirt Aller.
Denn welchem, ich sage nicht Bischofe, sondern Apostel,

(u L. 2. c. 8. considerat.

ſind ſo unbedingt alle Schafe vertraut? "Cui enim, non dico episcoporum, sed etiam apostolorum sic absolute totae commissae sunt oves." v) Welche? vielleicht dieſes oder jenes Volkes, dieſer Stadt oder dieſes Landes? **Meine Schafe,** "oves meas," heißt es. — Wem iſt da nicht offenbar, daß Er nicht einige, ſondern **alle** bezeichnet habe? Jacobus, der eine Säule der Kirche ſchien, begnügte ſich mit dem einen Jeruſalem, da er Petro das Allgemeine überläßt. Wenn ſomit der Bruder des Herrn weicht, wer Anderer wird ſich dann in die Prärogative Petri eindrängen wollen? "Cedente domini fratre, quis se alter ingerat Petri praerogativae?" Andere ſind in einen Theil der Sorge gerufen, Du in die Fülle der Macht. Der Andern Gewalt iſt auf gewiſſe Gränzen beſchränkt; die Deine erſtreckt ſich ſelbſt auf jene, die Gewalt über Andere erhalten haben. — **So ſteht denn dein Privilegium unerſchüttert, ſowohl was die gegebenen Schlüſſel, als die anvertrauten Schafe betrifft."** "Stat ergo iuconcussum privilegium tuum tibi, tum in datis clavibus, quam in ovibus commendatis."––

Wir ziehen nun aus den von **Hermas** bis **Bernard** angeführten Beweisſtellen den Schluß und ſagen: Wer immer ohne Vorurtheil dieſe geſchloſſene Reihe der Zeugniſſe aller Jahrhunderte der Chriſtenheit bis auf Bernard liest prüft und beherziget, der kann unmöglich an dem Glauben der Väter und der ganzen zerſtreuten Kirche überhaupt an die Glaubensprärogative Petri in

(v Ioan. 21. 27.

10

seinen Nachfolgern zweifeln. Er wird und muß, wenn er ein wahrheitsliebendes Herz hat, eingestehen, daß Lanfranc ganz recht gehabt, wenn er diese Anerkennung der apostolischen Lehrprärogative Petri und seiner Nachfolger das Gewissen der Christenheit nannte. Damit jedoch das, was hier einzelne Träger der Tradition so feierlich bekennen, aus dem Munde von Hunderten und Tausenden der versammelten Kirche zu gleicher Zeit und zwar bei den wichtigsten Epochen der kirchlichen Angelegenheiten, in Dingen des Glaubens, feierlicher noch, und darum um so nachdrücklicher vernommen werde, so hören wir nun auch die Zeugnisse der in den allgemeinen Concilien versammelten Kirche des Orients und Occidents an, und zwar Aller.

V.

Zeugniß

aller allgemeinen Concilien

des Morgen= und Abendlandes

für die apostolische Vollmacht des Papstes in Glaubens=Entscheidungen.

———— •••• ————

Wir sagten, das Interesse, die Zeugnisse der Väter dieser Concilien zu hören, müsse für uns noch unermeß= lich wichtiger und größer sein, als die bereits gehörten; denn hier auf den allgemeinen Concilien, auch abgesehen von dem göttlichen Ansehen der allgemeinen Kirchen= versammlungen, mußte es sich kund geben, was der Glaube der Kirche sei. Es lag im Interesse der Bischöfe, ihre Macht geltend zu machen, und keine Anmaßung Einzelner zu dulden; und in Einem Körper versammelt, durch alle weltliche Macht der Kaiser beschirmt, waren sie auch mächtig genug, jeder Anmaßung zu entgegnen, und ihr Recht geltend zu machen: und doch erhellet die Ausübung und Anerkennung der oberstrichterlichen Voll= macht der römischen Päpste in Glaubensentscheidungen

(141)

nirgends klarer, wurde nirgends feierlicher anerkannt, als eben in diesen allgemeinen Kirchenversammlungen. Wir werden sehen, wie die Päpste jedesmal entweder vor oder in dem Concil, von demselben u n a b h ä n g i g das Endurtheil in Streitfragen des Glaubens fällten. Wir werden sehen, wie gerade die Päpste es waren, die Kirchenversammlungen zusammenberiefen, und zwar zunächst aus dem Grunde, um ihr bereits gegebenes oder zu erlassendes Urtheil kräftiger, schneller, umfassender in aller Welt zu verbreiten, wozu Concilien in ersterer Zeit bei so gefährdetem und viel verhindertem Verkehr der Menschen, gewiß das tauglichste Mittel waren, kräftigst den Umtrieben der Widersacher zu begegnen; wie Sie es waren, von deren Bestätigung alle Kraft derselben abhing, so zwar, daß ohne diese Bestätigung, die Verhandlungen auf den zahlreichsten Concilien ohne Kraft blieben, — daß endlich diese Vollmacht Petri von Niemand so feierlich und unumwunden anerkannt ward, als eben von der griechischen Kirche und ihren Concilien, in deren Interessen und Charakter es gewiß nie lag, der römischen Kirche zu hofiren. — Daß wir übrigens der bischöflichen untergeordneten Richtergewalt im Concil keineswegs zu nahe treten, wird später bei der Widerlegung der Einwürfe erhellen, wohin wir den Leser höflichst verweisen.

Hören wir also in gedrängter Kürze darüber das Entscheidendste, Wichtigste; es wird uns die Mühe gewiß nicht gereuen. Ja, gleichwie die Sonne sich am Himmel in stets vollerem Glanze und unbezweifelbarer Kraft erhebt, so sehen wir die Vollmacht des Papstes in den allgemeinen Concilien mit dem Aufgange der heiligen Kirche selbst in der Welt sich erheben, und mit derselben gleichmäßig an Kraftäußerung wachsen, wenngleich die Macht an sich, wie die Sonne an sich, stets ein und dieselbe ist, beim Aufgange so gut wie am hellen Mittag.

Das apostolische Concilium

von

Jerusalem.

Wenngleich die Versammlung einiger Apostel mit den Priestern und Angesehendsten der Kirche von Jerusalem unter dem Vorsitze des hl. Petrus strenge genommen, kein eigentliches General-Concilium genannt werden kann, so verdient dieselbe doch unsere Aufmerksamkeit in hohem Grade, weil dieselbe gleichsam allen späteren Kirchen-Versammlungen zum Vorbilde diente, und bei Abhaltung derselben das Vorrecht Petri und seine Beziehung zur Kirche so auffallend klar und bestimmt hervortritt. —

Die Veranlassung zu dieser Versammlung und ihrem Ausspruch, gab bekanntlicher Weise der Streit, den judaisirende Christen, besonders in Kleinasien, erhuben, indem sie die aus dem Heidenthum Bekehrten zur Beschneidung und zur theilweisen Haltung des mosaischen Ceremonial-Gesetzes verpflichten wollten.

Petrus, Paulus, Johannes und Barnabas versammelten sich, die schwebenden Fragen mit den Aeltesten der

Kirche in Jerusalem zu erwägen, und eine lebhafte Dis-
cussion begann. Diese Redefreiheit zur Erörterung einer
zu entscheidenden Frage fand auch im Laufe der Jahrhunderte bei jedem Concilium, ja bei jeder Diöcesan-
Synode statt.

Da erhob sich endlich Petrus und sprach sein Urtheil,
und die Apostelgeschichte bezeugt die herrliche Wirkung
dieses Ausspruches indem sie sagt: „Die ganze Menge
beruhigte sich im Frieden." Der Streit war entschieden.
Jakobus beleuchtete noch mit einigen Bemerkungen die
Billigkeit des Ausspruches Petri, und spricht sein Gut-
achten aus über einige wünschenswerthe Disciplinar-
Vorschriften. Dieselben werden angenommen und der
Erfolg der Entscheidung allen Kirchen mitgetheilt. —*)

Wir werden sehen, wie treu sich dieses Vorbild bei
allen folgenden allgemeinen Concilien je nach Verhältniß der Umstände, abgespiegelt.

— • —

I.

Allgemeines Concilium

von

Nicäa.

Was das erste allgemeine Concil von Nicäa betrifft, so
war es Sylvester, der aus Veranlassung der Umtriebe des
Arius dasselbe durch Constantin zusammenberief.

---

*) Apostelg. 15. Hauptst.

So berichten Sozomenus, w) und eben so das Concil von Chalcedo, x) und das sechste, allgemeine Concil. y) Unverkennbar leuchtet bei der Feier dieses Concils und aus dessen Bekenntnissen die oberste, richterliche Machtfülle des apostolischen Stuhles hervor. Bei den Verhandlungen selbst, nennt Athanasius den päpstlichen Legaten Osius, den Führer des Concils. Merkwürdig ist es dabei, daß der Papst nicht irgend einen Bischof Italiens, sondern Osius, den Bischof von Corduba, und mit ihm zwei römische Priester gesandt, die doch als Abgesandte des Papstes vor allen Patriarchen des Concils saßen. Dieselben verdammten Arius im Namen des Papstes noch vor der Synode, welchem Urtheile die Väter des Concils dann beipflichteten, und nach, von Osius ausgesprochenem Symbol des Glaubens, verschiedene Disciplinar-Anordnungen verfaßten, die sie mit allen Anordnungen des Concils an Sylvester zur Bekräftigung übersandten, ohne welche Bekräftigung Alles noch als kraftlos galt, was angeordnet ward, wenngleich es Hunderte von Bischöfen gewesen, die es verordnet. "Et acta illa irrita essent, quae praeter sententiam Episcopi Romani efficerentur; et auctoritas *omnis* abrogaretur iis, quae praeter Romani antistitis sententiam peracta essent." Also Sozomenus und Nicephorus. Von dieser Uebersendung zur Confirmation des Conciliums schreibt Felix III. an die Cleriker und Mönche: „Die dreihundert und achtzehn, zu Nicäa ver-

---

w) Lib. 1. C. 16.
x) Actione prima Conc. tom. 4. pag. 95.
y) Act. XVIII.

fammelten heil. Väter," "sequentes vocem Domini dicentis, tu es Petrus," „folgend der Stimme des Herrn, die zu Petrus sprach: „Du bist Petrus," haben die Bestätigung aller Verhandlungen an die heil. römische Kirche gesendet." Gelasius aber, sein Nachfolger, in seinem Briefe an die Bischöfe von Dardanien z), bezeugt diese notorische Thatsache noch kräftiger dadurch, daß er sagt: „Er glaube, daß wohl kein Christ sei, der nicht wisse," "se confidere nullum Christianum ignorare," „daß der apostolische Stuhl mit seiner Vollmacht und Gewalt eine jede Synode bestätige. Darum, gleichwie was der apostolische Stuhl nicht gut hieß, nicht bestehen konnte, so nahm, was dieser bestätigte, die ganze Kirche an ... So ist denn Alles in die Macht des apostolischen Stuhles gelegt, so daß, was im Concil der apostolische Stuhl bestätigte, das erhielt Festigkeit; was er zurückwies, das konnte keine Kraft erhalten." "Sicut quod Romana sedes non probaverat, stare non potuit, — sic quod illa censuit judicare, tota Ecclesia suscepit . . . Totum in sedis apostolicae positum est potestate. *Hoc quod firmavit in Synodo sedes apostolica, hoc robur obtinuit; quod refutavit, habere non potuit firmitatem.*"

So sprachen Päpste, zur Zeit, wo das, was zu Nicäa geschah, noch im frischesten Andenken war.

Uebrigens bezeugen die Väter, dieses zu Nicäa und darauf zu Sardik versammelten ersten allgemeinen Concils, diese ihre Anerkennung der höchsten Machtfülle des

z) Ep. 13.

apostolischen Stuhles in kirchlichen Entscheidungen am Allerkräftigsten durch die Canones selbst, die sie verfaßt. Sei es auch, daß manche derselben nicht gerade von diesen zwei Concilien selbst erlassen wurden, so gelangten dieselben doch unter dem Namen der Canones des Concil von Nicäa an uns, weil bereits nach einhelliger Meinung der Histori= ker zu Zeiten derselben bekannt und in voller Wirksamkeit. Einer der denkwürdigsten derer ist der 39. In diesem Ca= non heißt es: "Ille, qui tenet sedem Romanam, caput est omnium Patriarcharum, *sicut Petrus*, ut qui sit *Vi= carius Christi super cunctam Ecclesiam christianam.*" Das Concilium erkennt also im Papste, P e t r u s selbst, mithin auch dessen a p o s t o l i s c h e V o l l m a c h t i n j e d e r H i n s i c h t. — Mit vollem Rechte konnte dem= nach Papst B o n i f a c i u s I. nicht lange darnach, in seinem Briefe an die Bischöfe Thessaliens, über die Machtfülle des apostolischen Stuhles also schreiben: „Die Gründung der allgemeinen, aufblühenden Kirche nahm ihren Ursprung von der Würde Petri, welche die Leitung derselben und deren Machtfülle in sich schließt," " in quo *regimen* ejus et *Summa* consistit." — Von seiner Kir= chenverwaltung fließt wie aus einer Quelle, die aller Uebri= rigen. „Dieß beweisen," fährt B o n i f a c i u s fort, „die Anordnungen der Synode von Nicäa selbst; — weil Diese nicht wagte Demselben etwas zuzutheilen, indem Sie sah, daß Demselben nichts über dessen Gebühr gege= ben werden konnte, da Sie wußte, d a ß I h m b e r e i t s A l l e s d u r c h d a s W o r t d e s H e r r n s e l b s t g e g e b e n w a r." "Adeo ut non aliquid ausa sit super eum constituere, cum videret nihil supra meritum suum posse conferri : *Omnia denique huic noverat Domini sermone concessa.*" —Kann man wohl ein bestimmteres und feierlicheres Zeugniß von der, durch das Concil von Nicäa anerkannten, apostolischen Machtfülle des römischen Stuhles, verlangen?!

II.

Allgemeines Concilium

von

Konstantinopel I.

Nur das Ansehen des Papstes D a m a s u s , wie der scharffinnige G e r b e r t bemerkt, und das der nachfolgenden Päpste allein, hatte diese Provinzial-Synode zum Ansehen und bindenden Kraft eines allgemeinen Conciliums erhoben. D a m a s u s bediente sich dieses ursprünglich nur gelegenheitlich gehaltenen Provinzial-Conciliums, zur kräftigeren Verbreitung seiner Glaubens-Entscheidungen gegen S a b e l l i u s , M a c e d o n i u s , E u n o m i u s und A p o l l i n a r i s.

B o s s u e t selbst führt den Beweis dafür aus S o z o m e n u s an, der von jenen Streitfragen berichtet, und nachdem er das Sendschreiben des Papstes an die Orientalen angeführt, in welchem D a m a s u s unter Bannfluch vorschreibt, was in Betreff jener Streitpunkte zu glauben sei, beifügt: „Da somit der Streit durch das Urtheil der römischen Kirche entschieden war, so schien

Alles beruhigt, und die Sache beendigt." " Quo facto, *utpote judicio Romanae Ecclesiae controversia terminata*—quievere, et finem quaestio accepisse visa est." Da dieß jedoch bei den Häretikern nicht der Fall war, so wollte Damasus die Umtriebe derselben durch die Mitwirkung der Synode unterdrücken. Baronius beruft sich dabei auf sehr alte Codices der Bibliothek des Vatikan, die von diesem Willen Damasi Betreff des Concils Zeugniß geben. a) „Damasus," heißt es daselbst, „befahl das Verdammungsurtheil des Macedonius und Eunomius auch in der zweiten heiligen Synode zu bekräftigen." Uebrigens waren es die Bischöfe des Orients selbst, welche Damasus anriefen, ihnen auf solche Weise durch sein apostolisches, oberstes Richteramt, als letzte und höchste Zuflucht in Glaubenssachen beizustehen. Beweis dessen, sind die oben angeführten Briefe des heil. Basilius, Primas von Capadocien, der im Namen der Orientalen, also an den Papst schreibt: „Vergeblich warten wir auf Hülfe, wenn uns nicht durch Euch der Herr Heilung sendet." " Non est quod aliunde opem expectemus, nisi per Vos, Dominus curationem miserit." „Diese Sorge verlangen wir von Euch, und Ihr werdet sie ausüben, wenn Ihr allen Kirchen des Orients zu schreiben die Gnade habet, und verordnet, daß es durch alle Kirchen des Orients veröffentlichet und bekannt gemacht werde." "Horum curam à Vobis exquirimus; eam adhibebitis, *si universis Orientis Eccle-*

---

a) Baron. ad a. 381. Nro. 19.

*siis scribere dignemini. — Omnibus Orientis Ecclesiis
publicari et manifestari petimus."* — So bezeugt B a =
f i l i u s , nicht nur seine Anerkennung der oberstrich=
terlichen Gewalt Roms in Glaubens=Entscheidungen
durch definitive Rescripte, sondern auch die des ganzen
Orients. Wie konnte er sonst von einer solchen Zuschrift
des Papstes an die Orientalen eine so unbezweifelbare
Wirkung sich versprechen? — B a f i l i u s hatte sich
auch nicht betrogen. H i e r o n y m u s und G r e g o r
von Nazianz, Männer derselben Zeit, gleichfalls nicht;
und dergleichen päpstliche Zuschriften auch ohne Concil,
hatten und haben ihre entschiedene und entscheidende Wir=
kung zur Unterweisung und Stärkung im Glauben bis
auf diese Stunde.

Die Väter des Concils sandten ein überaus demüthi=
ges Synodalschreiben an den Papst, und baten überdieß
um Bestätigung ihrer Canones. Der Papst schrieb ih=
nen und lobte sie, daß sie ihre s c h u l d i g e Ehrfurcht
gegen den apostolischen Stuhl an den Tag gelegt. *" Quod
debitam sedi apostolicae reverentiam exhibet caritas
vestra, vobis ipsis plurimum praestatis."* Diese ihre
Anerkennung der päpstlichen Autorität als oberstes Glau=
bens=Tribunal, erhellt in diesem Schreiben besonders
noch daraus, daß sie den Papst eigens baten, noch einen
gewissen T i m o t h e u s , einen Schüler des Apollina=
ris zu verdammen, was zu Rom ohnedieß schon gesche=
hen war. D a m a s u s selbst in seinem Antworts=
schreiben beruft sich darauf, indem er sagt: „Wir haben
ja bereits ein Glaubensbekenntniß erlassen, dem Jeder
beizupflichten hat, der sich als Christ bekennt. Warum

verlangt ihr also, daß ich Timotheus noch einmal verurtheile?" "Jam enim semel formulam dedimus, ut, qui se *christianum* profiteatur, illud servet, — quid ergo Timothei damnationem denuo a me requiritis?" — Nur in so fern aber, sagte ich, als dieses Concil durch die Bestätigung des Papstes Kraft erhielt, hatte es auch Giltigkeit. Rom verwarf nämlich die übrigen Synobal=Anordnungen dieses Concils, wie es aus dem Briefe Gregors des Großen an die Patriarchen von Alexandrien und Antiochien, und an den Bischof Cyri = akus von Konstantinopel erhellet, b) und sie blieben ohne bindende Kraft, bis Innocenz im XIII. Jahrhunderte erst unter gewissen Bedingungen dieselben bestätigte.

III.

Allgemeines Concilium

von

Ephesus.

Offenbarer und kräftiger noch in jeder Beziehung ist das Zeugniß des III. allgemeinen Conciliums. Nesto = rius hatte Irrthum gelehrt. Papst Cölestin, von seinen Umtrieben berichtet, verdammte dessen Lehre, und gab dem Nestorius nur zehn Tage Bedenkzeit zur unbedingten Widerrufung seiner Irrthümer. Im Wei=

---

b) Lib. VI. Ep. IV. et XXXI.

gerungsfalle war er seines bischöflichen Amtes verlustig
erklärt, und Cyrill, Patriarch von Alexandrien zum
Vollstrecker des päpstlichen Verdammungs=Urtheiles er=
nannt. c) "Aperte hanc nostram scias sententiam
ut nisi . . . intra decimum diem aperta et scripta confessione damnaveris, *ab universalis Ecclesiae catholicae
communione te scias dejectum.*" Dieses Urtheil sandte
Cölestin an Nestorius, notifizirte es den vor=
nehmsten Bischöfen des Orients, und erließ an den
Klerus und das Volk von Konstantinopel ein Rund=
schreiben, dem er das Urtheil Cölestin's bei=
legte. Wer ersieht daraus nicht, wie gewiß sich der Papst
seines Rechtes in Glaubensentscheidungen fühlte, und wie
anerkannt dieses Recht in der ganzen Kirche war? —
Es galt ja die Lehre und Absetzung des Patriarchen der
neuen Kaiserstadt, und noch hatte kein Concil gesprochen.
Nestorius freilich in ketzerischer Verblendung ergab sich
nicht. — Da ward das Concil von Ephesus auf
Befehl, wie der Grieche Nicephorus d) selbst
bezeugt, und durch die Autorität Cölestin's versammelt,
jedoch keineswegs um das Entscheidungsrecht des Papstes
im Geringsten zu verdunkeln, sondern vielmehr um selbes
in das hellste Licht zu setzen.

„Wir befehlen euch," sagt Cölestin in seiner
Instruction an seine Legaten, „die Autorität des apo=
stolischen Stuhles unverletzt zu bewahren. —
Darum, wenn es zur Untersuchung
kommt, — müsset Ihr über ihre Meinung

---

c) Hard. I. 1299.
d) Nicephorus XIV. 34.

richten, nicht aber Euch in einen Streit
einlaffen." "Ad disceptationem si fuerit ven-
tum, *Vos de eorum sententiis judicare debitis, non subire
certamen.*" — Ja Er schreibt in seinem Briefe an die
Väter des Concils selbst, „daß er seinen Legaten die
Weisung gegeben habe, der Synode beizuwohnen, und
das, was von Ihm bereits früher festgesetzt worden war, zu vollziehen." "Quae
a nobis *antea* statuta sunt, exequantur," und er verbietet dem Concilium von seinen, durch dessen Legaten
demselben zu übergebenden Vorschriften abzuweichen. —
Hören wir, wie die Legaten Cölestin's im Angesichte aller Bischöfe des Orients, die sich zu diesem Concilium versammelten, ihr Glaubensbekenntniß aussprachen: „Kein Zweifel," sagen sie, „ja wohl allen
Jahrhunderten ist es bekannt," "*nulli dubium, immo saeculis omnibus notum,*" daß der hl. Petrus, der Fürst
und das Haupt der Apostel, die Säule der Wahrheit,
und das vom Herrn gelegte Fundament der katholischen
Kirche sei, und die Schlüssel des Himmels erhalten habe,
der auch bis auf diese Zeit, und immer-
dar in seinen Nachfolgern lebt, und sein
Gericht ausübet," "qui ad hoc usque tempus
et *semper in suis successoribus vivit et judicium exer-
cet.*" — „Der Nachfolger und Statthalter desselben,
Cölestin sendet uns.... Verantwortet euch über
das, was ihr bisher gethan." — Die Väter des Concils,
weit entfernt diese Aeußerungen und Anforderungen auf
irgend eine Weise zu beanstänbigen, pflichteten denselben
alsogleich auf das Entschiedenste bei, und ließen dem

Kaiser selbst durch Firmus, Bischof von Cäsarea bedeuten, sie hätten die Vorschrift Cölestin's vollzogen; und in den Synodalacten erklären sie geradezu, sie seien zur Fällung des Urtheils durch die Briefe des Papstes gezwungen. Und weit entfernt sich darüber zu beklagen, erkennen sie in ihrem Synodalschreiben an den Kaiser Alles, was Cölestin gethan, als rechtmäßige, unabweichliche Richtschnur ihres Verfahrens an, indem sie dem Kaiser sagen: „Cölestin hat vor unserm Urtheile bereits die ketzerischen Lehrsätze des Nestorius verdammt, und dieß durch wiederholte Briefe erklärt; so ist denn Nestorius mit Recht verdammt, und sein Absetzungsurtheil mit Recht ergangen." Sie legitimiren also ihr Verfahren durch das Endurtheil des Papstes und nicht umgekehrt, wie dieß ausdrücklich Theodot, Bischof von Ancyra betheuert, da er im Concil in die Worte ausbrach: „Daß das Urtheil der Synode gerecht sei, hat Gott der Herr durch die Briefe Cölestin's dargethan." "Justam esse sanctae Synodi sententiam, demonstravit universorum Deus, per litteras Coelestini." In ihrem Synodalbericht an Cölestin, um Bestätigung des Concils, betheuern die Väter neuerdings, sie hätten genau dessen Vorschrift befolgt, erhebend die Glaubenskraft des apostolischen Stuhles, die ihnen Hülfe gebracht. „Und dieß sei nichts Neues, sagen sie, denn es ist Euch eigen, daß Ihr, weil auf solche Höhe erhoben, durch Eure Sorge die Grundfesten aller übrigen Kirchen festiget." e)

e) Hard. I. p. 1503.

Es überrascht demnach gar nicht, wenn Genadius selbst, Patriarch von Konstantinopel, nicht umhin konnte zu gestehen: „Papst Cölestin habe die Beschlüsse der Synode gegen Nestorius dictirt." — Und gestützt auf dieses herrliche Zeugniß des dritten Concils, konnte Papst Xistus, Nachfolger Cölestin's, an Johannes, Patriarchen von Antiochia, mit vollem Rechte schreiben: „Du hast durch den Ausgang dieser Verhandlungen nun selbst erfahren, was das heißt, mit Uns eines Sinnes sein. Der hl. Apostel Petrus theilt in seinen Nachfolgern das mit, was Er erhalten. Wer sollte es demnach wagen, sich von der Lehre desjenigen zu trennen, den Derjenige, der unter den Aposteln der Erste gewesen, selbst als Lehrer belehrte!" f) "Beatus Petrus in suis successoribus quod accepit, hoc tradidit. *Quis ab ejus se velit separare doctrina, quem ipse, inter apostolos primus magister, docuit.*"

Merkwürdig ist auch das Zeugniß, welches die russische Kirche in ihren liturgischen Büchern dem großen Papste mit religiöser Verehrung gibt: „Cölestin, der fest in Wort und That auf dem Wege, den ihm die Apostel vorgezeichnet, den Nestorius, Patriarchen von Konstantinopel entsetzte, nachdem er in seinem Briefe die Gotteslästerungen dieses Ketzers aufgedeckt hatte." g)

Noch herrlicher erstrahlte das Glaubensrecht Petri in Seinen Nachfolgern im Concil das folgt:

f) Conc. tom. 3. p. 1261.
g) Maistre du Papo I. 91.

11

IV.

Allgemeines Concilium

von

Chalcedon.

Die Nachrichten von dem frevelhaften Benehmen, dessen sich Dioscorus in der Aftersynode von Ephe= sus schuldig gemacht; ferner die Umtriebe des arglistigen Eutyches, endlich die Bitten des Kaisers Mar = cian und der Kaiserin Pulcheria, bestimmten Leo den Großen, dieses Concil zu versammeln. Ueber= aus merkwürdig sind die Worte des Kaisers, mit welchen er um selbes ansuchte, zum Beweise, wie durch das zu haltende Concil nichts Neues bestimmt, sondern nur das, was Leo zum Wohle des katholischen Glaubens vorhinein entscheiden würde, das sollte durch das Concil auf die zweckmäßigste Weise bekannt gemacht, und auf das Wirksamste in Ausführung gebracht werden. Das Urtheil des Papstes sehe er an, als hätte Petrus selbst gesprochen, "tamquam ab ipso beatissimo Petro cuperet declarari;" wie dieß Leo in seinem Schrei= ben an die Synode selbst anführt.

Auf gleiche Weise erklärt ihre Bitte, die in Dingen des Glaubens wohl unterrichtete Pulcheria. In diesem Wunsche bitten beide den Papst, den Bischöfen des Orients zu befehlen, daß sie sich versammelten. Leo that es, — Er sagte das Concil an, jedoch, wie es ausdrücklich im Creditivschreiben seiner Legaten heißt,

ohne Beeinträchtigung des Rechtes Pe=
tri. "Petri apostoli sedis atque honore *jure* servato."
Sechshundert und dreißig Bischöfe versammelten sich.
Der päpstliche Legat Paschasinus, eröffnete die
Synode mit der Erklärung: „Leo, das Haupt aller
Kirchen, habe verordnet, daß Dioscorus nicht im
Concil sitzen dürfe, weil er es gewagt, eine Synode
ohne Autorisirung des apostolischen Stuhles zu halten,
was sonst nie geschehen war, noch je geschehen dürfe."
Welch ein Bekenntniß vor 630 Bischöfen des Orients!
— und Alle stimmten ein, und Dioscorus mußte
hinaus.

Bei der Verhandlung selbst wollte Leo, daß die Väter
Sein Sendschreiben in Betreff des Eutyches, genau
zur Richtschnur nähmen, und ihre Augen, bei
Fällung des Urtheils, auf selbes heften
sollten, mit dem Verbot, davon auf irgend eine
Weise abzuweichen. — Und wie getreu und wie merk=
würdig fügten sich die Väter des Concils der Vorschrift
des Papstes! Es kam zur Berathung, und man las
ein Glaubensbekenntniß der Väter, welches genügen
sollte, Eutyches des Irrthums zu überführen. —
Dieses Glaubensbekenntniß war wohl übrigens ohne
Fehl, jedoch nicht genau in jenen Ausdrücken, und jenem
Umfange gegeben, als Leo vorschrieb. „Diese Glau=
bens=Erklärung," rief man, „gefällt Allen; das ist der
Glaube der Väter; wer anders glaubt, sei in dem Bann."
Bereits hatte die größte Zahl der Bischöfe mit Unge=
stüm also gerufen, und darauf gedrungen, daß sie gegen
Eutyches festgesetzt würde.

Doch die Legaten wollten nicht, und verlangten ihr
Schreiben, um zu Leo zurückzukehren. Nicht nur nach
dem Sinne, sondern mit den Worten Leo's sollte
die Glaubensformel abgefaßt sein; und siehe, die Väter
des Conciliums entsagten der von ihnen abgefaßten
Glaubenserklärung, und riefen: „Wie Leo, so
glauben wir; verflucht sei, wer nicht also
glaubt; Petrus hat durch Leo geredet."
"*Ut Leo credimus; anathema ei, qui non ita credit.
Petrus per Leonem locutus est.*" Und wieder: „Eine
andere Auslegung macht Niemand; anders zu erklären
versuchen wir nicht, und wagen es nicht." „Es ist Uns,"
rief Cecropius, Bischof von Sebastopol aus, „die
Form vom heiligsten Bischof Rom's gegeben; wir folgen
ihr, und haben alle den Brief unterschrieben;" — und
alle die ehrwürdigsten Bischöfe riefen: „So bekennen wir
Alle. Es genügt, was da erklärt ist; eine andere Aus=
legung kann nicht geschehen!" — Wir lesen auch in den
Beschlüssen dieses allgemeinen Concils folgende Worte:
„Wir haben an Petrus einen Felsen der Zuflucht, und
Ihm allein steht es an Gottes Statt
durch freie Vollmacht, das Recht zu
entscheiden, vermöge der Ihm von Gott gegebenen
Schlüssel; und Alles, was von Ihm definirt ist, muß als
vom Stellvertreter des apostolischen Stuhles ausgehend,
gehalten werden." "*Habemus Petrum petram refugii,
et ipsi soli, libera potestate, loco Dei sit jus discernendi,
secundum claves a Deo sibi datas, et omnia ab eo definita
teneantur tamquam a Vicario apostolici throni.*" Und
einstimmig riefen die Väter bei der Verdammung des

Dioscorus aus: „Der heiligste Erzbischof des großen
Roms, zugleich mit dem dreimal seligsten Petrus, welcher
der Fels und Damm der katholischen Kirche ist, und
Jener, welcher die Grundfeste des rechten Glau=
bens ist, hat ihn der bischöflichen Würde entsetzt." *Ille,
qui est rectae fidei fundamentum, nudavit eum Episcopatus dignitate.*"
Dieselben Väter nennen in ihrem Synodalschreiben
den Papst den von Gott eingesetzten Herold
der Stimme Petri; sie gestehen, „daß er für sie
bei Haltung der Synode das gewesen, was das Haupt
den Gliedern, und bezeugen ihre Freude, daß Gott an dem
Papst einen so großen Vorsteher dem apostolischen Stuhle
gegeben habe, aus welchem, wie aus einer Quelle, der
Ursprung unserer Religion hervorfließt." Dieses allge=
meine Concilium anerkennt somit, daß Petrus in sei=
nen Nachfolgern erkläre und rede, und daß somit ihre
Unterwerfung nicht die persönlichen Vorzüge des Papstes
im Auge habe, sondern Seine Würde. Daher auch in
der vierten Versammlung der Väter einstimmig ausge=
sprochen ward: „Wer nicht mit dem Briefe des heiligsten
Bischofs Leo übereinstimmt, ist ein Ketzer." *Qui
non consentit epistolae SS. episcopi Leonis, haereticus
est.*" i) In der Liturgie der russischen Kirche liest man
von diesem Papst am 18. Hornung: „Welchen Namen
werd' ich Dir heute geben? Ich nenne Dich den vorzüg=
lichsten Herold, und die feste Stütze der Wahrheit — den
Erben des unüberwindlichen Felsens!" k)

i) Act. 4.
k) Maistre 1. 89.

V.

Allgemeines Concilium

von

Konstantinopel II.

Wir sehen, bei Gelegenheit dieses Conciliums, das päpstliche Ansehen in Dingen des Glaubens, und sein oberstes Richteramt über Kaiser und Concilium auf das Glorreichste behauptet. Vigilius nämlich von Justinian aus Italien nach Konstantinopel eingeladen, oder vielmehr gelockt, verwarf gleich nach seiner Ankunft in der Kaiserstadt Alles, was der Kaiser bisher durch sein Edikt angeordnet hatte. Dafür machte Justinian ihn zu seinem Staatsgefangenen. Doch umsonst; er brach die Kraft des Felsens nicht, sondern in voller Versammlung der höchsten Würdeträger des Reiches sagte ihm Papst Vigilius in's Gesicht: „Wisse, daß, wenn du den Vigilius gefangen hältst, du doch den hl. Petrus (er meinte seine Glaubensunerschütterlichkeit) nicht in Fesseln hältst, und daß mich Menschenfurcht nie dahin bringen wird, den Pflichten des Papstes untreu zu werden." So war es auch. Es kam zu Gewaltthätigkeiten, und Vigilius mit Hülfe des Volkes flüchtete nach Chalcedon in die Kirche der hl. Euphemia. Von diesem Asyl aus verkündete er durch eine öffentliche Urkunde "Ad universam Ecclesiam" „an die allgemeine Kirche" das Geschehene. Er erließ päpstliche Entscheidungen über die Streitfragen jener Zeit; setzte jeder Entscheidung das Anathem bei gegen Jeden, der anders lehren sollte, und obwohl wehrlos und gefangen, doch im Gefühle seiner Ihm von Gott gegebenen unantastbaren, apostolischen Vollmacht, fügt Er bei, daß, nach diesem seinen durch Autorität des apostolischen Stuhles ergangenen Urtheile, „Alles null und nichtig sei," was immer dagegen von Personen, weß Ranges und Standes, gesagt werden könne. Es ward auch dagegen Nichts von Seite, des auf Anhalten des Kaisers endlich zusammenberufenen Concils, unternommen. Im Gegentheile trotzdem, daß beinahe blos Griechen, und das unter dem so mächtigen Einflusse des feindlich gesinnten Kaisers sich versammelten, trat das oberste Ansehen des Papstes durch das Benehmen der Synode und des Papstes selbst nur noch auffallender hervor. Der Kaiser und die Väter des Concilium baten Vigil, dem Concilium zu präsidiren. Der Papst zog es vor, in seiner Einsamkeit zu bleiben, um dadurch vor aller Welt noch deutlicher zu beweisen, daß Er sein oberstes Richteramt in kirchlicher Sphäre weder dem Kaiser noch der Synode verdanke; denn obwohl in dieser Synode bei der Frage der drei Kapitel nicht vom Glauben, sondern von Personen gehandelt wurde, so hat nichtsdestoweniger 1) die Synode selbst, damit nicht ihre Beschlüsse ungültig hießen, zu zeigen gesucht, daß Alles nach dem Ausspruche des Vigilius beschlossen wurde. Auch erklärt sie, um den Mund ihrer Gegner zu stopfen, in der ersten Unterredung durch den Brief des Patriarchen an Vigi-

---

1) Siehe Gregor der Große l. 3. Ep. 37.

lius, daß sie die Sendschreiben des Papstes in Dingen des Glaubens wie die vier Evangelien annehme. "Professa est, Romani Pontificis quoad fidem epistolas, aeque ac *quatuor Evangelia* suscipere." Ueberdies hatten der Patriarch Menas und andere, nachdem das Edikt Justinians gegen die drei Kapitel herausgegeben worden war, zu unterschreiben sich geweigert, und feierlich erklärt, daß ihre Unterschrift zurückgestellt werden müsse, wenn der römische Papst sich in einer andern Weise äußern sollte. m) Vigilius selbst, Sein oberstes Recht gegen jeden Fall einer Anmaßung von Seite der Synode sicherstellend, erklärte Alles für ungültig, was das Concil gegen seine Constitution vielleicht entschieden haben mochte. Dieß machte dann auf längere Zeit das Ansehen des Concils selbst schwankend, und viele rechtgläubige Bischöfe in Afrika, Illyrien, Irland 2c. hatten es nicht angenommen, weil sie glaubten, demselben die ersterlassene Constitution des Vigilius vorziehen zu müssen, wie aus dem 36sten Brief des hl. Gregor erhellt. Das Concil ward als ein ungesetzmäßiges, von ihnen völlig übergangen, bis die Genehmigung und Confirmation der Päpste allgemeiner kund ward, worüber gleichfalls der heil. Gregor umständlich berichtet. n)

Dasselbe bezeugt auch der Brief Leo des II., welcher sogar in den Verhandlungen der sechsten allgemeinen Synode den Griechen gelesen ward. o)

---

m) Facundus. l. 2.

n) 1. B. 24. Br. 2. B. 36. Br. 3. B. 4. Br. und 7. B. 54. Br.

o) Siehe Evagrius lib. 4. cap. 37. Necephorus lib. 17. c. 27. 28. und bei Eutychius in panopl. p. 2. lit. 27.

Gewiß ein überaus glänzender Sieg der Wahrheit
und der apostolischen Machtfülle ist dieses F e st st e h e n
des Felsen P e t r i in V i g i l i u s, und seinen Glaubensentscheidungen, besonders wenn man bedenkt, wer
J u st i n i a n in seinen Anforderungen, und wer V i g i -
l i u s vordem als Günstling J u st i n i a n s war, und
wie das blos griechische Concil unter den vollen Schutz
des Kaisers gestellt, gegen den Papst sich benahm. Es
stellt die Wahrheit unserer Thesis in volles Licht.

VI.

Allgemeines Concilium

von

Konstantinopel III.

Papst A g a t h o war es, der auf Anhalten des Kaisers
K o n st a n t i n d e s B ä r t i g e n dasselbe zusammenberief. A g a t h o sandte seine Legaten mit dogmatischen Briefen an die Synode, mit dem Verbote: „i r =
g e n d e t w a s z u ä n d e r n, s o n d e r n d i e
U e b e r l i e f e r u n g d e s a p o st o l i s c h e n
S t u h l e s, s o w i e s i e v o n d e n P ä p =
st e n g e h a l t e n w a r d, e i n f a c h n a c h d e m
v o n J h m n u n b e z e i c h n e t e n U m f a n g e
a u s z u s p r e c h e n.“ “Nihil profecto praesumat,
augere, minuere, vel mutare, sed traditionem hujus sedis
apostolicae, ut a praedecessoribus apostolicis Pontifici-

bus instituta est, sinceriter enarrare." Diese apostolische Kirche, sagt A g a t h o in seinem Schreiben an den Kai= ser, ist n i e m a l s vom Wege der Wahrheit in was immer für einen Weg des Irrthums abgewichen. "Haec apostolica Ecclesia nunquam a via veritatis in qualibet erroris parte deflexa est," dem Ausspruche derselben, als des Fürsten der Apostel, pflichtete immer die ganze Kirche mit all ihren Concilien bei. „D i e s i s t d i e w a h r e G l a u b e n s r e g e l," "Haec est verae fidei regu- la," an welche die geistige Mutter, die katholische Kirche Christi in günstigen sowohl als widrigen Umständen sich gleich kräftig hält. Und mit Hinweisung auf die Worte des Herrn, Lucas XXII. 31. 32., „S i m o n P e t r u s, i ch h a b e f ü r d i ch g e b e t e t, d a m i t d e i n G l a u b e n i ch t w a n k e, u n d d u e i n s t s t ä r k e d e i n e B r ü d e r" — fährt A g a t h o fort : „Euere kaiserliche Güte bedenke, daß es d e r H e r r ist, dem wir glauben, und der von dem Glauben Petrus verheißen, daß er nicht abnehmen werde, und denselben ermahnt hat, seine Brüder zu stärken, was auch, wie wir alle wohl wissen, die apostolischen Päpste, stets getreulich gethan ꝛc. Diese a p o s t o l i s ch e R i ch t s ch n u r d e s o r t h o d o x e n G l a u b e n s, die da ge= gründet ist auf den festen Fels dieser Kirche des Apostel= fürsten Petrus, durch dessen Huth sie stets von allem Irr= thum frei bleibt, soll demnach die Gesammtzahl der Bi= schöfe und Priester mit dem ganzen Klerus, und den Völkern einstimmig, um dem Gott der Wahrheit zu ge= fallen, mit uns nach der Formel der apostolischen Tradi= tion bekennen und verkünden."

In dem Briefe an das Concilium schrieb A g a t h o:
„Er habe seine Legaten an sie gesendet, damit sie ihnen
seine Unterweisung, in welcher er ihnen das Bekenntniß
seines apostolischen Glaubens ausgesprochen, vortragen,
in Betreff dessen es ihnen also nicht gestattet ist, als von
etwas noch Ungewissem zu streiten, sondern vielmehr ob-
liege, dasselbe als gewiß und unveränderlich zu bekennen,
und einfach dahin zu trachten und zu befehlen, daß eben
dasselbe von Allen allenthalben geprediget und gehalten
werde." "Non tamen tamquam de incertis conten-
dere, sed *ut certa et immutabilia, compendiosa defini-
tione proferre,* — simpliciter observantes, ut haec eadem
*ab omnibus praedicari atque apud omnes obtineri jube-
atis."* —

Es kommen auch noch viele andere Stellen in diesem
Sendschreiben vor, aus denen ersichtlich ist, daß der Papst,
a l s L e h r e r d e s G l a u b e n s dem Concil gegenüber gestanden, und demselben die R i c h t s c h n u r
und W e i s u n g seiner Aussprüche gegeben. Und die
Väter des Concils, weit entfernt darin eine Anmaßung
zu erblicken, feierten im Gegentheil mit noch weit stärke-
ren Ausdrücken die Machtfülle des apostolischen Stuhles
und seiner Glaubensentscheidungen, als der Papst selbst
es gethan. So als der Brief A g a t h o' s ihnen gelesen
ward, riefen sie alle dem Kaiser entgegen: „Der oberste
Fürst der Apostel stritt mit uns, denn seinen Nachahmer
und Nachfolger auf dessen Stuhle haben wir zum Be-
schützer gehabt. Es schien Papier und Tinte, und durch
A g a t h o hat P e t r u s gesprochen." "Charta et atramentum videbatur, et per Agathonem Petrus loqueba-

tur." Demetrius aber, Bischof von Prusias, rief
aus: „Die von unserem heiligsten Vater Agatho,
Erzbischof des apostolischen und Hauptsitzes des alten
Roms, an uns gerichteten Unterweisungen, nehme ich an
und umfasse ich, als vom heil. Geiste durch den Mund
des heiligen und seligsten Apostelfürsten Petrus diktirt,
und durch den Finger des oben genannten seligsten Papstes Agatho geschrieben." "Tamquam ex Spiritu
Sancto dictatas per os beatissimi Petri Principis apostolorum ex digito beatissimi Papae Agathonis." Ja,
das ganze Concil nennt denselben Brief, in der Rede an
den Kaiser, von Gott geschrieben. Und in ihrem
Briefe an Agatho schreibt die Synode also: „Daher überlassen wir Dir, als dem Vorsteher des ersten
Stuhles der allgemeinen Kirche, was zu thun sei, der
Du auf dem festen Felsen des Glaubens stehst." "Itaque tibi — quid gerendum sit relinquimus — *stanti
supra firmam fidei petram.*" — Sie erklären sein dogmatisches Schreiben, weil von der höchsten apostolischen
Autorität ausgehend, durch göttliche Eingebung geschrieben: "Divinitus praescriptas agnovimus."

Auch der Kaiser, um die Verbreitung der Entscheidungen des Concils zu befördern, theilte dieselben seinen
Reichsunterthanen durch ein Edikt mit, in welchem er
als höchste Norm der Glaubensgewißheit nicht das Ansehen des Concils, sondern des apostolischen Stuhles bezeichnet, indem er von allen den Glaubensentscheidungen
schließlich sagt: „So bewahret es unverfälscht der Fels
des Glaubens und das Haupt der Apostel; zu diesem
Bekenntnisse ermahnen wir also euch Alle." Und an

A g a t h o schreibt er: „Er und Alle hätten sein dogma=
tisches Schreiben wie Petrus in Person mit offenen Ar=
men umfangen, als er bekannte: „Du bist Christus, der
Sohn des lebendigen Gottes." Dasselbe Concil nennt
Papst D a m a s u s "fidei adamas," den „Glaubensdia=
mant."

VII.

Allgemeines Concilium

von

Nicäa II.

Dieses zahlreiche, allgemeine Concil ward vom Papst
H a d r i a n I. gegen die Bilderstürmer zusammenberu=
fen und zu Nicäa gehalten, für welches der Papst, in sei=
nen beiden Schreiben an den Kaiser und die Kaiserin, so
wie an den Patriarchen T h a r a s i u s, die Glaubens=
entscheidung gab, die den daselbst versammelten Vätern
als unüberschreitbare Norm ihrer Aussprüche gelten sollte,
wie es laut der bisher angeführten Zeugnisse und That=
sachen der Zeitgeschichte, die Päpste seine Vorfahren vor
Ihm, für die vorhergegangenen Concilien gethan. In
dem einen, wie in dem andern Schreiben, die beide in
der zweiten Sitzung des Concils den Vätern gelesen, und
mit einhelligem Zurufe des Beifalls vernommen wur=
den, — erklärt H a d r i a n als höchste Glaubensnorm,

die Tradition der römischen Kirche in den
Aussprüchen der römischen Päpste, und bestimmt darauf
den Glaubenssatz der Bilderverehrung auf das Entschiedenste.   Er erklärt die Anerkennung dieser Entscheidung
als absolute Bedingniß der Rechtgläubigkeit und kirchlichen Gemeinschaft.   Als Grund davon führt er in dem
einen, wie in dem andern, die Zeugnisse der göttlichen
Autorität der heil. Schriften für das Vorrecht Petri an,
und das Zeugniß aller Jahrhunderte, wie wir es bisher
gethan.   „Der Herr nämlich," schreibt Hadrian an
den Kaiser, „hat Petrus Allen zum Haupt vorgesetzt,
und mit diesem Vorzuge geehrt, daß er Ihm die Schlüssel
des Himmels vertraute.   Also erhöht, verdiente er jenen
Glauben zu bekennen über dem die Kirche Christi gegründet ist.   Von ihr — der römischen Kirche, entnehmen
somit alle übrigen Kirchen die Glaubensdocumente.'"„Et
ex ea caeterae Ecclesiae, *fidei documenta* sumserunt."

„Denn Er selbst, der Fürst der Apostel, der selige
Petrus, der auf dem apostolischen Stuhle zuerst saß,
übergab die Herrschaft seines Apostolates und seiner
Hirtensorge seinen Nachfolgern, die Ihm auf diesem
seinem heiligsten Stuhle ununterbrochen folgen sollten,
denen Er die ganze Macht seines Ansehens, so wie sie
Ihm vom Heiland gegeben ward, auf göttlichen Befehl
allen seinen Nachfolgern, den Päpsten, übergab.'" „Quibus
auctoritatis potestatem, *quemadmodum a Domino ei
concessa est*, et ipse quoque contulit ac tradidit *divino
jussu successoribus Pontificibus.*" — Auf gleiche Weise
spricht Hadrian in seinem Briefe an Tharasius,
Patriarchen von Konstantinopel, in welchem er unter

andern also schreibt: „An unseren seligen apostolischen
Stuhl, der unter Allen das Haupt ist, will ich, daß Eure
selige Heiligkeit mit aufrichtiger Gesinnung und aus
ganzem Herzen sich anschmiege, weil Er es ist, der u n =
läugbar die Wahrheit erkennend, der
unbefleckte Erhalter der Religion ist."
"Utpote quae revera sit recte sentiens et pietatis
incorrupta conservatrix." — Beide Briefe wurden im
Concil gelesen. — Ein großer Freudenjubel erhob sich,
wie der Synodal=Bericht sagt, bei Ablesung derselben,
und als es zur Glaubens=Entscheidung im Concil kam,
fragten die Legaten ganz einfach und bestimmt, ob T h a =
r a s i u s, ob das ganze Concil den Briefen des Papstes
beipflichte, oder nicht? — Ja, oder Nein? — so lautet
ihre Frage. "Dicat nobis patriarcha Tharasius, dicat
nobis s. Synodus, si consentiat litteris sanctissimi
Papae senioris Romae, an non?" Als Grund dieser
ihrer so präcisen Frage vor dem ganzen Concil geben
sie diesen an: „denn nach einem bereits u n a b ä n d e r =
l i ch ergangenen Urtheile, "*de irreformabili judicio
quaeri,*" weiters fragen, läßt weder die gesunde Vernunft,
noch der Glaube zu," — "*nec recta ratio, nec fides si-
nit.*" — Und die ganze Synode antwortete: „W i r
f o l g e n, w i r n e h m e n a n, u n d p f l i ch t e n
b e i." In welch ganz entschiedener Anerkennung aposto=
lischer Vollmacht in Glaubens=Entscheidungen die Väter
des Conciliums so erklärten, ist aus der Unterschrift der=
selben ersichtlich. Sie bekennen durch ihre Unterschrift
einstimmig, daß sie die Verehrung der Heiligenbilder an=
nehmen, g e m ä ß d e r S y n o d a l b r i e f e d e s r ö =

mischen Papstes Hadrian. Und zwar unterschrieben die Meisten mit Johannes, Bischof von
Ephesus, in folgenden Ausdrücken: „Wie die Briefe
des heiligsten römischen Papstes enthalten, so glaube und bekenne ich mit
der Gnade Christi, unseres wahren
Gottes. — Ich denke und glaube ebenso,
wie Papst Hadrian; mit diesem Glauben will ich vor dem Richterstuhle
Christi erscheinen." — Ganz recht, es ist ja der
Glaube seines Statthalters. Besonders ist die Unterschrift des Bischofes Johannes von Thaurominien
merkwürdig. Er unterzeichnete mit diesen Kraftworten:
„Da die Briefe des Papstes Hadrian einem göttlichen Ausspruche gleich sind, so bekenne ich also;" "Cum
veluti divinae orthodoxiae terminus sunt litterae,
quae ab Hadriano missae sunt, — ita profiteor." Im
Synodalbrief an den Papst, in welchem sie denselben
um die Bestätigung der Akten des Conciliums anflehen,
nennen sie sein dogmatisches Schreiben, eine Belehrung
von Gott selbst, an sie gerichtet, "deiloquas doc-
trinas," und setzen bei: „So hast Du, wie das Auge
dem ganzen Körper, den Weg der Rechtgläubigkeit und
Wahrheit gezeigt,"'"sicut oculus totum corpus, ad
rectitudinis et veritatis semitam ostendebas." — Als
Grund dieses Vergleiches führen die Väter dieses Conciliums keinen andern an, als: „Euere Heiligkeit nimmt
den Lehrstuhl Petri ein," "Cathedram Apostoli Petri
sortita est Sanctitas Vestra." p)

p) Conc. tom. 7. pag. 626. et 627.

VIII.

Allgemeines Concilium

von

Konstantinopel IV.

Die Veranlassung dazu gab die Vermessenheit des ehr=
geizigen Photius. Papst Hadrian II. berief es
durch den Kaiser Basilius. Ignatius hatte die ganze
von Photius ordinirte Geistlichkeit suspendirt, bis eine
Entscheidung von Rom kommen würde. Zerrissenheit
der Gemüther war die nothwendige Folge; und das
Heiligthum des Glaubens selbst gerieth in Gefahr. Was
war erwünschlicher, als eine baldige, kräftige Hülfe?
Die sollte durch päpstliche Gesandte, umgeben von einer
zahlreichen Synode, dem Oriente werden. — Erwägen
wir, auf welch feierliche Weise sich die höchste aposto=
lische Vollmacht im Concil selbst entfaltete, und das herr=
liche Zeugniß desselben für sie zu Zeiten eines Photius!
Zuerst befiehlt der Papst, in seinem Briefe an den Kai=
ser, welcher in der ersten Session des Concils gelesen
ward, alle Exemplare des Conciliabulums, das Photius
widerrechtlich zu halten sich erfrechte, im Angesichte Aller
zu verbrennen, daß nicht ein Jota und nicht ein Punkt
von demselben, bei irgend Jemand verbleibe, wenn er
nicht durch den Bannfluch, aller Rechte des Clerikats,
und des christlichen Namens selbst beraubt sein will;
"nec superesse apud quemlibet, nec unum jota vel
unum apicem, nisi forte quis totius Clericatus, immo

12

totius nominis Christiani dignitate carere voluerit," und das ganze Concil rief: „Gelobt sei Gott, der sich gewürdiget, eine Genugthuung für Eure Heiligkeit anzunehmen."

Was die Bedingungen, Erklärungen, Bekenntnisse selbst betrifft, die der Papst bei Gelegenheit dieses Concils anerkannt und festgesetzt wissen wollte, so waren dieselben in einem eigenen L i b e l l oder Glaubensbekenntniß zusammengefaßt, und dieses mußte als Bedingniß der Versöhnung und Kirchengemeinschaft von Allen unterzeichnet werden. Es heißt unter andern in demselben: „Die wichtigste Pflicht des Heiles ist, die rechte Glaubensregel bewahren." "Prima salus, est *rectae fidei regulam* custodire." — „Nun kann aber der Ausspruch des Herrn unmöglich unerfüllt bleiben, der gesagt: D u b i s t P e t r u s, a u f d i e s e n F e l s w i l l i c h m e i n e K i r c h e b a u e n."

„Was hier gesagt ward, wird durch die That bewährt; denn auf dem apostolischen Stuhle wurde die katholische Religion stets unbefleckt bewahrt, und die hl. Lehre gefeiert." "Haec quae dicta sunt, rerum probantur effectibus; quia in sede apostolica *immaculata est semper catholica servata religio et sancta celebrata doctrina.*" Alle Bischöfe unterschrieben dieses Glaubensbekenntniß mit folgenden Worten: „Folgend in Allem dem apostolischen Stuhle, und Seine Anordnungen haltend, hoffen wir, daß wir in jener Eurer Gemeinschaft zu sein verdienen, welche der apostolische Stuhl verkündet, i n w e l c h e m d i e v o l l e u n d w a h r e F e s t i g - k e i t d e r c h r i s t l i c h e n R e l i g i o n g e s e t z t ı ſt." "Sequentes in *omnibus* apostolicam sedem et observantes ejus omnia constituta, — *in qua est integra et vera christianae religionis soliditas.*" Die Formel der Unterſchriften ſelbſt lautete alſo: „Ich N. N., Biſchof von N., habe dem, von mir in der Perſon des ſeligſten Habrian, höchſten Prieſters und allgemeinen Papſtes erlaſſenen Glaubensbekennt= niſſe unterſchrieben, und die Zeugen, welche mit unterſchrieben, dazu ge= beten." "*Ego N. N. episcopus Ecclesiae N.*, *huic professionis meae libello, facto a me in beatissimo Hadriano Summo Pontifice et universali Papa, sub-scripsi, et testes qui subscriberent, rogavi.*" Das heißt, meine Glaubensüberzeugung ſußt ſich nicht auf mein Dafürhalten: ſondern ich glaube ſo, weil das Oberhaupt der Kirche ſo glaubt. Welch ein herrliches Bekenntniß des inneren Glaubensverbandes! — Ja wohl, — Alle, die wahrhaft glauben, — ſie glauben im Glauben des Hauptes der Gläubigen.

Die in der zweiten Seſſion zur Unterſchrift zugelaſſenen, früher gefallenen Biſchöfe, wurden eigens von den Lega= ten gefragt, ob ſie das Libell leſen gehört, und deſſen Urtheil anerkannten? Sie riefen: „Wir erkennen Euer Urtheil als von der Perſon des Sohnes Gottes ausgehend an." "*Judicium Vestrum tamquam ex persona Filii Dei habemus.*"

In ſeinem Briefe an Ignatius, der in der dritten Seſſion geleſen ward, erklärt Habrian ſeine unver= änderliche Willensfaſſung: „Nichts gegen die göttlich

eingegebenen Entscheidungen seines Vorfahrers Niko=
laus zuzulassen, weil es Entscheidungen
des apostolischen Stuhles seien, die
unabänderlich sind." — Es ward in dieser
dritten Session auch der Brief des Patriarchen Igna=
tius an Nikolaus gelesen, der aber erst dem
Habrian, dessen Nachfolger, zu Händen kam, da
Nikolaus bereits mit Tod abgegangen war. In
diesem, vor dem Concil gelesenen Schreiben, erklärt
Ignatius also: „Für die Wunden des Menschen in
seinen Gliedern, gibt es Aerzte in Fülle: — für die der
Kirche hingegen hat das allmächtige Wort als durchweg
katholischen Arzt in vollster Lehrgewalt nur Einen be=
stellt; nämlich Deine brüderliche Heiligkeit." — "Unum
et singularem praecellentem atque catholicissimum
medicum ipse — *solus ex toto magister DEUS omnium
produxit* — videlicet tuam fraternam sanctitatem."
Deßhalb sprach der Herr zu Petrus: „Du bist Petrus,
auf diesen Felsen will ich meine Kirche
bauen!" — Und wieder: „Dir gebe ich die
Schlüssel des Himmels!" — „Dergleichen
selige Vorrechte hat er gewiß nicht für den Fürsten der
Apostel beschränkt und verordnet, sondern selbe durch ihn
Allen, die nach ihm, durch ihn oberste Hirten werden
sollten, den hl. Bischöfen der römischen Kirche über=
geben. — Darum waren sie auch die Ausreißer und Ver=
tilger des Unkrautes, der sich erhebenden Ketzereien."
"Eradicatores et interemptores malorum zizaniorum
in exortis haeresibus."
Ignatius hatte übrigens durch diesen, und alle

die übrigen Ausdrücke den Päpsten gewiß keinen höheren
Namen beigelegt und kein erhabeneres Lehransehen in
dessen Würde gefeiert, als das ganze Concil selbst, welches
in seinem zweiten Canon erklärt, „daß es N i k o l a u s ,
und auf gleiche Weise H a d r i a n , als d a s O r g a n
d e s h l. G e i s t e s anerkenne." "Itaque beatissimum
Papam Nicolaum *tamquam organum Spiritus s. haben-*
tes — nec non et sanctissimum Hadrianum Papam
successorem." — Wenn Dieß, nach dem Zeugnisse dieses
Concils, das Lehransehen der römischen Päpste ist, wer
könnte da von einer Möglichkeit des Irrthums in den
Glaubensentscheidungen der Päpste reden?!

Wollen wir einen Beweis, wie hoch über sich, und
unabhängig man diese apostolische Machtfülle des Pap=
stes in Leitung der Kirche überhaupt angesehen, so giebt
es in der ganzen Kirchengeschichte keinen glänzenderen,
als den gerade dieses Concil gegeben. Es handelte sich
um eine Dispensation, mit dem von dem eingedrungenen
P h o t i u s ordinirten Klerus, auf daß derselbe nach
vorhergegangener Genugthuung in Ausübung seiner
Amtsübungen verbleiben dürfe. — Was geschah? Das
ganze Concil, J g n a t i u s der Patriarch, B a s i l i u s
der Kaiser, Alle wünschten diese Nachsicht, und doch wagte
das Concil nicht, dieselbe zu geben, sondern es wandte
sich durch J g n a t i u s nach Rom an den Papst, und
bat darum flehentlichst. — Ein gleiches that der Kaiser.
— Allein umsonst; H a b r i a n antwortete mit den merk=
würdigen Worten: "Non est in nobis: *est, et non est;*"
das heißt: „Meine von euch anerkannte, apostolische
Vollmacht kennt kein Schwanken, besonders da nicht,

wo die Einheit und Reinheit des Glaubens mit dieser Dispense gefährdet zu werden schien."

Dieß ist die Stimme des ganzen Orients, in seinen acht allgemeinen Concilien; dieß seine Zeugnisse, für die apostolische Vollmacht des römischen Stuhles bis in das neunte Jahrhundert. Wer könnte bei Durchgehung und Erwägung derselben an dem Glauben des Episcopates der ersten, wahrhaft rechtgläubigen, griechischen Kirche, an der obersten, definitiven und unfehlbaren Lehrautorität des Papstes, auch nur im Geringsten zweifeln? Die Päpste waren sich dieses ihres Lehransehens so klar bewußt, daß sie, wie die Geschichte dieser Concilien es nachgewiesen, die Hierarchie des ganzen Orients in aller Weise herausforderten, um zu erfahren, ob es Jemand wagen würde, diese ihre apostolische Lehrautorität zu bekämpfen oder auch nur zu bezweifeln. Und siehe, nicht eine Spur davon zeigte sich. Selbst Photius wagte es nicht dieselbe anzugreifen, wenngleich sein Stolz ihn zum Schismatiker und thatsächlich zum Ketzer machte. Wenn nachmals dieser Glaube durch das Schisma, welches der Stolz und Ehrgeiz der Patriarchen von Konstantinopel hervorgerufen, verdunkelt ward, so ging er doch nicht so unter, daß wir nicht von diesem ersten Glauben des Orients, bis auf unsere Tage, die herrlichsten Zeugnisse aufzuweisen hätten, wie wir dieselben später an seinem Platze anführen werden, und bereits im vorigen Abschnitt angeführt haben. Auch die Zeugnisse der allgemeinen Concilien, wie sie uns von nun an der Occident darbietet, bestätiget dieselbe Anerkennung von Seiten der Hierarchie der Kirche.

IX.

Allgemeines Concilium

vom

Lateran I.

Es reiht sich an diese Stelle, in der Zahl der allge=
meinen Concilien, das Lateranische, unter Calirt II.
Tausend Väter umgaben den Papst in diesem Con=
cil. Was die Gesinnungen dieser Väter betrifft, so zwei=
feln wohl auch die erbittertsten Feinde der päpstlichen
Macht keineswegs an derselben. Diese Tausend
waren Zeitgenossen Gregor's VII., dessen Zeit, diesem
Concil unmittelbar voranging, und es kann nicht anders,
als uns angenehm sein, mit diesem Concil, die Zeugnisse
der abendländischen, allgemeinen Concilien beginnen zu
dürfen.

Während der Papst sich vorbereitete, Seinen Ausspruch
in Betreff der Investitur zu thun, beteten die Väter des
Concils, sangen Psalmen, fasteten, und hielten barfuß
einen Bittgang, die Erleuchtung des hl. Geistes für den
hl. Vater zu erflehen. — Einstimmig also mit den Vätern
des letzt angeführten Concils, hielten auch sie den Nach=
folger des hl. Petrus für das Organ des hl. Geistes. q)
Calixtus entschied, und der Investiturstreit endete
mit dem bekannten "Pactum Calixtinum," nicht mit
einem "Pactum *Concilii Lateranensis*," sondern "*Ca-*

q) Conc. tom. 10. pag. 875.

lixti," als offenbares Anzeichen : Wer es eigentlich war,
der entschied; was auch die Worte des Kaisers bekennen,
wenn er erklärt: „Ich, Heinrich, aus Liebe zu Gott und
zur hl. römischen Kirche und dem Herrn Papste, und
zum Heile meiner Seele ꝛc. entsage der Investitur." r)

Dasselbe erhellet aus dem, was wir bei C o n r a d von
Ursberg, von den Aeußerungen H e i n r i ch ' s , im Con=
vent von Nordhausen lesen; und das sind Bekenntnisse
"ex ore inimici," und das welch eines Feindes!

Gewiß, wie sollte man wohl an dem obersten Richter=
amte des Papstes, in Dingen des Glaubens und der
Kirchenverwaltung zu jener Zeit gezweifelt haben, wo
man in der Person und Machtfülle des Papstes, ob des
innigsten Verbandes von geistlicher und weltlicher Ge=
walt in christlichen Staaten, auch den höchsten Richter
der gekrönten, christlichen Häupter und ihrer Reiche er=
kannte ! —

X.

Allgemeines Concilium

vom

Lateran II.

Auch diesem großen Concil, gehalten unter I n n o =
c e n z II. im Jahre 1139, wohnten nach dem Zeugnisse
der Zeitgenossen, bei tausend Bischöfe bei. Es galt dieses

r) Berc. XI. 237. et 239.

Concil dem Schisma des berüchtigten Petrus Leo,
den Irrlehren des Petrus von Bruis, und der Aus-
rottung vieler durch Nachlässigkeit der Kirchenobern ein-
geschlichenen Mißbräuche. Innocenz übte in diesem
Concil sein oberstes Richteramt, man möchte wirklich
sagen, auf eigentlich handgreifliche Weise; denn nachdem
er diejenigen aus den Bischöfen, die er schuldig befand, mit
Namen genannt, und eine Strafrede an sie gehalten,
nahm er ihnen mit eigener Hand die Hirtenstäbe aus den
Händen, die Pallien, diesen höchsten Kirchenschmuck und
Anzeichen oberhirtlicher, kirchlicher Jurisdiction, von
ihren Schultern, und zog ihnen selbst den Hirtenring von
dem Finger ab. Die Canones, die erlassen wurden, was
wohl zu beachten, sind nicht als Festsetzungen des Concils, sondern als Festsetzungen des Papstes im Concil
ausgesprochen; nämlich: "Innocentius in concilio
Lateranensi secundo," was von allen Constitutionen
der allgemeinen Concilien zu bemerken ist, in denen der
Papst persönlich präsidirte, und was, wie wir bereits oben
bemerkt, nichts anders, als die Hinweisung auf sein oberstes Richteramt ist, das er in einem solchen Concil feierlich ausgeübt. —

Auf welche glänzende Weise Innocenz, sein oberstes
Richteramt in Glaubens-Entscheidungen außer dem Concil in Verdammung des Abälardus vollzog, und wie
feierlich mit Bernard die Bischöfe Galliens dieses
sein apostolisches Richteramt anerkannt und angefleht,
soll an seiner Stelle nachgewiesen werden.

XI.

Allgemeines Concilium

vom

Lateran III.

Alexander III. berief es im Jahre 1179 gegen den schismatischen Apostaten Octavian, gegen die einreißenden Albigensischen Irrthümer und zur kräftigen Hebung der Kirchendisciplin, die an vielen Orten aus Fahrlässigkeit gesunken war. Das zweckmäßigste Mittel dagegen war gemeinsame Berathung, und eine möglichst kräftige Ausführung der Anordnungen und Entscheidungen des Kirchenoberhauptes. Aus diesem Grunde beriefen die Päpste Concilien. Diesen Grund gibt Alexander III. auch ausdrücklich in seinem Einberufungsschreiben an die Bischöfe der katholischen Kirche an. „Allen Bischöfen,“ sagt in demselben Alexander, „liegt es zwar ob, das Unkraut aus der Kirche auszureißen; insonderheit aber dem Bischofe von Rom, weil er von Christus zum Haupte der Kirche gesetzt, und in Petrus sonderheitlich den Befehl erhalten, die Schafe des Herrn zu weiden, und die Brüder zu stärken.“ Deßhalb habe er sie zu sich aus allen Gegenden einzuberufen für gut befunden, „auf daß in ihrer Gegenwart und Berathung, was heilsam sein wird, festgesetzt werde.“ Wohlgemerkt, er sagt nicht, daß von ihnen etwas festgesetzt würde, sondern "quarum (personarum) *praesentia* et *consilio*, quae fuerint salubria, statuantur." — „So," ſagt er, „werden wir mit Einer Schulter die Arche des Herrn erheben, und wie mit Einem Munde loben, Gott den Vater unſeres Herrn Jeſu Chriſti." s)

Es wurden übrigens in dieſem Concil bloß Disciplinar=Canones erlaſſen; man fand für überflüſſig, die Albigenſer und Waldenſer erſt eigens zu verdammen, da dieß bereits durch die Päpſte außer dem Concil geſchah. — Das Concil anerkannte dadurch die peremptoriſche Voll= gültigkeit derſelben auch außer den Concilien. — Noch mehr: Es ward im Concil Petrus Lombardus, Biſchof von Paris, angeklagt, daß er Irrthümer lehre. — Das Concil war verſammelt, und doch verhandelte es dieſe Sache gar nicht, ſondern ganz ſelbſtſtändig entſchied und verordnete Alexander durch ein Schreiben an Wilhelm, Erzbiſchof von Sens, und befahl, was von den Biſchöfen Galliens dießfalls zu thun, und vor Allen zu glauben und zu lehren ſei. Und die Biſchöfe Galliens fragten auch nicht weiter; der Streit war entſchieden, und Walter von St. Viktor, konnte ſeinem Gegner mit Hohn zurufen: "Qu'il cessent de croacer ces importuus sophistes, atterés qu'ils sont par le tonnerre *d'une definition apostolique*." — „So mögen ſie denn nun aufhören zu quacken, dieſe unverſchämten Sophiſten, ſie ſind durch den Donnerkeil einer apoſtoliſchen Definition zermalmt." — Die peremptoriſche Voll= macht des Papſtes ward alſo auch von den Zeitgenoſſen dieſes Concils unbezweifelt anerkannt.

---

s) Con. Tom. 10. pag. 1506.

XII.

Allgemeines Concilium

vom

Lateran IV.

Innocenz III. berief es im Jahre 1215. — Es versammelten sich in demselben 1285 Väter, unter welchen 71 Erzbischöfe, 412 Bischöfe, mehr als 800 Aebte, nebst den Gesandten der mächtigsten Höfe Europa's. Der melchitische Patriarch der Maroniten, der sich einige Jahre vorher mit der Kirche wieder versöhnt hatte, erschien in Person, wie auch die Patriarchen von Konstantinopel und Jerusalem. Die von Antiochia und Alexandria erschienen durch Abgeordnete, — Letzterer, seine Vereinigung mit der römischen Kirche verlangend.

Auch die Canones dieses Concils sind nicht im Namen desselben, sondern des Papstes Innocenz erlassen, weil dieser persönlich präsidirte. Der Papst gab im Concil die Glaubenserklärung, verdammte das Buch und die Lehre des Abtes Joachim, — schonte jedoch seiner Person und seines Stuhles, weil dieser vorhinein schriftlich erklärte, daß er jenen Glauben fest halten wolle, welchen die römische Kirche hält, als welche nach Anordnung des Herrn die Mutter und Lehrerin aller Gläubigen sei. Aber auch das ganze Concil erkennt und erklärt im fünften Canon, in denselben Ausdrücken, die römische Kirche als Mutter und Lehrerin aller übrigen, "utpote universorum Christi

fidelium *mater et magistra*," und schreibt in Folge dessen
vor, daß alle Patriarchen bei ihrer Erhöhung dem Papste
Gehorsam zu schwören, verbunden seien; — daß sie von
ihren untergebenen Bischöfen für sich die canonische Con=
fession, für die römische Kirche hingegen, den Schwur des
Gehorsams aufzunehmen haben, "et pro Romana Ecclesia sponsionem obedientiae," — was ein offenbares
Bekenntniß des Concils für das oberste, apostolische Rich=
teramt des Papstes ist, sowohl in Dingen des Glaubens,
als der Disciplin.

———— • ————

XIII.

Allgemeines Concilium

von

Lyon I.

Es ward im Jahre 1245 zu Lyon gehalten. Inno=
cenz IV. berief es, und es fanden sich dabei auch die bei=
den Patriarchen von Konstantinopel und Antiochia, mit
dem Kaiser Balduin ein. Dieses Concil war es, wo
Innocenz gegen Friedrich, den Kaiser, seinen
Ausspruch that. Es geht uns diese Sentenz übrigens
unmittelbar zur Beweisführung unserer Thesis nichts an,
als insofern, weil sich, wie wir oben erwähnt, diese da=
mals in den christlichen Staaten anerkannte Competenz
päpstlicher Gerichte in Ordnung der Weltreiche, letztlich

in der unläugbaren, höchsten Kirchengewalt des Papstes fußte. Unmittelbarer beweiset sich auch in diesem Concil dieselbe, weil auch dessen Canones nicht im Namen des Concils promulgirt sind, sondern unter der Aufschrift: "*Innocentius in Concilio Lugdunensi.*" „Innocenz im Concil von Lyon."

XIV.

Allgemeines Concilium

von

Lyon II.

Dieses ungemein zahlreiche Concil wurde im Jahre 1274 zu Lyon gehalten. Gregor X. berief es, und es erschien zum erstenmale wieder der Orient mit dem Occident vereinigt. Die Gesandten des griechischen Kaisers Michael und der andern Höfe fanden sich daselbst ein. Selbst der Großchan der Tartaren sandte eine Gesandtschaft an dasselbe, und die päpstliche Vollmacht wurde in ihrer Glaubenskraft und Glaubensprärogative auf das Feierlichste anerkannt. Dies klarer zu ersehen, ist es nothwendig zu erwägen, welche Schritte bereits vor der Synode von den Päpsten diesfalls geschehen waren.

Das Hauptziel nämlich dieser Synode war die Wiedervereinigung der griechisch-schismatischen Kirche mit der römisch-katholischen. Abgethan war diese Glaubensangelegenheit schon vor dem Concil; sie sollte durch selbes

nur folemnifirt werden. Denn gleich nach der erften An=
frage des Kaifers Michael um Wiedervereinigung,
fandte Clemens IV. fogleich, wie es die Päpfte der
erften Jahrhunderte für die Griechen thaten, ein " Li-
bellum professionis fidei," ein von denen, die mit der
Kirche verföhnt werden wollten, vorerft zu unterfchreiben=
des Glaubensbekenntniß. In diefem Glaubensbekennt=
niffe fetzte Clemens IV. folche Artikel, die früher noch
in keinem allgemeinen Concilium befinirt worden waren;
mithin gab Clemens diefe Glaubensausfprüche aus
ganz eigener, apoftolifcher Vollmacht und zwar in letzter
Entfcheidung; denn nur unter der Bedingung ihrer An=
erkennung follte zur Solemnifirung der Vereinigung ein
allgemeines Concil gefeiert werden; — keineswegs aber,
wie Clemens in feinem Schreiben an Michael, den
Kaifer, ausdrücklich fagt, zu einer neuen Unterfuchung
und Glaubensentfcheidung. " Non autem ad praedic-
tae discussionem vel novam definitionem fidei." t)
    Durch diefen Akt übten diefe zwei römifchen Päpfte je=
nes Recht des römifchen Stuhles aus, welches Thomas
von Aquin, diefes gleichzeitige hochgefeierte Licht der
Gottesgelehrtheit, im Namen der ganzen theologifchen
Schule demfelben ausdrücklich zuerkennt, nämlich ein
" Symbolum fidei" zu verfaffen, welches das ganze un=
fehlbare Anfehen des Papftes in Glaubensentfcheidungen,
wie von felbft erhellt, in fich begreift.
    Der Kaifer mit dem griechifchen Klerus unterzeichnete
das Glaubensbekenntniß, ihre Abgefandten kamen nach
Lyon, und erklärten vor dem Papfte im Namen ihrer De=

---

t) Conc. tom. 11. pag. 946.

legaten, sie kämen ihren vollen Gehorsam gegen die rö=
mische Kirche, und das Glaubensbekenntniß, welches sie
hält, zu bekennen. u)

In der vierten Sitzung ward die, von dem Kaiser und
den Archiprälaten des Orients, mit einem Eidschwure un=
terzeichnete Glaubenserklärung vorgelesen. Hören wir,
wie in derselben das Recht P e t r i in seinen Nachfol=
gern, den römischen Päpsten, anerkannt wird. „Die rö=
mische Kirche,“ heißt es allda, „hat den höchsten und vol=
len Primat und die Obergewalt über die ganze katholische
Kirche, den sie vom Herrn selbst in dem seligen P e t r u s,
dem Fürsten und Haupte der Apostel, dessen Nachfolger
der römische Papst ist, mit der F ü l l e d e r G e w a l t,
“cum potestatis plenitudine” erhalten zu haben wahr=
haft und demüthig erkennet.“ “ Quem se ab ipso Domino in beato Petro, apostolorum principe, sive vertice,
cujus Romanus Pontifex est successor, cum *potestatis
plenitudine* recepisse *veraciter* et *humiliter* recognoscit.”
„Darum, so wie es I h r vor Allem zusteht, die Wahrheit
des Glaubens zu vertheidigen, so müssen die vorfallenden
Streitigkeiten, durch Ihr Urtheil entschieden werden.“
“ *Sic et si quae de fide subortae fuerint quaestiones, suo
debent judicio definiri.*”

Wie könnte man klarer das Recht aussprechen, das wir
vertheidigen, als es in diesem von den Orientalen in ei=
nem Concil des Occidentes gesprochenen Glaubensbe=
kenntnisse geschah. So wie es gesprochen war, stimmte
der Papst sogleich mit lauter Stimme das Te Deum an,
und es ward mit großer Andacht und vielen Thränen der

---

u) Rainald. ad ann. 1212—Conc. tom. 11. pag. 957

Rührung und Freude fortgesetzt und beschlossen. Der Papst war es, der im Concil den Glaubenssatz der Procession des hl. Geistes aus dem Vater und Sohne zugleich, aussprach und definirte. „Dieses Dogma," sagt Gregor im Concil in Form der Definition, „hat bisher bekannt, geprediget und gelehrt, und hält es fest, predigt, bekennt und lehrt die heilige römische Kirche, die Mutter und Lehrerin aller Gläubigen."

XV.

Allgemeines Concilium

von

Vienne.

Clemens der V. berief es, und im Jahre 1311 versammelte sich dasselbe. Das Wohl der Kirchen-Disciplin, so wie die Unterdrückung verschiedener Sekten, die auftauchten, namentlich die des Petrus Oliva, machten dasselbe erwünschlich. In seinem Einberufungsschreiben, sagt Clemens ebenso wahr, als schön, im Angesichte aller Gläubigen der Welt: „Gewiß, die römische Kirche, diese hehre Mutter der Gläubigen ist das Haupt, gesetzt von dem Herrn zur Lehrerin aller übrigen Kirchen, von welcher, wie vom Urquell, die Strömungen des Glaubens allen Uebrigen zufließen, zu deren Leitung Christi Gnade den römischen Papst als Verwalter an Seiner Statt verordnen wollte, damit durch Seinen

13

Ausspruch alle im Waſſer der Taufe
Wiedergeborenen den Unterricht und
die Lehre der evangeliſchen Wahrheit feſthielten und bewahrten, ſo daß diejenigen, welche in dieſer Lehre den Lauf des Lebens recht
vollendeten, ſelig, diejenigen, die davon abwichen, verdammt würden." v) "Sane Romana Ecclesia, mater
alma fidelium, caput est disponente Domino Ecclesiarum omnium et *magistra*, a qua velut a primitivo fonte,
ad singulas alias ejusdem fidei rivuli derivantur — ad
cujus regimen voluit Christi clementia Romanum Pontificem *vice sui* deputare ministrum, ut *institutionem ip-*
sius et doctrinam, eloquio veritatis Evangelicae traditam,
cuncti renati fonte baptismatis teneant et conservent, ut
qui sub hac doctrina cursum vitae recte peregerint, salvi
fiant, qui vero ab ea discesserint, condemnentur."

Die Entſcheidungen und Feſtſetzungen dieſes Concilium
nehmen unter dem Namen „der Clementinen" ei-
nen eigenen Platz im "Jure canonico" ein, und zwar in
Einem mit den Verordnungen Clemens des V. vor
und nach dem Concilium. Ein offenbares Zeichen, daß
Clemens das Entſcheidungsrecht vor und nach dem
Concilium, — ſo wie in und außer dem Concil in gleicher
Kraft und Vollmacht übte. Inſonderheit erhellt dieſe
Ausübung und Anerkennung aus der Conſtitution ſelbſt
"de Summa Trinitate, ac fide catholica," die in dieſem
Concil gegeben ward, und wo es heißt, „daß es aus-
ſchließlich der apoſtoliſchen Einſicht angehöre, in
Glaubensſtreitigkeiten, was zu glauben ſei, zu erklären."

---

v) Conc. tom. 11. p. 1539.

"Ad quam apostolicae considerationis aciem dumtaxat, haec declarare pertinet." — Wir gelangen nun zu einem Concilium, deſſen Verhandlungen in Hinſicht auf unſere Theſis von beſonderer Wichtigkeit ſind.

———•———

XVI.

Allgemeines Concilium

von

Conſtanz.

Dieſes Concilium, welches zunächſt die Beendigung des großen Schisma zum Gegenſtande hatte, verſammelte ſich im Jahre 1414 zu Conſtanz. Ein Umſtand, der ſehr wohl zu berückſichtigen, damit man nicht das, was in dieſem Concil bis zur Erwählung Martins V. von den Prä-tendenten des Papſtthums geſagt iſt, als von den an-erkannt rechtmäßigen Päpſten, geſagt betrachte, wie dies gewöhnlich von den Feinden der Päpſte und ih-rer apoſtoliſchen Vollmacht zu geſchehen pflegt, auf deren Einwürfe in Betreff dieſes Concils, welches ſie ſo gern gegen die Obergewalt des apoſtoliſchen Stuhles in Glau-bensentſcheidungen zu mißbrauchen pflegen, wir ſpäter eigens noch antworten werden.

Hierorts führen wir nur das zum Beweiſe an, was un-läugbar beweiſet, wie das Concilium, weit entfernt, dem rechtmäßig erwählten Nachfolger Petri ſeine Macht-fülle in Abrede zu ſtellen, dieſelbe im Gegentheile, und

namentlich deſſen definitives apoſtoliſches Lehramt in
Dingen des Glaubens, feierlichſt anerkannt habe. Be=
weis deſſen iſt uns die, gegen die drei erſten Propoſitionen
Wicliffs erlaſſene, und von dem Concil in ſeiner ach=
ten Seſſion beſtätigte Cenſur, in welcher das Concil ge=
gen Wicliff, deſſen Irrthümer Rom bereits verdammt
hatte, nach den Worten der Cardinäle, Biſchöfe, Aebte
und Theologen, denen ſie die Abfaſſung der Cenſur auf=
getragen, alſo erklärte: „Es iſt unmöglich, daß der apo=
ſtoliſche Stuhl, daß die römiſche Kirche etwas feſtſetze, und
für echt katholiſch halte, was nicht der wahre Glauben
wäre.... Denn wie wäre ſie ſonſt die Mutter, das
Haupt aller Kirchen, der man in Allem zu folgen verbun=
den iſt, und zu der man in allen Zweifeln und Schwie=
rigkeiten, ſobald ſich ein Glaubensſtreit erhebt, ſeine Zu=
flucht nehmen muß.—Wie wäre ſie ſonſt ohne Makel;
wie wäre man ihr nach Gott vor Allen heiligſt zu gehor=
chen verpflichtet, ſo daß, wer ihr widerſpricht,
als Ketzer gilt. Wie vermöchte ſie ſonſt Alle
zu richten, ohne daß es geſtattet ſei,
daß irgend Jemand ſie richte? Wie
würde ſonſt ein Chriſt, der ihr zu gehorchen ſich weigert,
die Sünde des Unglaubens begehen?“
"Impossibile est, quod *talis sedes*, et *talis Romana
Ecclesia* aliquid determinet et teneat pro fide catholica et recta, quod non esset fides recta.... Quomodo
igitur ipsa et mater, et caput omnium Ecclesiarum, in
omnibus tamquam *magistra* sequenda, ad quam in dubiis et arduis recurrendum, quando circa fidem in aliquo dubitatur? Quomodo ipsa non habebit maculam

neque rugam? Quomodo ei post Deum maxime erit obediendum, ideo quia est mater et caput omnium Ecclesiarum ; *contra quam si quis derogando* loquitur, *haereticus reputatur.* Quomodo valebit *omnes judicare, de ea autem nullus judicare permittitur?* Quomodo *Christianus, qui ei obedire contemnit, peccatum infidelitatis incurret?*" — Welch ein Bekenntniß! Wenn also dasselbe Concil in der vierten und fünften Session von einer Unterordnung des Papstes unter das Concil spricht, so kann dies durchaus nicht anders, als von den schisma= tischen, ungewissen Päpsten zu verstehen sein. So erklärt das Concil in der vierzigsten Sitzung durch folgenden Ausspruch: „D e r r e c h t m ä ß i g e r w ä h l t e P a p s t k a n n v o m C o n c i l n i c h t g e b u n d e n w e r d e n." " *Papa rite ac canonice electus a Concilio legari non potest.*" — Dies bewies auch M a r t i n V. sogleich, als er nur legitim erwählt und anerkannt war. Er übte das Recht der Bestätigung des Concils, ohne welche das Concil keine Gültigkeit hat; ein Akt, der aber für sich schon Alles beweiset, was hier zu bewei= sen uns vorgesetzt, wie dies früher bereits in dem Abschnitt der " Ratio theologica " ausführlicher nachgewiesen.

Doch noch klarer erklärte und vindicirte M a r t i n die= ses oberste Entscheidungsrecht in Dingen des Glaubens des Statthalters Christi, und noch klarer, bestimmter, be= kräftigte selbes das Concil. M a r t i n V. gab in die= sem Concil selbst seine Bulle heraus, durch welche die Appellationen vom Papste an ein Concilium verdammt wurden. „N i e m a n d e m," heißt es in dieser Bulle, „i s t e s e r l a u b t , v o m h ö c h s t e n R i c h t e r ,

nämlich vom päpstlichen Stuhle, oder
dem römischen Papste, dem Statthalter J. Ch. auf Erden, zu appelliren,
oder seinem Urtheile in Glaubenssachen auszuweichen." "*Nulli fas est, a
Supremo Judice, seu Apostolica sede, seu Romano Pontifice, Jesu Christi Vicario in terris, appellare, aut illius judicium in causa fidei declinare.*"

XVII.

Allgemeines Concilium

von

Florenz.

Wir gelangen zum glänzendsten aller Zeugnisse, die
wir bisher aus dem Ansehen allgemeiner Concilien auf-
geführt. — Florenz war es, welches den rechtgläubigen Orient und Occident mit seinem Hirten vereinigte,
und wir hören da Griechen, die so lange im Schisma gelebt, mit den Abendländern eine Definition aussprechen,
die wahrlich den vollständigsten Beweis, den man verlangen kann, für das Recht Petri in seinen Nachfolgern gibt. Es ist eine Definition, wohlgemerkt —
und zwar eine Definition eines Allgemeinen
Conciliums in Dingen des Glaubens. Beherzigen wir
jedes seiner Worte: „Wir definiren, daß
der apostolische Stuhl und der römi-

sche Papst den Primat in der ganzen
Welt habe, und daß derselbe römische
Papst der Nachfolger Petri, des Fürsten der Apostel und der wahre Statthalter Christi, das Haupt der ganzen
Kirche, und daß Er der Vater und Lehrer
aller Christen sei, und daß Ihm in
dem seligen Petrus, die ganze Kirche
zu weiden, zu regieren und zu leiten
von Jesu Christo unserm Herrn die
volle Macht gegeben sei; wie dies
auch in den Verhandlungen der allgemeinen Concilien, und in den heiligen Canones enthalten ist." "*Defi-
nimus, sanctam apostolicam sedem et Romanum Pontificem in universum orbem tenere primatum, et ipsum
Pontificem Romanum successorem esse beati Petri, principis Apostolorum et verum Christi Vicarium, totius-
que Ecclesiae caput, et omnium Christianorum Patrem
ac DOCTOREM existere, et ipsi in beato Petro pas-
cendi, regendi, et gubernandi universalem Ecclesiam a
D. N. J. C. plenam potestatem traditam esse, quemadmodum etiam in gestis Oecumenicorum Conciliorum
et in sacris canonibus continetur.*" — Welch ein Zeugniß aller Zeugnisse der allgemeinen Concilien, von einem
allgemeinen Concilium für die allgemeine Kirche von
Griechen und Lateinern in Einer Definition ausgesprochen!

Man bedenke nur, was jedes Wort dieser Definition
in seinem einfachen Sinne, wie es da liegt, genommen,

sagt, und was könnte man zum Beweise unserer Thesis noch weiters verlangen? Das Concil definirt: „Der Papst als wahrer Nachfolger Petri, und als wahrer Statt= halter Christi sei der Vater und Lehrer a l l e r Christen, also auch der Bischöfe. Und Ihm sei in der Person Pe= tri, von Christo selbst, die volle Gewalt gegeben worden, die ganze Kirche, also auch die Bischöfe, zu weiden, zu regieren, zu leiten, und nicht mit irgend einer Beschrän= kung, sondern das Concil definirt: *plenam potestatem*, die v o l l e Gewalt sei Ihm dazu von Christo gegeben, und dies sei in den Verhandlungen der allgemeinen Concilien und der hl. Canones ausgesprochen. Man bedenke den Ausdruck, „d e r w a h r e S t a t t h a l t e r C h r i s t i;“ und bedenke, daß es der hl. Geist selbst ist, den Christus an anderen Stellen, als seinen eigentlichen, göttlichen Stellvertreter seiner Kirche verkündigte: daß also der Papst, in dessen Kraft, als Nachfolger Christi nichts an= deres sein, und genannt werden kann, als wie ihn das achte, allgemeine Concil genannt, nämlich: „d a s O r = g a n d e s h l. G e i s t e s,“ dessen Wort in Glaubens= Entscheidungen das unfehlbare Wort des Geistes der Wahrheit ist, den Christus als Lehrer den Seinen ver= heißen, in welcher Eigenschaft das Concil den Papst an= erkennt.

Fürwahr, so klar und kräftig und so unwiderstehlich beweisend ist diese Definition, daß wir, abgesehen von jedem anderen Beweisgrunde, jeden rechtgläubigen, recht= denkenden Christen, um so mehr jeden consequent denken= den T h e o l o g e n, der aufrichtig nach den Glauben der Kirche fragt, auffordern dürfen, diese E i n e Entscheidung

des Conciliums von Florenz zu bedenken und zu beher=
zigen, um sicher zu sein, er werde und müsse mit uns und
mit dem Concil selbst eines Sinnes sein: „Der Papst
sei der von Christo gesetzte, unfehlbare
Lehrer der ganzen Christenwelt," jener
Lehrer und Vater der Väter, wie Joseph, Patriarch
von Konstantinopel, auf seinem Todtenbette den Papst in
eben dem Concil von Florenz, feierlichst bekannte, den
Gott zum Glaubensbürgen Aller gesetzt, damit der Glaube
Aller gewiß und sicher sei. w) — Es übriget noch zum
Schlusse das Zeugniß des letzten allgemeinen Conci=
liums.

XVIII.

Allgemeines Concilium

von

Trient.

Welches die traurige Veranlassung des in seinen Wir=
kungen so hoch gefeierten Concils gewesen, ist leider zu
bekannt. — Es sollte, dem ganz vorzüglich das Ansehen
des apostolischen Stuhles verachtenden Lutherthume, das
Ansehen eines allgemeinen Concils entgegengesetzt werden.
— Merkwürdig ist es gewiß, daß die Irrlehre des Pro=
testantismus, so wie sie die Irrthümer der alten Zeit der
Ordnung nach in sich aufgenommen, und so ein ganzes

---

w) Conc. tom. 13. p. 494.

Nest von Ketzereien sich bereitete, so auch ganz eigentlich sich dadurch als im Glauben irrig signalisirte, daß sie mit solch maßloser Heftigkeit und Erbitterung den Fels der Wahrheit, den apostolischen Stuhl, als oberstes Glaubenstribunal, angriff, was keine Ketzerei der Vorzeit gethan. — Doch umsonst; — die hl. Kirche im Concil von Trient versammelt, sprach ihren Glauben für Petrus und seine Nachfolger, wie jedes der vorhergehenden Concilien, auf das Bestimmteste aus.

Welch einen Einfluß der römische Stuhl auf die Entscheidungen dieses Concils genommen, ist weltbekannt; — aber auch der Aerger darüber, von Seite febronianisch gesinnter Scribenten neuerer Kirchengeschichten. — Da die neue Häresie das Lehransehen des Papstes sammt dem ganzen Primat verläugnete, so war es allerdings Sache der Klugheit von Seiten der Päpste, der Debatte der Doctoren in diesem Concil das weiteste Feld zu eröffnen, und zwar durch beinahe achtzehn Jahre. — Die Irrlehrer sollten handgreiflich überwiesen werden, daß ihre Irrthümer der Lehre der ganzen Kirche zuwider seien. Allein diese Freiheit der Erörterung durfte das päpstliche Lehransehen letztlich nicht schmälern und wurde auch feierlichst durch das Concil von Trient selbst anerkannt.

Nicht in Einem, sondern in drei Dekreten, nennt dieses Concil die römische Kirche die Mutter und Lehrerin aller übrigen, nämlich: "Sess. 14. in doctr. de sacr. extr. Unctionis; Sess. 22. c. 8. und Sess. 25. decr. 2." In der 25. Session aber erklärt es feierlich, Alles und Jedes und in was immer für Ausdrücken es gesagt sein mochte, sei von diesem hl. Concil so angeordnet worden, daß in demselben stets das Ansehen des apostolischen Stuhles ausgenommen werde, und so zu betrachten sei. "*Omnia et singula sub quibuscumque clausulis et verbis, declarat, ita decreta fuisse, ut in his salva semper auctoritas Sedis Apostolicae sit et esse intelligatur.*" — Das Concilium schreibt auch vor, daß alle Bischöfe, Primaten, Erzbischöfe und Patriarchen, ja selbst alle Doctoren der Theologie, vor ihrer Promotion ein Glaubensbekenntniß zu beschwören haben, durch welches dieselben die römische Kirche als die Mutter und Lehrerin aller Kirchen der Welt feierlichst bekennen. — Hören wir nun, wie die römischen Päpste, gestützt auf ein solches Gewicht von Autorität und Anerkennung, sich in dem Bewußtsein dieses ihres, ihnen von Gott gegebenen Rechtes außer den Concilien ausgesprochen, und dasselbe rechtskräftig außer denselben zum Heile der Kirche ausgeübt.

VI.

Zeugniſſe

der Päpſte

durch die feierliche Berufung auf dieſe ihre
apoſtoliſche Vollmacht in Glaubens-Entſcheidungen im Angeſicht der ganzen
Kirche.

Es dürfte auf den erſten Blick wohl manchem ſcheinen,
daß unter dieſen Zeugniſſen, die, der römiſchen Päpſte,
als Zeugen in eigener Sache, keinen Platz einzunehmen
haben. Doch im Gegentheil, — ſie haben mit vollſtem
Rechte ihren ganz ausgezeichneten, wichtigen, und nothwendigen Platz unter denſelben, und haben ein überaus
großes Gewicht. Denn Erſtens iſt nicht jedes Zeugniß,
das Jemand für ſich ſpricht, deßhalb ſchon ungültig,
ſonſt könnte Niemand etwas für ſich bezeugen. Um ſo
weniger kann ein Zeugniß beanſtandet werden, wenn es
keinen neuen Rechtsſtand begründen will, ſondern nichts
Anderes iſt, als e i n e B e r u f u n g a u f, d e r g a n -
z e n W e l t b e k a n n t e T h a t ſ a c h e n d e s R e c h t s,
auf "Notoria juris et facti," über ein unbeſtrittenes, all-

(198)

gemein anerkanntes Recht und den ununterbrochenen Be-
sitzstand desselben, — besonders wenn dieses Recht kein
persönliches, sondern das gemeinschaftliche, öffentliche Recht einer Würde ist, die der ganzen
Christenwelt in der ihr von Gott gegebenen Verfassung angehört. Dieß aber
eben ist bei der Glaubensmacht Petri in seinen Nachfolgern der Fall, und bei ihren Zeugnissen für dieselbe.
— Sie beriefen sich im Bewußtsein ihrer, ihnen von
Gott gegebenen, unbestreitbaren Vollmacht, öffentlich
im Angesichte der ganzen Welt bei jeder Gelegenheit in
ihren Sendschreiben an die Bischöfe, an die Völker, an
Kaiser und Könige, an die zahlreichsten, selbst feind-
lichen Concilien, auf die Vorrechte ihrer Cathedra. —
Beriefen sich dabei auf die göttlichen Zeugnisse der
Schrift und der Tradition, auf den Glauben derjenigen
selbst, zu denen sie sprachen, und handhabten ihr Recht
durch Wort und That, so oft eine Anforderung an sie
erging, oder Pflicht des hl. Amtes es gebot, und das
rücksichtslos in Betreff ihrer mächtigsten und erbittertsten
Feinde. Wahrlich, wäre dabei irgend etwas Anmaßung
gewesen, so hätten ja die Päpste weit klüger gethan, ohne
viele Worte ein scheinbares Recht auszuüben, als durch
die pompösesten Aeußerungen die Aufmerksamkeit aller
anders Denkenden und Rechtsliebenden zur Prüfung
und Nichtanerkennung aufzufordern. — — Und doch
war gerade das Gegentheil der Fall. —

Wir werden übrigens diesen Abschnitt der Klarheit
wegen untertheilen, und zuerst die Autoritätszeugnisse
der Aussprüche anführen, dann die der That,

indem wir nachweisen, wie die Päpste im Angesichte
der ganzen Christenwelt über dieses Ihr Recht
sich ausgesprochen, und wie feierlich und rechts-
kräftiglich sie dasselbe jederzeit im Angesicht der ganzen Christenwelt durch die That ausgeübt.—

Feierliche Aussprüche der Päpste

über ihre

apostolische Vollmacht in Glaubens-Entscheidungen.

So wie die Religion Jesu Christi die Religion
der Welt ward, und ihre Stimme erheben konnte, hören
wir auch sogleich bei der ersten Veranlassung die römischen
Päpste im Angesichte der Welt Ihr Ihnen von Gott gegebenes, der ganzen Christenwelt bekanntes, und von ihr
anerkanntes Recht aussprechen und gegen die Rebellen
der Kirche vertheidigen.

Ich sage bei der ersten Veranlassung; denn es ist gewiß
höchst merkwürdig, daß in den ersten drei Jahrhunderten, wo doch die Päpste von Clemens an, ihr
oberstes Richteramt in Glaubensdingen so eminent und
entschieden handhaben, dennoch Niemand die Competenz
desselben im Geringsten angestritten, wie wir dieß im
zweiten Punkte sogleich darlegen werden. Dieß war erst

dann der Fall, als die Uebelgesinnten auf die welt= liche Macht sich zu stützen Gelegenheit hatten. Die Pforten der Hölle ermangelten auch nicht, gleich bei dem ersten öffentlichen Auftreten der Kirche unter dem ersten christlichen Kaiser, das Haupt, durch die Irrlehre des Arius, gestützt auf die öffentliche weltliche Macht der verführten Nachfolger dieses Kaisers gegen die Kirche und ihre Athanasien mit Hintansetzung des römischen Stuhles zu erheben. Aber auch zugleich sehen wir die Päpste Ihr göttliches, und aller Christenwelt bekanntes Recht auf das Entschiedenste behaupten.

„Wisset ihr denn nicht," schreibt **Julius** an die rebel= lischen, ketzerischen Bischöfe des Orients, die sich erfrecht, Athanasius und andere Rechtgläubige unter dem · Vorwande der Ungläubigkeit und anderer Verbrechen von ihren bischöflichen Sitzen zu vertreiben: „Wisset ihr denn nicht, daß dies der **allgemeine Gebrauch sei,** **daß man uns vorerst schreibe, damit von** **hier aus, was Recht ist, ausgesprochen** **werde.**" *"An ignari estis, hanc consuetudinem esse,* *ut primum nobis scribatur, ut hinc, quod justum est,* *definiri possit."*x) „Als," sagte er: „Wenn ihr verblen= det durch Irrthümer, die Wahrheit des Glaubens nicht einsehet, nämlich: Die gleich = wesentliche Gottheit des Sohnes, — so mag dies noch leichter zu begreifen sein, weil es ein Glaubenssatz ist, den man nicht sieht; — aber wie könnt ihr das, was vor Aller Augen stets geübt und beobachtet war, nicht sehen, und das Ansehen des römischen Stuhles, und sein Entscheidungsrecht so um=

---

x) Hard. I. 610.

gehen, ganz gegen den weltkundigen Gebrauch der Kirche.
Julius setzte die abgesetzten Bischöfe wieder ein, und
die hochfahrenden Arianer, Eusebius selbst, dieser
seine Hofmann an der Spitze, und von Constantius
dem Kaiser beschützt, wagten nichts dagegen zu sagen. y)
Wohl versuchte späterhin der Kaiser auf der Synode
von Rimini seinen Einfluß auszuüben; doch Papst
Liberius kassirte die Synode; und auf Androhung des
Kaisers in's Exil geschickt zu werden, erwiederte mit
apostolischer Festigkeit Liberius: "*Non diminues tu,
solitudine mea, verba fidei.*" — „**Durch meine Einsamkeit wird das Wort des Glaubens
nicht gemindert werden;**" als sagte Er:
„Wenn ich auch allein dastehe, so werde ich doch auch
allein den wahren Glauben, als Fels, den Gott gesetzt, festhalten, und die Wankenden zu stärken suchen.
Er hat es auch treulich gethan, wie wir im Anhange
ausführlich nachweisen werden. Ebenso erheben dessen
Nachfolger ihre Stimme.

Der spanische Bischof **Himerius** von Tarragona
hatte an den Papst **Damasus** über verschiedene Punkte
berichtet, und um Belehrung gebeten. **Siricius**, Nachfolger des **Damasus** gab sie ihm in einem päpstlichen
Schreiben mit dem Ausdrucke: "*Cum auctoritate
magisterii.*" In der Kraft seiner Lehrautorität. Der
Papst sagt: „Du hast uns als Haupt gefragt; wir können
nicht schweigen, da die Sorge Aller auf uns liegt, die
Petrus in uns trägt, von dem wir vertrauen, daß er die
Erben seiner Würde schirmt und schützt. Mithin ent-

y) Hard. I. 610.

scheiben wir durch allgemeinen Ausspruch, was von Allen zu thun, was zu meiden sei." "Quid ab universis posthac Ecclesiis sequendum sit, quid vitandum *generali pronuntiatione decernimus.*" Er trägt dem Himerius auf, die Entscheidung den Bischöfen seiner Nachbarschaft, und den gallicanischen und afrikanischen Bischöfen mitzutheilen.

Marca z) bemerkt bei diesem Schreiben, der ganze Inhalt beweise, wie Siricius die päpstlichen Entscheidungen auf eine Höhe mit den Concilien setze. Ein anderes Schreiben ist "Ad universos episcopos" gerichtet. — Siricius spricht auf gleiche Weise, und beginnt sein Synodalschreiben an die 80 Bischöfe, die sich im Jahre 386 in ein Provincial-Concil versammelten, mit diesen Worten: „Wir haben uns bei den Reliquien des hl. Petrus versammelt, durch welchen das Apostolat und das Episcopat seinen Ursprung hat." Er setzt alsdann seine Anordnung fest, und schließt: „Wenn irgend Jemand in Aufgeblasenheit seines fleischlichen Sinnes von dem Inhalte dieser Verordnung abzuweichen sich unterfangen sollte, so wisse er, daß er unserer Kirchengemeinschaft verlustig, und den Höllenpeinen verfallen sei." "Si quis inflatus mente carnis suae ab hac canonis ratione voluerit evagari, sciat, se a nostra communione exclusum, *et gehennae poenas habiturum.*" — Der gelehrte Fürst-Abt Gerbert a) bemerkt da mit Recht: „Wer wird wohl glauben können, daß Siricius gewagt hätte, eine solche Sprache zu führen, wenn

z) I. 61.
a) P. 321.

14

seine Vorfahrer nicht gleichmäßig ihr oberstes Entschei= dungs = Recht von altersher verwaltet hätten." Wir setzen bei: Und wenn die Kirche es nicht auch allge= mein und offenbar a n e r k a n n t hätte.

„Die Tradition der Väter," schreibt Papst **Zosimus** (†418) in seinem Briefe an die Bischöfe Afrikas, „hat dem apostolischen Stuhle stets die Autorität zuerkannt, d a ß N i e m a n d d e s s e n U r t h e i l z u b e u r = l e n s i c h e r f r e c h e n d a r f; "*ut de ejus ju= dicio disceptare nullus audeat;*" und dieß zwar um des Namens P e t r i willen;" „denn," fährt Z o s i = m u s fort: „von dem ganzen canonischen Alterthume wurde einhellig in Kraft der Verheißung Christi unseres Gottes selbst, eine solche Gewalt diesem Apostel zuer= kannt, daß er, was immer gebunden, löse, das Gelöste binde, in Verleihung g l e i c h e r M a c h t f ü l l e a n A l l e, d i e E r b e n s e i n e s S t u h l e s d u r c h i h n z u s e i n v e r d i e n t e n." "Ex ipsa quoque Christi Dei promissione, ut et ligata solveret, et soluta vinciret; *par potestatis data con= ditio in eos, qui sedis haeredidatem ipso annuente meruissent;* nec patitur aliquid *privilegii* aut aliqua titubare aura sententiae, cui ipsa *sui nominis firma et nullis hebetata motibus, constituit fundamenta.*"—

Z o s i m u s entschied den Glaubensstreit wirklich, und wir wissen, was der damals unter den Afrikanern lebende Kirchenvater A u g u s t i n darauf im Jubel den Ketzern entgegen rief: „R o m h a t e n t s c h i e d e n, d e r S t r e i t h a t e i n E n d e." — — Dieselbe Sprache führt Z o s i m u s in seinem Briefe an sämmt=

lilche Bischöfe Galliens, und an die Synode von **Rimini**, eine Sprache, die so entschieden das Bewußtsein des Papstes von seiner apostolischen Machtfülle ausspricht, daß **Casaubon** b) diesen Papst mit dem Prädikate „ein vorzeitiger Hildebrandulus" — beehrte. — Doch eben dadurch, daß man eingesteht, die Sprache Hildebrands sei bereits die Sprache der Zeitgenossen Augustins gewesen, beweiset man ja unwidersprechlich, was wir behaupten: Es sei keine Anmaßung, sondern ein angestammtes, stets ausgesprochenes und anerkanntes Recht gewesen, welches die spätern Päpste ausübten, und gegen alle Angriffe vindicirten. — — Gewiß der Nachfolger des Zosimus spricht sich nicht minder kräftig aus.

Es war dieß **Bonifacius** I. (†492.) Wir haben oben bereits die Stelle aus dem Rescripte dieses Papstes angeführt, wo er sich zum Beweise der höchsten Vollmacht des apostolischen Stuhles auf das Zeugniß des ersten allgemeinen Concils von **Nicäa** beruft. In gleicher Weise schreibt er an seinen Vicar **Rufus** in Thessalonica: „Niemals war es gestattet, was einmal vom apostolischen Stuhle entschieden war, wieder in Verhandlungen zu ziehen." Und in seinem Briefe in der Streitsache des Perigenes sagt er: „Niemand hat sich je an dem apostolischen Throne, **dessen Urtheil unveränderlich ist**, vergriffen, **der nicht selbst gerichtet werden wollte.**" "Nemo unquam apostolico culmini, *de cujus judicio non licet retrac-*

---

b) **Exercit. XV.**

tare, manus obvias audacter intulit, nemo in illum rebellis exstitit, *nisi qui de se voluit judicari.*" c)

Wie Papſt **Cöleſtin** im Angeſichte des ganzen Orients und des dritten allgemeinen Concils, in der Streitſache des Patriarchen von Konſtantinopel ſeine apoſtoliſche Machtvollkommenheit ausgeſprochen, haben wir oben angeführt. „Wir befehlen euch,“ ſagt er, „die Autorität des apoſtoliſchen Stuhles unverletzt zu bewahren; mithin, wenn es zur Erörterung kommt, dürft ihr nicht ſtreiten, ſondern müſſet über ihre Meinungen entſcheiden.“ — In dem Buche " Praeteritorum sedis apostolicae episcoporum auctoritates," welches einhellig von Kritikern dieſem Papſte zuerkannt wird, heißt es: „Nur das iſt zu befolgen, und als wahr zu bekennen, was der heilige Stuhl des ſeligen Apoſtels P e t r u s, durch die Machtverwaltung ſeiner Vorſteher, feſtgeſetzt und gelehrt hat. W a s d i e ſ e n A u s ſ p r ü c h e n e n t g e g e n i ſ t, e r = k e n n e n w i r d u r c h a u s n i c h t a l s k a t h o = l i ſ c h a n.“ " Ea tantummodo sequi et probare profitentur, quae sacratissima beati apostoli Petri sedes per *ministerium praesulum suorum sanxit et docuit.* — Satis sufficere credimus, quidquid apostolicae sedis nos scripta docuerunt, *ut prorsus non aestimemus catholicum, quod apparuerit praefatis sententiis esse contrarium.*"

Noch wichtiger in gewiſſer Hinſicht iſt uns der Ausſpruch des Papſtes **Xiſtus,** Nachfolger des Cöleſtin, deſſen wir zwar ſchon erwähnt, den wir aber hier noch einmal und ausführlicher angeben, weil er in ſeiner gan=

c) Epist. 8, 9, 10, 15.

zen Tiefe den Grund dieses Glaubenssatzes in wenig Worten völlig erschöpfend gibt. „Du hast es nun erfahren," schreibt nämlich der Papst an den Patriarchen von Antiochia, „was es heiße, mit Uns eines Sinnes sein. Der selige Petrus, der in seinen Nachfolgern lebt, lehrt, was er erhalten. Wer wollte sich von der Lehre desjenigen trennen, welchen unter den Aposteln der Meister vor allen gelehrt? Nicht das Hören von einem Andern, nicht ein geschriebenes Wort hat ihn unterrichtet; er ward mit den Andern belehrt aus dem Munde des Lehrers; den absoluten einfachen Glauben, der keinem Streite unterliegt, hat er empfangen." "*Absolutam et simplicem fidem, et quae controversiam non haberet, accepit.*"— Xistus nimmt seinen Beweisgrund, warum man von der Lehre Petri und seiner Nachfolger nicht weichen kann, wie der gelehrte Constant d) bemerkt, daher, weil sie den einfachen absoluten Glauben aus dem Urquell, der Christus ist, empfangen und geben; sei es auch, daß sie weder mündlich noch schriftlich anders woher unterrichtet sind. D. h. nicht seine menschliche Wissenschaft, sondern sein Verhältniß zu Christus und Petrus macht den Papst in seinen apostolischen Aussprüchen zum Quell des einfachen absoluten Glaubens.

Hören wir Leo den Großen (†454). In der ersten Rede der Jahresfeier seiner Erhebung auf den apostolischen Stuhl, spricht Leo also: „In Petrus," sagt er, „ruht die Kraft Aller, und die Hülfe der göttlichen Gnade

d) Praef. in epist. Pontific.

warb so geordnet, daß die Festigkeit, durch Christus dem
Petrus mitgetheilt, durch Petrus aber den Aposteln ver=
liehen wird .... Wir erfreuen uns also, indem wir dem
ewigen Könige Jesu Christo Dank abstatten, welcher eine
so große Macht demjenigen gegeben hat, den er zum Für=
sten der ganzen Kirche gemacht hat, daß, wenn irgend et=
was in unsern Zeiten auf rechte Weise verhandelt wird,
es durch Uns, dem Steuerruder desjenigen zugerechnet
werden muß, zu dem gesagt wurde: „Du einstens bekehrt,
stärke deine Brüder," und zu dem nach der Auferstehung,
der Herr dreimal sprach: „Weide meine Schafe," was er
auch jetzt sonder Zweifel thut, und den Auftrag des Herrn
vollführt der fromme Hirt, der uns durch seine Ermah=
nungen stärkt, und für uns zu bitten nicht aufhört." In
der Anrede, bei seiner zweiten Jahresfeier, sagt er: „Im
römischen Papste fährt der selige Petrus fort, die Sorge
für alle Hirten zu sein, dessen Würde auch nicht in dem
unwürdigen Erben geschwächt wird."

Hören wir noch, wie Leo der Papst in seinem Schrei=
ben an Leo den Kaiser sich in Betreff der Streitsache
des Anatolius ausdrückt: „Da," sagt er, „die all=
gemeine Kirche, durch Erbauung jenes vorzüglichen Fel=
sens, zum Felsen geworden ist, (also durch Petrus erst ist
die Kirche felsenfest und unerschütterlich) und jener Erste
der Apostel aus dem Munde des Herrn selbst gehört: „Du
bist Petrus ꝛc., wer anders, als der Antichrist kann
es wagen, diese unbestreitbare Wahrheit anzufechten." —
Gewiß ein denkwürdiges Prädicat, das wir unseren Geg=
nern zur ernsten Erwägung empfehlen.   „Es bleibt also
die Anordnung der Wahrheit, und der selige Petrus in

der erhaltenen Stärke des Felfens, verläßt die erhaltene Regierung der Kirche nicht." *"Quis est, nisi Antichristus, qui pulsare audet inexpugnabilem veritatem. Manet ergo dispositio veritatis, et b.* Petrus in accepta fortitudine petrae perseverans, suscepta Ecclesiae gubernacula non reliquit." Andere Zeugniffe des hl. Leo kamen bereits bei Gelegenheit des vierten Conciliums vor.

Auch **Simplicius** (†483) in feinem Schreiben an Kaifer Zeno, in welchem er den Kaifer an feine Fürftenpflichten erinnert, fpricht in demfelben ein überaus herrliches Zeugniß für das Bewußtfein feiner apoftolifchen Vollmacht aus: „Es blieb," fagt er, „in dem Nachfolger auf dem päpftlichen Stuhle eben diefe eine und felbe Norm apoftolifcher Lehre," *"haec et eadem apostolicae norma doctrinae,"* „dem der Herr die Sorge des ganzen Schaffftalles aufgelegt, dem Er verheißen, daß Er ihn bis an das Ende der Welt nie verlaffen, daß die Pforten der Hölle denfelben nie überwältigen würden, und dem Er das Zeugniß gegeben, daß, was durch feinen Ausfpruch auf Erden gebunden würde, auch nicht im Himmel gelöst werden könne." *"Cujus sententia quae ligarentur in terris, testatus est, nec posse solvi in coelis."*

Eine, diefer ganz gleiche Sprache führt **Felix** III. (†492), in feinem Schreiben an eben diefen Kaifer, der ein Spielball rebellifcher Factionen war, fo wie an Acacius und Petrus Fullo, der fich in das Patriarchat von Antiochia einzudrängen verfuchte. — Er citirt den Erften nach Rom, auf daß er dem hl. Petrus Rechenfchaft gebe, und verdammt den Andern gleichfalls mit

dem Ausdrucke: „Der hl. Petrus habe ihn gerichtet.“ —
Alles spricht das Bewußtsein aus, „Petrus lebe in
ihm und allen den Würdenträgern Pe=
tri, annoch zu Rom; und nie,“ schreibt er, „was
immer für Gefahren die Kirche umringen mögen, werde
das Urtheil Petri deßhalb etwas von sei=
ner wirksamen Kraft verlieren.“ "Qui-
buslibet sit vallata Ecclesia periculis, *nunquam pondus
vigoris sui, censura beati Petri amittat — tanto non fran-
gitur, sed potius erudita divinitus, crescit adversis.*" e)
Das haben wir in neuester Zeit so auffallend erfahren.
Wer hätte sich in den Zeiten des Indifferentismus eine
solche Wirksamkeit der Censur Petri versprechen mögen,
als wir es gerade zu unseren Tagen erfahren haben?!

Der hl. **Gelasius** (†496) im vierzehnten Briefe be=
hauptet: „der hl. Petrus habe einen Stuhl gesetzt, wel=
chen Er selbst segnete, daß er von den Pforten der Hölle,
kraft der Verheißung des Herrn, niemals überwältiget
werde, und der Hafen aller Bedrängten sei, daß, wer in
demselben eingeht, sich einer glückseligen und ewigen Lan=
dung erfreuen werde; wer hingegen denselben verachtet,
zusehen möge, welche Entschuldigungen er am Tage des
Gerichtes vorbringen könne.“ "Quam ipse benedixit,
ut a portis inferi nunquam pro Domini promissione
vincatur, omniumque sit fluctuantium portus, in quo,
qui requieverit, beata ac aeterna statione gaudebit;
qui vero contemserit, *ipse videbit, qualia genera excu-
sationum in die obtendat judicii.*"

In seinem Briefe an den Kaiser **Anastasius** sagt

e) Hard. II. 118.

er: „Das ist's, wofür der apostolische Stuhl Vorsorge trifft, daß, weil er für die Welt die Wurzel ist," "quia mundo radix est," (d. h. der Mittelpunkt der Einheit des Glaubens) „das glorreiche Bekenntniß des Apostels, durch keine Hinterlist der Bosheit angesteckt und befleckt werde; denn, wenn so etwas sich ereignen würde, was Gott verhüte und von dem wir vertrauen, daß es n i ch t g e s ch e h e n k ö n n e, — v o n w o a u s w ü r d e n w i r e s w a g e n, i r g e n d e i n e m I r r t h u m e W i d e r st a n d z u l e i st e n? O d e r w o h e r w ü r d e n w i r f ü r d i e I r r e n d e n e i n e Z u = r e ch t w e i s u n g f o r d e r n?" "Nam si, quod Deus avertat, quod *fieri non posse* confidimus, tale aliquid proveniret, *unde cuiquam resistere auderemus errori? vel unde correctionem errantibus posceremus?*"

Der hl. G e l a s i u s also behauptet, daß, gesetzt ein Papst fiele in einen Irrthum im Glauben, es um den Glauben der Kirche selbst geschehen sei.

In seinem Commonitorium an den kaiserlichen Präfekt F a u st u s, schreibt er auf die Anschuldigung, die ihm zu Ohren kam, daß einige Hofbischöfe, sammt dem Kaiser ihn unzeitiger Härte beschuldigen, durch welche er den Kir= chenfrieden störe: „Man beruft sich," sagt er, „auf die Canones, und weiß nicht, was man redet. Die Cano= nes sind es ja selbst, welche die Appellationen der ganzen Kirche an diesen Stuhl zur Entscheidung gebracht wissen wollten, von ihm aber sei es nie erlaubt zu appelliren; mithin habe er über die ganze Kirche zu richten, er selbst sich keinem Gerichte zu stellen, und könne von keinem ge= richtet werden." ... "*Cuncta per mundum novit Eccle-*

*sia, quoniam quorumlibet sententiis ligata Pontificum,
sedes b. Petri apostoli jus habet resolvendi, utpote quae
de omni Ecclesia jus habeat judicandi, neque cuiquam
de ejus liceat judicare judicio;* siquidem ad illam de
qualibet mundi parte canones appelari voluerunt, ab
illa autem *nemo sit appellare permissus."* „Was zur
Religion gehörig, darüber steht ausschließlich dem apostolischen Stuhl das Endurtheil zu, " summa judicii totius." Sie mögen sich ihre Albernheiten selbst behalten,—
"ineptias suas sibi servent,"— wenn sie nicht vielmehr
in sich gehen und bedenken, Christi Wort sei nicht müßig,
welches dem Bekenntnisse Petri verheißt, die Pforten der
Hölle würden dasselbe nicht überwinden; darum befürch-
ten wir keineswegs, daß das apostolische Urtheil entkräftet werden könne, welches Christi Wort, die
Tradition der Väter, und das ganze
Ansehen der Canones stützt, so daß es
jederzeit die **ganze Kirche** richtet rc."
*"Quapropter non veremur, ne apostolica sententia re-
solvatur, quam et vox Christi et majorum traditio et canonum fulcit auctoritas, ut totam potius Ecclesiam semper ipsa dijudicet etc."* f)

Als Gelasius in einer Synode im Jahre 495 sich
auf dieses sein oberstes Recht in Glaubensentscheidungen
berief, erschallte aus dem Munde aller anwesenden Bischöfe zwölfmal mit Beifall in dieser Synode der Zuruf:
„Wir sehen in Dir Christi Statthalter;"
sechsmal: „Wir sehen in Dir den Apostel
Petrus!" g)

---

f) Hard. II. 884 et 905. g) Hard. II. 942.

Papst **Hormisdas** (†535), sandte jene hochgefeierte Glaubensprofeſſion, deren wir oben im ſiebenten Concil erwähnt, und die mit größter Bereitwilligkeit von allen Orientalen unterzeichnet ward, in der es heißt: „Dies ſei die erſte Glaubensregel, an den apoſtoliſchen Glaubensfels ſich zu halten, da Chriſti Wort nicht umgangen werden kann. Du biſt Petrus, ꝛc. — was auch die That beweiſt; — folgend daher in Allem dem apoſtoliſchen Stuhl, und ſeine Satzungen predigend, hoffe ich in einer Gemeinſchaft mit demſelben zu ſein ꝛc." Dieſe Formel ſandte H o r m i s d a s als "conditio sine qua non" der Rechtgläubigkeit, zur Unterſchrift allen Griechen, die katholiſch gelten wollten, und, wie B o ſ ſ u e t ſagt, da ſie alle unterſchrieben, ſo hat ſie die Beiſtimmung des Orients und Occidents, mithin der ganzen Kirche! h)

Dieſelbe Unterſchrift im gleichen Sinne, und mit der nämlichen Entſchiedenheit verlangte auch Papſt **Agapet** (†536), von J u ſ t i n i a n dem Kaiſer, der dieſelbe auch von ſeiner eigenen Hand unterzeichnet, nach Rom ſandte.

Was **Vigilius** betrifft, ſo haben wir bereits oben geſehen, wie durchdrungen von dem Bewußtſein ſeiner apoſtoliſchen Vollmacht er war, und wie er dieſelbe im Angeſichte des feindlich geſinnten Kaiſers und ſeiner Hofbiſchöfe heroiſch geſchützt und ausgeübt.

Pelagius (†560), Nachfolger V i g i l ' s, erklärt in ſeinen Briefen nicht minder feierlich den apoſtoliſchen Stuhl, als das anerkannte, oberſte Glaubenstribunal der Kirche. i)

h) Baller. de vi ac ratione Prim. 206.
i) Baron. ad an. 556.

Auf diese Glaubensprärogative beruft sich **Pelagius** II.
(†590). In seinem Briefe an die Bischöfe Istriens
sagt er: „Bedenket, daß die Wahrheit nicht
lügen, noch der Glaube Petri in Ewig=
keit erschüttert oder verändert werden
könne." "Considerate, quod veritas mentiri non
potuit, nec *fides Petri in aeternum quassari poterit vel
mutari.*" — „Denn da der Satan alle Jünger zu sieben
verlangte, hat für Petrus allein der Herr versichert, daß
er gebetet habe, und von ihm wollte er die übri=
gen gestärkt, — dem er auch die Sorge der Schafe,
— die Schlüssel des Himmels vertraut, und auf welchen
er seine Kirche zu bauen versprach, gegen welche die Pfor=
ten der Hölle nichts vermögen sollten." — Mithin hätten
sie noch Zweifel, in Hinsicht der drei Kapitel, so sollten
sie selbe Ihm ohne weiters eröffnen, oder selbst nach Rom
kommen.

Auf diese Glaubensprärogative beruft sich **Gregor** der
Große, in seinem Schreiben an die Bischöfe Galliens,
k) wo dieser, seine Rechte gewiß keineswegs übertreibende
Papst, also schreibt: „Wenn in Glaubenssachen sich ein
Streit erhebt, oder sonst ein Geschäft von Wichtigkeit,
das Urtheil des apostolischen Stuhles benöthiget, so be=
fleißet euch, nach wohl untersuchter Sache, dieselbe zu un=
serer Kenntniß zu bringen, auf daß von uns das außer
Zweifel gesetzte, entsprechende Urtheil gefällt werden
könne." — "Si quam vero contentionem, — *de fidei
causa* evenire contigerit—relatione sua ad nostram
studeat perducere notionem, quatenus *a nobis valeat*

---

k) L. V. ep. 53, 56.

congrua sine dubio sententia terminari." — Und wie
G r e g o r auf Behauptung der Rechte des apostolischen
Stuhles bestand, betheuert er in seinem Briefe nach Kon=
stantinopel, in der Angelegenheit des Bischofes Maxi=
m u s von Salona: „Früher," schreibt **Gregor** der
Große, „bin ich bereit zu sterben, — " potius paratus
mori," — als daß ich die Kirche des hl. Petrus in mei=
nen Tagen schmälern lasse. — Lange trage ich's, — "diu
porto," — wenn ich aber einmal mich bedacht habe, es
nicht mehr zu tragen, dann gehe ich jeder Gefahr freudig
entgegen." l)

Dieß ja war die Sprache G r e g o r ' s , und ist noch
heut zu Tage die seines Nachfolgers Pius, und sie ist
nichts anders, als das unerschütterlich tief und fest ge=
gründete B e w u ß t s e i n d e s g ö t t l i c h e n R e ch =
t e s, und blieb daher auch durch alle folgende Zeit die
Sprache aller Stellvertreter Petri.

So Papst **Theodor,** in seinem Schreiben an P a u l u s
von Konstantinopel. — So Papst **Martin,** der Glaubens=
held und Martyrer (†655), von dem die russische Kirche
in ihren liturgischen Büchern also singt: „Du hast dem
göttlichen Throne Petri Ehre gemacht, — — glorwür=
digster Meister aller rechtgläubigen Lehre; — Wahrheit
verkündendes Organ der hl. Gebote, der den C y r u s,
Patriarchen von Alexandria, S e r g i u s, Patriarchen
von Konstantinopel, und P y r r h u s und alle ihre An=
hänger ausschloß, von der Kirche Jesu Christi." — m)
Welch ein Bekenntniß aus dem Munde von Schismatikern?

---

l) Baron. ad an. 595.
m) Maistre du Pape 89.

In seiner Encyclica, in Betreff der Verdammung dieser
Ketzer, vindicirt M a r t i n vor den Augen des ganzen
Orients, diese seine ihm vom Herrn durch Petrus gegebene
Macht, "Secundum potestatem nobis a Domino datam
per Petrum apostolorum principem." — Er ermahnt
die Bischöfe, daß sie, als S ö h n e d e s G e h o r s a m s,
— "tamquam filii obedientiae," — einmüthig mit hei-
ligem Eifer, seinem, für jene Zeit nach Jerusalem und
Antiochia gesendetem Vikar, beistünden. Dem Vikar selbst
schärft er strenge in seinem Commissorio ein, von Allen
schriftliche Glaubensbekenntnisse abzufordern, zum Beweise, daß sie mit den Lehren des apostolischen Stuhles
durchaus übereinstimmten. — Mit gleicher Entschiedenheit schreibt M a r t i n an die Afrikaner und an den Kaiser selbst, dessen Typus er verdammte. „Das Urtheil des
Papstes," sagt M a r t i n, in Betreff V i k t o r's von
Carthago, „ist das Urtheil des Apostelfürsten Petrus, der
a l l e i n und vor Allen vom Könige der Könige, Christus,
Gott gewürdiget ward, die Schlüssel des Himmels zu
erhalten." n)

Auf diese oberstrichterliche apostolische Macht des Primats beruft sich Papst **Vitalianus** in der Angelegenheit
des Erzbischofs und der Suffragan-Bischöfe von Creta.
Der Bischof von Ravenna nennt eben diesen Papst den
auf der ganzen Welt apostolischen und allgemeinen Papst:
"Toto orbe apostolicus et universalis Pontifex." In
gleicher Weise Papst **Adeodatus** (†676) in seinem Schreiben an die Bischöfe Galliens in Betreff der Exemption
des St. Martinsklosters.

n) Hard. III. 758.

Wie Papst **Agatho** sich im Angesicht des sechsten Con= cils aussprach, ward bereits oben nachgewiesen. o) Auf diesen höchsten Glaubensprimat beruft sich mit der Unerschrockenheit M a r t i n ' s , Papst **Gregor** II. (†731) gegen den Bilderstürmer L e o den Isaurier. „Wisse," sagt er, „Imperator, über Glaubenssachen ur= theilen, ist nicht Sache der Kaiser, sondern der Päpste." "Scias imperator, s. ecclesiae dogmata non impera- torum esse, sed pontificum." — Zu diesem Papst lassen die liturgischen Bücher der Russen einen Engel Gottes sagen: „Gott hat Dich berufen, auf daß Du der höchste Bischof seiner Kirche, und der Nachfolger Petri des Für= sten der Apostel seiest." Er nennt den Papst die u n e r = s c h ü t t e r l i c h e F r i e d e n s m a u e r d e s O r i e n t s u n d O c c i d e n t s . — Was auch der wüthende Kai= ser immer tobte und tobend begehrte, G r e g o r antwor= tete demselben mit dürren Worten: „Bekleidet mit der Macht und Obergewalt des hl. Petrus, verbieten wir ꝛc." In dem Schreiben an P i p i n , welches **Stephan** im Namen d e s h l. P e t r u s demselben schrieb, als Zei= chen, in welchem Bewußtsein das Ansehen Petri in ihm als Nachfolger lebte, heißt es: „Ich, Petrus der Apostel... der Erleuchter der ganzen Welt — "illuminator totius mundi" — bin durch Bestätigung des Herrn dazu ver= ordnet." — Und in dem andern Schreiben an P i p i n lesen wir: „Die heilige Mutter aller Kirchen Gottes und das Haupt, d a s F u n d a m e n t d e s c h r i s t l i c h e n G l a u b e n s , d i e r ö m i s c h e K i r c h e . " "Fun- damentum fidei christianae, *Romana ecclesia.*"

---

o) Siehe die Akten des Concils.

Wie **Hadrian** im Angesicht des siebenten allgemeinen Conciliums sich aussprach, haben wir oben gesagt.

Auf diese oberstrichterliche Macht beruft sich **Leo** III. im römischen Concil, und vor **Karl** dem Großen, der selbe auch höchst feierlich anerkannte: „Vom apostolischen Stuhl — riefen alle Väter des Concils zugleich aus, werden wir alle gerichtet, Er hingegen wird von Niemanden gerichtet." *"Nam ab ipsa nos omnes judicamur — ipsa autem a nemine judicatur."* p)

Gregor IV. (†844) nahm den Bischof **Abalrich** gegen seine Unterdrücker kräftigst in den Schutz als oberster einziger Richter der Bischöfe.

Auf diese apostolische Vollmacht in kirchlicher Sphäre beruft sich **Benedict** III. (†858) in seinem Sendschreiben an die Bischöfe Galliens.

Kräftiger noch spricht sich Papst **Nicolaus** (†867) aus, weil er dazu bestimmter aufgefordert war. — In dem Briefe an König **Karl** heißt es: „Dieser heilige und erste Stuhl, dem die Sorge der ganzen Heerde des Herrn vertraut ist, sorgt, daß in allen Theilen der Welt Alles nach Anordnung **seiner Richtschnur** geordnet werde." *"In omnibus mundi partibus, rectitudinis suae dispositione, cuncta ordinari procurat."* — Und in dem Schreiben an **Karl** den Kahlen und die Bischöfe der Synode von Soissons: „Ihr werdet erkennen, daß nicht nur allein von Allem, was einigermaßen in Zweifel gezogen werden, oder irgend einer Frage unterliegen könnte, sondern daß auch in Vollbringung aller sonstigen kirchlichen Geschäfte an das Haupt des Episcopats, das

p) Ha⁻. III. 935.

ift, an den Stuhl des großen Petrus von euch Alles zu
bringen fei." "Non solum de omnibus, quae possint
aliquam recipere dubitationem vel quamcumque in-
currere questionem etc.". . . „Die Privilegien des
apoſtoliſchen Stuhles ſind Schirmbedeckungen der ganzen
katholiſchen Kirche, Bollwerke wider alle Anfälle der
Bosheit; "Privilegia sedis apostolicae tegmina sunt
totius Ecclesiae catholicae ; munimina sunt circa
omnes impetus pravitatis;" denn was Rothad
(Biſchof von Soiſſons, durch Hincmar und Karl
verfolgt) heute widerfuhr, woher wiſſet ihr, daß es mor=
gen nicht Jedem aus euch widerfahren möge?" "Quod
Rothado hodie contigit, unde scitis, quod cras non
cuilibet eveniat vestrum?" „Und wenn es ge=
ſchieht, zu weſſen Hülfe werdet ihr
fliehen?" "Quod si contigerit, ad cujus confugie-
tis auxilium? etc." — Wenngleich hier es ſich zunächſt
um Perſonen gehandelt, ſo leuchtet doch klar durch, wo
nach der Lehre Nicolaus der oberſte Gerichtshof in
Dingen des Glaubens zu ſuchen ſei.

In dieſem vollen Bewußtſein der abſoluten kirchlichen
Prärogative ſeiner Cathedra apostolica ſchrieb derſelbe
Nicolaus den Biſchöfen des Orients, und, wohlge=
merkt, im neunten Jahrhundert, alſo: „Was war
wohl in allen allgemeinen Conci=
lien gültig, was auf irgend eine
Weiſe angenommen, als das, was der
Stuhl des hl. Petrus guthieß, wie
ihr es ſelbſt wiſſet." "Quid ratum, quid
prorsus acceptum, nisi quod sedes beati Petri probavit,
15

ut ipsi scitis." — „So wie im Gegentheil, allein, was Er verwarf, das allein bleibt bis jetzt verworfen." "Sicut e contrario, quod ipsa reprobavit, hoc solummodo consistit hactenus reprobatum." — Aehnliches sagt er dem Kaiser M i ch a e l , und sprach es in der allgemeinen unerschütterlichen Glaubensüberzeugung der ganzen Christenheit.

Hören wir noch, wie N i c o l a u s die Ehetrennung König L o t h a r s , durch einige feile Beschöfe in einer Synode von Mainz versammelt, erlaubt, als ungültig und unerlaubt verurtheilte : „Die Synode von Mainz," heißt es in dem kirchenoberhäuptlichen Urtheile an alle Bischöfe, — „verdammen wir, kraft a p o s t o l i s ch e r A u t o r i t ä t ." — Die daran betheiligten Bischöfe, er= klärt **Nicolaus** ihrer Würde entsetzt, und fügt bei : „Wenn Jemand die Dogmen, Befehle, Verbote, Satzungen und Dekrete für den katholischen Glauben oder für die Kir= chen=Disciplin, vom Vorsteher des apostolischen Stuhles erlassen, verachtet, — der sei verflucht." — "*Si quis dogmata, mandata, interdicta, sanctiones vel decreta pro fide catholica, et pro ecclesiastica disciplina a sedis apostolicae praeside promulgata, contemserit, — anathema sit.*"

Wie Papst **Hadrian** II. (†872), sich im Angesichte des achten, allgemeinen Concils und des Kaisers B a s i l i u s aussprach, ward oben gezeigt.

Auf diese Glaubensprärogative beruft sich auch Papst **Johann** VIII. (†882), in seinem Schreiben an König M i ch a e l von Bulgarien. — „Wir glauben," sagt er, „daß es euch nicht unbekannt sei, daß der apostolische

Stuhl des hl. Petrus **n i e v o n a n d e r n S t ü h l e n
d e s I r r t h u m s s e i b e z ü c h t i g e t w o r d e n;**
da er es ist, der alle andern, und vorzüglich den konstan=
tinopolitanischen, sehr oft des Irrthums rügte oder von
Irrthum befreite; oder jene, die zu folgen sich weigerten,
durch das Urtheil seines Ausspruches verdammte." — Im
gleichen Sinne sagte er dem Comes Petrus: „Der Kö=
nig lese nur die evangelische Geschichte," — "legat rex
evangelicam historiam et videat ibi," — und sehe allda
wie vor Allen allein, während sie so und so meinten,
Christus, der Sohn des lebendigen Gottes es Petro ge=
offenbaret, und ihm einzeln gesagt wurde: „Ich habe
für dich, Petrus, gebetet ꝛc."... „Wenn also, während
„Andere irrig meinten, Petro vorzugsweise die Wahrheit
„geoffenbaret ist, und wenn für den Glauben Petri allein
„gebetet ward, daß er nicht abnehme, so möge der König
bedenken," — "consideret rex etc." — „Für diesen
reinsten Glauben weilte der selige Petrus zu Rom, in
diesem Glauben festigte er die Kirche, und litt für
selben den Tod." — "Pro hac itaque purissima fide
beatus Petrus Romae commoratus, in hac stabilitavit
Ecclesiam, — pro hac fide, decus mortis assumpsit
etc."... „Diesen Glauben heißt es also auch vor Allem
nirgend anders suchen, als zu Rom, wo er von Petrus
gepflegt und eingepflanzet ward." q)

In d e r K r a f t d e s s e l b e n B e w u ß t s e i n s
d e r h ö c h s t e n E n t s c h e i d u n g s m a c h t des apo=
stolischen Stuhles in kirchlichen Dingen, schreibt auch
Stephan IV. (†891), nach Konstantinopel: „D i e

q) Hard. IV. 16—18, 50, 56, 59, 98, 102,

heilige, römische Kirche ist gleichsam zum
Spiegel und Vorbild aller Kirchen ge=
setzt; wenn sie also etwas definirt, so
bleibt es in alle Ewigkeit fest und uner=
schütterlich." — "S. *Romana Ecclesia velut spe-
culum quoddam et exemplum Ecclesiis caeteris proposita
est; quae si quid definierit, id omnibus saeculis firmum
inconcussumque manet.*" — r) Dem Kaiser, der dem=
ungeachtet seinen Wunsch, in Betreff des Photius
durchsetzen wollte, antwortete der Papst: „Wir haben
uns sehr verwundert, wie du so schreiben konntest;...
da du weißt, daß unsere priesterliche und apostolische
Würde keineswegs der königlichen Hand untergeben ist;"
— "*rerum tantum saecularium curam gerere debes,*"
„du hast bloß zeitliche Dinge zu besorgen.... Die Sorge
der Heerde, Christi, ist uns übergeben, — und ist um
so vorzüglicher, als der Himmel über die Erde erhaben
ist. "*Gregis cura vero nobis commissa tanto praestan-
tior est, quantum distant a coelo ea quae in terris
sunt.*" — Höre den Herrn, der da sagt: „Du bist
Petrus ꝛc." — Mithin mahnen wir dich, daß du den
Dekreten des Apostelfürsten genau nachfolgest. Die Lehre
und das Priesterthum aller Kirchen hat vom Fürsten
Petrus seinen Ursprung erhalten, "*Institutio et sacerdotium omnium Ecclesiarum a Principe Petro ortum
accepit, per quem et nos sincerissima doctrina monemus
omnes et docemus,*" — durch den auch wir in bewähr=
tester Lehre Alle ermahnen und lehren. — Wir sind er=
staunt, deine Klugheit so verführt zu sehen.... wer hat

r) Hard. VI. 1130.

dich zum Richter der Bischöfe gesetzt?" "Obstupescimus,
dum *tuam prudentiam* seductam videmus... *quis te
Pontificum judicem constituit?!!* s)

Auf diese apostolische Vollmacht seines Weltapostolats
beruft sich **Leo** VII. (†939) in seinem Rundschreiben an
die sämmtlichen Bischöfe, Könige, Herzoge, Grafen ꝛc.
per Galliam, Germaniam, Bavariam, Alemaniam.

Dasselbe thun mit nicht minder kräftigen Ausdrücken
Agapet II. (†955), **Johann** XIII. (†972), **Benedict**
VI. (†974) in seinem Bestätigungsschreiben an F r i e d =
r i ch, Erzbischof von Salzburg und apostolischen Vicarius
in Noricum und Pannonien, und **Benedict** VII. (†983)
in seiner Zuschrift an sämmtliche Erzbischöfe, Herzoge,
Grafen und Aebte in Deutschland und Gallien, an den
Herzog Heinrich von Baiern und an den Kaiser selbst,
in welcher er sagt, daß alle Mitpriester von allen Grenzen
der Erde die Regel und Kraftfülle ihres Amtes von dem
Ministerium der römischen Kirche erhalten.

Auf gleiche Weise äußern sich **Gregor** V. (†999), ein
deutscher Prinz und würdiger Thronfolger Petri. **Sil=
vester** II. (†1003), vor seiner Erhöhung auf den aposto=
lischen Stuhl G e r b e r t genannt, und hochberühmt.
Benedict VIII. in seinem Schutzbrief an die Bischöfe
von Burgund, Aquitanien und der Provence. **Clemens**
II. (†1047) in seiner Urkunde an die Erzbischöfe von
Ravenna, Aquileja und Mailand. Besonders **Leo** IX.
(†1054) in seinem Urtheilsschreiben an die Bischöfe Af=
rikas, die nach Rom sich an den hl. Vater gewandt: „Wir
freuen uns," sagt er, „daß ihr von der hl. römischen

s) Hard. IV. 365.

Kirche, als eurer Mutter, das Urtheil verlanget in Be=
treff eurer Fragen, und zum Urquell euch wenden zu müs=
sen für nothwendig erachtet habet; .. denn alle größern
und schwierigeren Streitfragen sind durch den heiligen
und ersten Stuhl Petri, von dessen Nachfolgern zu ent=
scheiden." "*Omnium ecclesiarum majores et difficilio-
res causae, per sanctam et principalem Petri sedem, a
successoribus ejus sunt definiendae.*" Dem neuen Pa=
triarchen Petrus von Antiochia, welcher sein Glau=
bensbekenntniß eingeschickt, und dabei Anfragen gestellt,
antwortete Leo in derselben Weise, und setzt diese
höchst kräftigen, herrlichen Worte bei: „So bekräftigen
„es alle ehrwürdigen Concilien, so die menschlichen Ge=
„setze,—so der Heilige der Heiligen,—der König der
„Könige,—der Herr der Herrschenden, daß dort die
„höchste Würde und der ehrwürdige Schei=
„telpunkt der ganzen kirchlichen Ver=
„waltung hervorleuchte und emporrage,
„wo das Haupt der Apostel, Petrus, die
„Auferstehung am jüngsten Tage erwar=
„tet! Nämlich der **Einzige** — "*Nimirum solus
„ille*," — für den, auf daß sein Glaube
„nicht wanke, der Herr versichert, daß er
„gebetet habe. Welches kräftige Gebet erhielt, daß
„bisher der Glaube Petri nie abnahm, und daß er auch,
„wie wir glauben, auf dessen Thron in Ewigkeit nie ab=
„nehmen, sondern die, in verschiedenen
„Glaubensgefahren erschütterten Her=
„zen der Brüder, kräftigen werde, wie
„er bisher sie zu festigen nie aufgehört.

„Meine Niedrigkeit also, die deßhalb auf die Höhe des „apostolischen Stuhles erhöhet ward, **d a ß s i e, w a s** „**g u t z u h e i ß e n, g u t h e i ß e,** — **w a s z u v e r=** „**w e r f e n** — **v e r w e r f e** — **2c.**" In seinem Schreiben an den Patriarchen von Konstantinopel sagt er: „**W a s i m m e r f ü r e i n V o l k d e r W e l t a n=** **m a ß e n d v o n d e r r ö m i s c h e n K i r c h e a b w e i c h t,** **i s t n i c h t m e h r i r g e n d e i n e** — **s o n d e r n g a r** **k e i n e K i r c h e z u n e n n e n.**" "*Ut in toto orbe, quaecumque natio dissentit superbe ab ea, non sit jam dicenda ecclesia aliqua, sed omnino nulla.*" Was Leo in diesem Schreiben kurz berührte, erörtert er ausführlich in einer seinem Gesandten mitgegebenen Denkschrift an den Patriarchen und seinen Freund Leo von Acrida: „Nicht durch einen Engel," heißt es in dieser wahren Denkschrift, „nicht durch einen Propheten, sondern mit eigenem Munde hat der Herr der Engel und Propheten es Petro verheißen: „Du bist Petrus 2c. — ich habe für dich gebetet." "*Erit quisquam tantae dementiae?*" — Wird also wohl Jemand von solcher Vermessenheit sein, der das Gebet desjenigen, dessen Wollen — Können ist, sich erfrechte, in irgend einem Dinge vergeblich zu erach= ten? Durch welchen Ausspruch der Herr gezeigt, daß der Glaube der Brüder in verschiedentlichen Umständen gefährdet werden würde, jedoch **d u r c h d e n u n e r=** **s c h ü t t e r l i c h e n, u n a b n e h m b a r e n G l a u b e n** **P e t r i, g l e i c h a l s m i t H ü l f e e i n e s f e s t e n** **A n k e r s g e f e s t i g e t, u n d i n d e m F u n d a m e n t** **d e r a l l g e m e i n e n K i r c h e g e k r ä f t i g e t w e r=** **b e n s o l l t e.**" "*Sed inconcussa et indeficiente fide Pe-*

tri, velut firmae ancorae subsidio, figendum et in fundamento universalis Ecclesiae confirmandum etc." Und auf die ganze Masse geschichtlicher Zeugnisse sich stützend, fährt Leo weiter fort: "Sind denn nicht wirklich vom Stuhle des Fürsten der Apostel, das ist, von der römischen Kirche, sowohl durch denselben Petrus, als durch dessen Nachfolger alle Irrthümer der Ketzer verworfen und ausgetilgt, und der Brüder Herzen, im Glauben Petri, welcher bisher nie abnahm, noch in Ewigkeit je abnehmen wird, befestiget worden? — "*tam per eundem Petrum, quam per successores suos reprobata et expurgata sunt omnium haereticorum commenta, et fratrum corda in fide Petri, quae hactenus non defecit, nec usque in finem deficiet, confirmata?*"— Von dem Menschen denkt Menschen was ihr wollt — *de homine sentite homines quod vultis;* aber daß irgend Jemand aus Stolz sich etwas gegen unsern apostolischen Stuhl anmaße, dies werden wir nie zugeben; denn, wer immer das Ansehen der römischen Kirche zu schmälern strebt, der hat nicht nur den Umsturz einer Kirche, sondern der ganzen Christenheit im Sinne! "*Cujus enim sustentatione alterius, respirabunt filiae a quovis oppressae, unica illa suffocata matre? cujus refugium appellabunt?*" Oder durch wessen andere Hülfe werden die, von irgend Einem erdrückten Tochterkirchen athmen, wenn diese einzige Mutter erstickt ist? wessen Zuflucht werden sie anrufen?" Kirchen der ganzen Welt in unseren Tagen, wie fühlet ihr alle so sehr die Wahrheit dieser Erinnerung zu unserer Zeit mehr denn je! — Ist nicht Pius IX. euere einzige Zuflucht?

So Leo IX. an die Griechen, so dessen Nachfolger Viktor II., Stephan IX., Nikolaus II. „Deßhalb, sagt Nikolaus in seinem Briefe an Gervasius, Erzbischof von Rheims, „deßhalb ist uns das Ministerium Petri vertraut,“ "quatenus errata corrigamus," „daß wir was irrig ist, berichtigen.“ So Alexander II. in der Synode von Rom, welcher die Rechtsanwalte des Kaisers beiwohnten: „Dieses Geschäft,“ sagt in selber Synode der Defensor Ecclesiae Romanae, „geht die ganze Kirche an, — nicht nur den Stuhl von Rom — denn so lange dieser steht, stehen die andern auch, wenn dieser als Fundament und Basis aber fiele, muß nothwendig der Sturz aller folgen.“ — "Hac enim staute reliquae stant; sin haec antem, quae omnium fundamentum est et basis, obruitur, caeterarum quoque status necesse est, collabatur. — Romanam Ecclesiam solus ille fundavit, et supra petram *fidei mox nascentis erexit etc.*"

Die Folgereihe hat uns bereits an die Zeiten des großen Repräsentanten der Machtfülle Petri in seinen Nachfolgern geführt, an Gregor VII. — Wir können es nicht oft genug wiederholen: Eben das von aller rechtgläubigen Welt anerkannte oberste Richteramt in kirchlicher Sphäre, und besonders in Entscheidungen über Glaubensfragen und göttliches Recht, in den Nachfolgern Petri, eben diese allgemeine Anerkennung, liegt der außerordentlich höchsten Richterwürde unter christlichen Völkern, wie sie jene Zeit in dem Statthalter Christi anerkannt, zu Grunde. Dieses Letztere kümmert uns zunächst freilich nicht; wie weit diesfalls das Recht der Päpste rechtmäßig sich erstreckt habe, ist hier auch nicht in Frage, jedoch das Factum ist von unermeßlicher Tragweite, für jeden denkenden Geist, der aufrichtig nach Wahrheit sucht, bei Beherzigung der Frage, die uns hier vorliegt: „Ob nämlich die oberste Machtfülle in kirchlicher Sphäre „von Christus wirklich Petro und seinen Nachfolgern „**gegeben,** ob diese sich selber stets **bewußt,** dieselbe al= „lenthalben **ausgesprochen,** und ob dieselbe von kirchlicher „Seite feierlich und offen **anerkannt** worden sei oder „nicht." Darüber fürwahr kann kein Zweifel obwalten! Oder, welche Sophistik in der Welt wird uns dieses Gewicht von Zeugnissen umzustoßen vermögen, das wir bisher auf die Wagschale des Gerichtes gelegt!

Wir haben nicht nöthig, die Aussprüche der folgenden Päpste darüber zu vernehmen. Das ganze Bullarium gäbe dafür Zeugniß. Sehr wichtig aber und interessant ist es, daß G r e g o r VII. noch vor B e r n a r d, dem letzten der hl. Väter, in dieser Reihe der Zeugen glänzt, und daß somit das Zeitalter der hl. Väter d i e s e n P a p s t m i t e i n s c h l i e ß t, was den Einklang und Ausspruch kirchlicher Autorität in Betreff der Rechte des Primats und kirchlicher Anerkennung glanzvoll beleuchtet, und gegen jeden dogmatischen Angriff erhebt.

Es übrigt nur, daß wir noch den zweiten Abschnitt gedrängt durchführen, nämlich mit welcher Sicherheit, Kraft und Wirkung die Nachfolger Petri, nicht nur ihr oberstes Richteramt in Dingen des Glaubens vor aller

Christenwelt a u s g e s p r o ch e n, sondern in welchem Umfange sie auch dasselbe durch alle Zeitläufe der christlichen Jahrhunderte a u s g e ü b t.

———•———

Definitive Ausübung,

durch welche

die römischen Päpste ihr oberstes richterliches, göttliches Recht in Glaubens=Entscheidungen durch alle Jahrhunderte ausgeübt, und Anerkennung der absoluten Competenz dieses Gerichtes von Seite der Kirche.

Auch in dieser Hinsicht, wie in jedem der vorhergehenden Abschnitte, tritt uns aus der apostolischen Urzeit selbst ein Zeugniß entgegen, welches gleich im Fundament das Recht, das wir in den Nachfolgern Petri behaupten, für jeden unbefangenen Denker in gründlichster Beweisführung feststellet.

Dieses erste Factum betrifft die Beilegung der Spaltungen und Glaubensstreite der Kirche von Corinth durch C l e m e n s, Schüler und zweiten Nachfolger des hl. P e t r u s auf den apostolischen Stuhl zu Rom. — Um diese Thatsache recht zu würdigen, muß man bedenken, daß, als die Corinther sich nach Rom um Entscheidung wandten, in der viel nähern Kirche von Ephesus, noch der Lieblingsjünger und Apostel Johannes selbst lebte;

daß ferner mehrere andere apostolische Kirchen, als die
von Smyrna und Antiochia, weit näher lagen, als die
Kirche von Rom; — und dennoch wandten sich die
Corinther nicht an diese, nicht an den Apostel, sondern
an den Nachfolger Petri zu Rom, welcher auch in aller
Kraft seiner Amtsvollmacht ein Entscheidungsschreiben
erließ, welches, wie Irenäus und Eusebius sich aus=
drücken, wirklich den Frieden wieder herstellte, und die
zerstörte Glaubenstreue befestigte.   Welch kostbare Ur=
kunde für das in apostolischer Zeit selbst anerkannte
Glaubensvorrecht der römischen Bischöfe als Nachfolger
Petri!   Gewiß auf der Seite der von solcher Ferne, in
solchen Umständen, Entscheidung und Hülfe Suchenden,
sagt Rothensee, konnte nur die Erinnerung an den Auf=
trag des Herrn: „Schafe und Lämmer zu weiden, — die
Brüder zu stärken,“ und das Vertrauen auf Christi Ver=
heißung, „daß die Glaubenstreue des für so wichtige
Aufträge Ausersehenen fest stehen werde,“ Aufforderung
und Weisung sein dort Hülfe zu suchen, wo der Beauf=
tragte, der Gekräftigte des Herrn, der Felsen, auf den er
seine Kirche baute, fortlebt und fortwirkt; — dort wo der
Einheits=, Mittel= und Stützpunkt gegen jede Spaltung
zu finden war. — Auf der andern Seite konnte nur das
lebhafte Bewußtsein der von Petrus mit seinem Stuhle
geerbten Weide= und Stärkungspflicht, das kraftvolle
Einschreiten des hl. Clemens leiten. — Selbst die
Centuriatoren von Magdeburg, diese so erbitterten Feinde
der Kirche von Rom, konnten nicht umhin, „ein oberhirt=
liches Einschreiten“ in diesem Factum anzuerkennen. —
Schmitz in seiner Dissertatio de potest. legislat. Ec-

clesiae, (Heidelberg, 1792) nennt das Benehmen der Corinther ganz bei dem rechten Namen, — er nennt es einen R e c u r s. — Diesen aber nimmt man zur obersten competenten Stelle, welche also bereits in apostolischer Zeit, kraft dieser Thatsache zu Rom erkannt ward. — Und wer vermag die Fügung der Vorsehung zu verkennen, die es so leitete, daß die in unseligem Schisma versenkte Kirche des Orients selbst die köstliche Urkunde aufbewahren, und daß der calvinisirende Patriarch C y r i l l L u c a r zu Konstantinopel das Werkzeug sein mußte, dieselbe im Abendlande zu verbreiten. t) — Und nun von Clemens angefangen, sehen wir bis an unsere Zeit, vom päpstlichen Stuhle aus, auf die entschiedenste und entscheidendste Weise das göttliche Richteramt verwaltet, und unter Seinem Urtheil d i e J r r - t h ü m e r a l l e r J a h r h u n d e r t e, g e r i c h t e t — s i n k e n.

D i e s e s a p o s t o l i s c h e R i c h t e r a m t höchster Glaubens = Entscheidung nämlich übte, wie C l e m e n s, **Hygin** im zweiten Jahrhundert, in der Streitsache des Valentin, Cerdon und Marcion aus; — verdammte die beiden ersteren, und söhnte letzteren mit der ganzen Kirche wieder aus, und zwar ohne weitere Anfrage; wobei B e r - c a s t e l bemerkt: u) „Alle Kirchen erkannten den Ausweisungsspruch des apostolischen Stuhles an, und hielten sie von der Zeit an für nichts, als Ketzer. — Der Kunstgriff auf der einen, (er meint die Umtriebe dieser Ketzer, um den Papst zu hintergehen,) und der Abscheu von der

---

t) Vergl. den Katholik. August 1825, Seite 149.
u) Berc. l. I. 142.

andern Seite, zeigen auf gleiche Weise, daß in dem Erben
Petri, wie in Petrus selbst, ein Oberhirt da ist, der alle
Schafe, sie mögen herkommen, woher sie wollen, (Valen=
tin, Cerdon und Marcion kamen aus Alexandria,
Syrien und Pontus,) in die Heerde aufzunehmen, oder
zurückzuweisen; über den Glauben eines Jeden, der sich
in der Kirche zum Lehrer aufwirft, zu richten, zu prüfen,
zu genehmigen oder zu verwerfen, berechtiget ist." —
Also Bercastel. — **Eleutherius**, auch im zweiten
Jahrhundert, verdammte die Gnostiker. Dieses oberste,
apostolische Richteramt übte **Viktor** gleichfalls im zweiten
Jahrhundert gegen die Irrlehrer Theodot von
Byzanz, Ebion und Artemon, verdammte ihre
Lehren, und stieß sie aus der Kirche; und überall galten
sie, weil von Rom gerichtet, als Ketzer.

Dieses apostolische Richteramt übte Papst **Zephirin**
(†219), im dritten Jahrhundert gegen die Irrlehrer
Parereas und Proclus, welche nach Rom eilten,
um durch ein trügliches Glaubensbekenntniß Montan
und Tertullian, und somit ihre Sekte zu rechtfer=
tigen. — Sie wußten gar wohl, diese Häresiarchen, den
Glauben der Christenwelt, daß, was Rom gutheiße,
allenthalben gelte; was Rom verwerfe, gleichfalls ver=
worfen werde; doch es schlug ihnen, wie Cerdon und
Valentin, fehl. — Der Papst richtete und excommu=
nicirte sie, und sie waren und blieben somit in den Augen
der ganzen Kirche gerichtet; — das Urtheil des
Papstes galt Allen als definitiv und
peremptorisch.

Zu eben diesem Papst **Zephirin** nahm, um Aussöhnung

und Wiederaufnahme zu erhalten, auch ein gewisser
Natalius seine Zuflucht, welchen der Häresiarch
Theodor durch Ränke und Gold bethört hatte, ihr Bi=
schof zu sein, gegen 150 Denare monatlicher Besoldung.
— Im Bußsacke und mit Asche bestreut, warf er sich dem
Papste zu Füßen, bekannte reumüthig seinen Irrthum
und Fehler, und bat um Barmherzigkeit und Wieder=
aufnahme. v) — So erkannte man von allen Seiten
die Nothwendigkeit, sich vor Rom zu legitimiren, und die
Ketzerhäupter, so wie die von ihnen Verführten, wußten
gar wohl, und bewiesen es durch Thaten, wo, nach dem
allgemeinen Christenglauben ihrer Zeit und Vorzeit, die
"Principalitas potior" zu suchen sei, "unde auctoritas
praesto est," wie Tertullian selbst bekennt; den aber
leider später eben diese "Auctoritas" verdammte. — Und
zu diesen Thaten erhielten sie keine Aufforderun=
gen von Rom, bedurften es auch nicht; sie wußten es
andersher; — kein Concilium hatte es erst festge=
setzt, kein Papstbrief vorgeschrieben, keine gemeinschaft=
liche Verabredung eingeführt. — Es war gött=
liches, durch die Erblehre der Kirche,
stets offenbar und weltkundig anerkann=
tes Recht.

Dieses apostolische, oberste Richteramt übte **Corne=
lius,** im dritten Jahrhundert, gegen Novatus und
Novatian, und verdammte ihre schismatischen Irr=
thümer, und so waren und blieben sie in den Augen der
ganzen Kirche gerichtet.

Deßgleichen that Papst **Dionysius.** Er prüfte und

---

v) Eusebius V. 27.

verdammte die Irrlehren des S a b e l l i u s, wie des
P a u l u s von Samosat, und belehrte bei dieser Gelegen=
heit die ganze hl. Kirche. Der Irrthum blieb, als durch
rechtskräftiges Urtheil, im Angesichte der ganzen Kirche
verdammt und g e r i c h t e t.

In diesem Jahrhundert schrieb auch P o r p h y r,
ein heidnischer Philosoph, gegen das Christenthum, und
neckte in seinen Schriften die Christen unter andern,
„daß P a u l u s dem Fürsten der Apostel und s e i n e m
H e r r n, Vorwürfe zu machen sich erdreistet habe.“ —
Er mußte also doch wissen, in welchem Ansehen Petri
Würde, den Christen galt, da er ihn sonst ja nicht d e n
H e r r n d e s P a u l u s hätte nennen können. Das=
selbe erhellet aus dem Zeugnisse des Heiden A m m i a =
n u s M a r c e l l i n u s, Schriftsteller dieser Zeit, der
in seiner Geschichte, wo er von A t h a n a s i u s und
C o n s t a n t i u s spricht, der obersten Richtergewalt des
römischen Bischofes gleichfalls ausdrücklich Erwähnung
thut.

Dieses apostolische oberste Richteramt übte Papst Da=
masus (†384), im vierten Jahrhundert gegen A p o l l i =
n a r i s, T i m o t h e u s und V i t a l i s, und ver=
dammte in der Machtfülle seines Amtes deren Irrthümer.
Sie waren und blieben g e r i c h t e t. In Kraft dieses
apostolischen Richteramtes verdammte gleichfalls S i r i c i u s
(†308), den Häresiarchen J o v i n i a n und seine Irr=
lehre; — sie war und blieb g e r i c h t e t.

Insonderheit aber leuchtete die Ausübung dieses Rech=
tes in der Verurtheilung der so berüchtigten und weit
um sich reißenden Irrlehre der Pelagianer, durch J n n o =

cenz und **Zofimus.** — Als nämlich Pelagius und
sein Gehülfe Cölestius ihre Irrlehren zu verbreiten
anfingen, ergriffen die Bischöfe von Afrika, im Concil
von Carthago und Milevi versammelt, sogleich ihren
Recurs nach Rom, und hielten um ein definitives
Urtheil an. Innocenz lobte ihren Eifer. Den
Bischöfen des Concils von Carthago antwortete er:
„Ihr Recurs sei ein Beweis, daß sie wohl wüßten, was
sie dem apostolischen Stuhle schuldeten." "Ad nostrum
referendum esse approbastis judicium, *scientes quid
debeatur apostolicae sedi.*" — Ausführlicher noch lautet
die Antwort und Billigung an die Väter des Concils
von Milevi.

„Sehr zweckmäßig," schreibt Innocenz, „berathet
ihr die wissenschaftlichen Tiefen der apostolischen Würde,
der es, nebst der äußern Sorge aller Kirchen, obliegt, zu
beantworten, welche Meinung in zweifelhaften Dingen
zu halten sei; — darin seid ihr der alten Regel gefolgt,
von der ihr mit Mir wisset, daß sie von der ganzen Welt
stets sei beobachtet worden." — "*Antiquae scilicet regu-
lae formam secuti, quam toto semper orbe, mecum nostis
esse servatam.*" — Diese Beantwortung nennt in demselben Schreiben Innocenz „eine gewöhnliche Be-
schäftigung des apostolischen Stuhles." "Inter caeteras
Romanae Ecclesiae curas et apostolicae sedis occupa-
tiones, quibus diversorum consulta, fideli ac medica
disceptatione tractamus."

Und die Folge dessen war, daß fortwährend die richterlichen Aussprüche und Glaubensentscheidungen Roms
als Lehre-, Unterricht- und Glaubensnorm in alle Welt
16

ergingen, wie Innocenz gleichfalls als weltkundig beiſetzt: „wiſſend nämlich, daß durch alle Provinzen von dem apoſtoliſchen Quell, den Fragenden die Antworten ſtets zufließen." „Vorzüglich, ſo oft es ſich um Dinge des Glaubens handelt, ſollen alle Brüder und unſere Biſchöfe, nur zu Petrus, d. i., zu dem Stifter ihres Na= mens und ihrer Würde alles berichten, ſo wie es nun Euere Liebden gethan, was dann durch die ganze Welt allen Kirchen gemeinſchaftlich zu Guten kommt." "Praesertim quóties *fidei ratio* ventilatur, arbitror omnes fratres et Episcopos nostros nonnisi ad Petrum, i. e., sui nominis et honoris auctorem, referre debere, velut nunc detulit vestra dilectio, *quod per totum mundum possit omnibus Ecclesiis in commune prodesse.*" „Da= rum ſchließen wir in Kraft apoſtoliſcher Autorität Pe= lagius und Cöleſtius, als Erfinder neuer Worte, von der Kirchengemeinſchaft aus." So war und blieb es, und dies Alles war alte, von aller Welt ſtets anerkannte Regel; ja von den Ketzern ſelbſt anerkannte Regel, — ſelbſt von dem ſonſt ſo ſpitzfindig unterſcheiden= den Pelagius. Wenn je, ſo gelten hier die goldenen Worte des hl. Gregor von Nazianz: πρᾶξις ἐπίβασις θεωρίας. — Er wagte es nicht, gegen dieſe Autorität zu diſtinguiren, wie es leider ſpäter andere Irrthums=Con= ſorten, die Anhänger des neuen Anti=Pelagius, — wir meinen die Janſeniſten mit ihren Anhängern — thaten.

Im Gegentheil, Pelagius war nur darauf bedacht, ſich vor Rom zu rechtfertigen, — täuſchen wollte er die Autorität des apoſtoliſchen Stuhles durch Liſt, — ſeine absolute Competenz stellte er nicht in Frage. — Im Gegentheil, er schließt seine Rechtfertigungsschrift mit der Erklärung: „Wenn darin vielleicht etwas minder richtiges oder unbehutsames vorkömmt, so wünschen wir es von Dir verbessert, der Du den Stuhl und den Glauben Petri hältst." — "Emendari cupimus a te, qui Petri fidem et sedem tenes." — „Wenn aber unser Bekenntniß durch das Urtheil Deines Apostolats gutgeheißen wird, nun dann wird Jener, der mich bemakeln will, beweisen, daß er selbst nicht katholisch ist; nicht aber, daß ich ein Ketzer sei." —

Auch sein Freund Cölestius, begab sich in gleicher Absicht selbst nach Rom, da er es nicht wagte, den Briefen Innocenz zu widerstehen, sagt Augustin, sondern Alles, was dieser Stuhl verdamme, auch zu verdammen versprach. w)

Katholisch, und als solcher vom apostolischen Stuhle anerkannt zu heißen, war das Streben der meisten Irrlehrer. So hatte sich auch vorher schon Priscillian mit seinen Gesellen an **Damasus** gewendet, "ut objecta purgaret," wie Sulpitius Severus erzählt. Damasus ließ jedoch den Ketzer nicht vor sein Angesicht. Er durchschaute seine Heuchelei. So machten es die Päpste immer, sagt Lupus. Kein Ketzer, — es sei dann er habe sich bekehrt und feierlich den Irrthum abgeschworen, — hatte je das Angesicht des Papstes gesehen. Wir wissen, daß es dem unberufenen, eigenmächtigen Kirchen=Reformator von Pistoja, bei **Pius** VI. eben so

w) Aug. I. II. de pecc. orig. cap. VII.

erging. Was Pelagius betrifft, so traf seine Recht=
fertigung nicht mehr Innocentius, sondern sie gelangte
an dessen Nachfolger Zosimus. Dieser ging, wie es die
Wichtigkeit der Sache erforderte, mit der dem apostoli=
schen Stuhle so ausgezeichnet eigenen Ruhe und Umsicht
vor sich, und tadelte die Hitze der Afrikaner, welche sich
kurz daran hielten, Innocenz habe schon entschieden.
Allerdings, schreibt Zosimus an sie, müsse das Urtheil
des apostolischen Stuhles in seiner Kraft bleiben; er
habe aber auch nichts dagegen entschieden, sondern nur
nähere Aufklärung haben wollen, indem Cölestius
den Recurs an den apostolischen Stuhl genommen, zur
Besserung dessen, was gefehlt sein könnte, sich erboten,
und seine Ankläger vorgefordert habe, die ihm zur Last
gelegten Vergehen zu beweisen. — In solchen Dingen
dürfe nicht oberflächlich zu Werke gegangen werden; und
nun fügt Zosimus jene klassische Stelle bei, die wir
oben angeführt. Nachdem Zosimus mit Ernst und
Muße alles geprüft, erfolgte die Verdammung der Irr=
lehre, und die erforderliche Kundgebung an alle Kirchen
mit einer Machtvollkommenheit und Wirkung, über die
uns Augustin das herrlichste Zeugniß gibt, das wir
nur immer verlangen können. „Von Rom sind Ant=
wortschreiben gekommen,“ ruft er aus, „der Streit ist
entschieden.“ “Rescripta venerunt, causa finita est, —
utinam finiatur et error.” Wenn nur auch der
Irrthum ein Ende hätte! x) — Nicht an der
höchsten und entscheidenden Competenz liegt der Mangel,
sondern an der Halsstärrigkeit, der durch Hoffart und Irr=

---

x) Serm. II. de verb. apost.

thum Verblendeten, liegt die Schuld, wenn nach päpstlichen Aussprüchen noch ein Widerspruch stattfindet. „Was forderst du denn noch für ein Examen," schreibt er an Julian, „da dasselbe bereits von dem apostolischen Stuhl vorgenommen wurde?" Daher gehört auch die oben angeführte Stelle des hl. Prosper: „Papst Zosimus habe durch seine Entscheidung die rechte Hand der Bischöfe mit dem Schwerte Petri gewaffnet!" Mit welcher Machtvollkommenheit Papst **Cölestin** den Häresiarchen Nestorius bereits vor dem Concil von Ephesus gerichtet, haben wir oben schon mitgetheilt. — Es kann nicht leicht etwas Herrlicheres und Entscheidenderes in dieser Hinsicht geben. Dasselbe gilt von **Leo** und seinem dogmatischen Schreiben, von dem ebenfalls schon oben ausführlich die Rede war.

Dieses apostolische oberste Richteramt übte **Felix** III. im fünften Jahrhundert gegen Accacius, Petrus Mogus und Fullo, und verdammte ihre Irrthümer; — sie waren und blieben — gerichtet.

Deßgleichen that **Agapet** in der Streitsache des Anthimus. Das päpstliche definitive Urtheil erklärte ihn des Patriarchats verlustig. Durch solch ein Urtheil verdammte **Johann** IV. (†642) die Ekthesis des Kaisers Heraclius; Papst **Theodor** IV. (†649) die Anhänger des Paulus von Konstantinopel; **Leo** III. den ketzerischen Bischof Felix Urgellitanus. Sie waren und blieben — gerichtet.

Von den peremptorischen Glaubensentscheidungen der Päpste **Hadrian** I. und II., und **Nikolaus** war bereits oben die Rede.

In dieser Machtfülle des obersten Stuhles verdammte **Leo** IX. die Umtriebe des **Michael Cerularius** und das griechische Schisma; — **Viktor** II. die Irrlehre **Berengars**; **Gregor** VII. die Henricianer; **Innocenz** II. die Irrthümer des **Abälard**, welches Urtheil, weil, wie oben bemerkt, vom Papst in Anwesenheit eines allgemeinen Concils, doch ohne Einvernehmen desselben, ausgesprochen, gewiß der evidenteste Beweis ist, wie sehr die Nachfolger Petri ihres Rechtes sich bewußt, und wie dasselbe in kirchlicher Sphäre anerkannt gewesen sei. — Merkwürdig sind in dieser Hinsicht auch die Worte **Bernards**, mit welcher er im Namen des ganzen Concils von Soissons y) an den Papst schreibt: „Ich halte dafür, daß man jede Beeinträchtigung des Glaubens da zu ersetzen habe, wo der Glaube selbst keinen Mangel erleiden kann — "ubi fides non possit sentire defectum." — Dieß ist die Prärogative dieses Stuhles — " haec quippe praerogativa hujus sedis;" — denn, wem anders ist es je gesagt worden: „Ich habe für dich, Petrus, gebetet, daß dein Glaube nicht wanke." Also, was darauf folgt, wird vom Nachfolger Petri verlangt: „und du einst stärke deine Brüder." Dazu ist nun die Zeit 2c." Und wieder: „Ich habe denjenigen ermahnt, dem von Gott Gewalt gegeben ward, jede abweichende Behauptung zu verwerfen, und jede sich gegen die Wissenschaft Gottes erhebende Höhe zu beugen, und jeden Verstand im Dienste Gottes zu fesseln:" "et in captivitatem redigendum omnem intellectum ad obsequium Christi." — Wohlgemerkt, eine solche bindende Kraft erkennt **Bernard**

---

y) Ep. 192.

mit dem Concil von Soissons und mit der ganzen Kirche seiner Zeit in den Glaubens=Entscheidungen des Papstes — "*captivantem onmem intellectum in obsequium Christi.*" — Und der Papst in dem Bewußtsein seines Rechtes entschied mit nicht minder kräftigen Worten: „Wir," schreibt Innocenz in seinem Urtheil, „die wir, obwohl unwürdig den Lehrstuhl des hl. Petrus einnehmen, dem einst vom Herrn gesagt wurde: „Du einst stärke deine Brüder!" wir verdammen die Lehrsätze Petri (Abälardi) und legen ihm als Ketzer ewiges Stillschweigen auf." z)

In gleicher Machtfülle verdammt **Eugen III.** die Irrthümer Gilberts von Porret; **Sixtus IV.** die des Petrus Osma.

In Kraft dieser apostolischen Vollmacht verdammte **Leo X.,** die Lehrsätze Martin Luthers, — der anfangs keineswegs gegen das Glaubensrecht Petri in seinen Nachfolgern protestirte, sondern dasselbe überaus feierlich anerkannte, bis Leidenschaft ihn dahin trieb, daß er sich selbst als unfehlbar proclamirte, weil der Papst wider ihn definirte. In seinem Schreiben nämlich, an den Papst, erklärt Luther feierlich: „Heiliger Vater! zu Deinen Füßen „hingeworfen, opfere ich mich Dir mit Allem, was ich bin „und habe; belebe, tödte, rufe, widerufe, bestätige, ver= „werfe, wie es Dir gefällt; Deine Stimme werde „ich als die Stimme des in Dir vorstehen= „den und redenden Christus anerkennen „2c. — "Prostratum me, o Pater! pedibus tuis offero

z) Conc. Tom. 10. pag. 1023.

"cum omnibus, quae sum et habeo: vivifica, occide,
"voca, revoca, approba, reproba, ut placuerit; *vocem*
"*tuam vocem Christi in te praesidentis et loquentis ag-*
"*noscam, etc.*" —

Dem päpstlichen Legaten betheuerte er im Beisein
Anderer: „Ich erkläre, daß ich die römische Kirche in all'
meinen gegenwärtigen, vergangenen und zukünftigen
Worten und Thaten verehren und ihr folgen will. —
Sollte ich je was anders gesagt haben, so soll es als nicht
gesagt betrachtet sein." — "*Protestor,*" — so protestirte
damals der Coryphäus der Protestanten, "*protestor,*
me colere et sequi Romanam Ecclesiam in omnibus
meis dictis et factis, praesentibus, praeteritis, et *futuris.*
Quodsi quid aliter dictum fuerit, pro non dicto habere
et haberi volo." — Was mögen sich Protestanten denken,
wenn sie Luther auf diese Weise reden hören, und es
nicht läugnen können, daß Luther so geredet?

In seiner "Resolutio propositionum," vom Jahre
1519, und anderort, a) beweist Luther den Primat Petri,
wo er ganz nach katholischer Weise aus den Schriftstellen:
"Tu es Petrus etc." und aus der Tradition argumen=
tirt und behauptet: „Die ganze Welt ist darin
Eins, daß die Amtsgewalt des Papstes
durch diese Schriftstellen begründet
werde."

Erst als seine Lieblingssätze vom Papste verdammt
waren, kam der Blitz der Erleuchtung in seinen Kopf.
Nun gab es mit einem Male nichts Fluchwürdigeres, als
den Papst, und Alles was Dessen ist. Nun hatte er mit

a) Opp. Jenens. tom. V.

einem Male die Ueberzeugung, das Papstthum sei das
Reich Babylons, und die Macht des starken Jägers Nim=
rod; b) der Papst selbst, sei der Antichrist. — Indeß, so
heftig die Leidenschaft wogte, die ihn so reden hieß, war
sie doch nicht im Stande, für r u h i g e r e Stunden sein
b e s s e r e s W i s s e n u n d G e w i s s e n ganz zu
verdrängen. — Elf Jahre, nach begonnener Protestation,
konnte er nicht umhin, noch also zu bekennen: „Wir
„bekennen, daß unter dem Papstthum viel christliches
„Gute, ja alles christliche Gute sei, und daselbst herge=
„kommen sei zu uns; nämlich wir bekennen, daß im Papst=
„thum die rechte heilige Schrift sei, rechte Taufe, rechtes
„Sakrament des Altars, rechte Schlüssel zur Vergebung
„der Sünden, rechtes Predigtamt, rechter Katechismus.
„I c h s a g e , d a ß u n t e r d e m P a p s t d i e w a h r e
„C h r i s t e n h e i t i s t , j a d e r r e c h t e A u s b u n d
„d e r C h r i s t e n h e i t , s o m u ß s i e w a h r l i c h
„C h r i s t i L e i b u n d B l u t s e i n ꝛc." Im Jahre
1532 sagt er in seiner Schrift gegen die Sakraments=
Schwärmer: „Das Zeugniß der ganzen heiligen, christ=
„lichen Kirche, wenn wir schon nichts weiter hätten, soll
„uns allein genug sein; denn es ist gefährlich und er=
„schrecklich, etwas zu hören oder zu glauben, wider das
„einträchtige Zeugniß der ganzen hl. christlichen Kirche, so
„von Anfang her, über fünfzehn hundert Jahre, in aller
„Welt einträchtig gehalten hat! — Wer nun zweifelt,
„der verdammt nicht allein die ganze hl. christliche Kirche,
„als eine verdammte Ketzerin, s o n d e r n a u c h C h r i=
„s t u m s e l b s t , m i t a l l e n A p o s t e l n u n d

b) De cap. Babyl. vom Jahre 1520.

„Propheten, die den Artikel: „Ich glaube eine hl.
„chriſtliche Kirche,” gegründet haben; und gewaltig be-
„zeugt Chriſtus: „Sieh ich bin bei euch bis an das Ende der
„Welt;” und Paulus: „Die Kirche Gottes iſt eine Säule
„und Grundfeſte der Wahrheit.”—Gott kann nicht lügen,
„alſo auch die Kirche nicht irren.” — So Luther im
Jahre 1532. Als es aber darauf ankam, ſich dem Urtheil
des apoſtoliſchen Stuhles zu unterwerfen, und ſeinen
eigenen Irrthümern abzuſchwören, da rief er: „Es
kümmert uns nicht, wenn die Päpſte ſchreien: „die
Kirche, die Kirche, — die Väter, die Väter!“ — Propheten und Apoſtel haben ſich geirrt; —
durch Chriſti Wort richten wir die Kirche
und Apoſtel.“ — Sic?!

Ja nicht einmal dabei vermochte dieſer Gefallene ſtehen
zu bleiben, ſondern gedrängt durch das Gewicht der abſoluten Nothwendigkeit, ein unfehlbares Richteramt im
Reiche Gottes anzuerkennen, und den ſchon nicht mehr
anerkennend, zu deſſen Füßen geworfen, er früher Chriſti
Stimme zu vernehmen, betheuerte, wagte er es, ſeine
eigene Unfehlbarkeit, als Glaubensnorm zu
proklamiren. „Ich kümmere mich nicht,“ ſchrie Luther,
als ihm Chriſti Wort deutlich entgegen gehalten wurde,
zum Beweis der Nothwendigkeit, ſich dem Ausſpruch der
Kirche und ihres Oberhauptes zu fügen, — „ich kümmere mich nicht um Sechshundert Schrift-
texte!“ — Hört Proteſtanten! — Luther kümmert
ſich ſelbſt nicht um ſechshundert Schriftterte! — und doch
ſoll ſie ſtatt dem Glaubenswort des Statthalters Chriſti,
Glaubensnorm ſein? — Was hatte denn alſo Luther

endlich für ein Glaubensprincip aufgefunden? — **Sein
eigenes Wort ist es!** — „**Meine Worte,
— sagt er, — sind Christi Worte, mein
Mund ist Christi Mund, — ich bin gewiß,
daß ich nicht irren kann.**" — „**Wem da
scheint, daß ich gegen den Gebrauch der
Kirche, gegen den Ausspruch der Väter
gelehrt habe, der soll wissen, daß ich
mich um das Alles nicht kümmere.**" — Sic?

Bis dahin also muß man kommen, wenn man das
Apostolat des Statthalters Christi zu verwerfen wagt!
Welch ein merkwürdiger Zeuge ist somit **Luther** für
den Glaubensprimat Petri und seine durchgreifende
Nothwendigkeit zur Festhaltung des wahren Sinnes der
hl. Schrift und des ganzen geoffenbarten Wortes! Daß
die Anerkennung dessen der Glaube der katholischen Kirche
sei, hatten mit **Luther**, das ganze Heer protestantischer
Wortführer und Autoren stets begriffen und den Recht=
gläubigen stets, obwohl mit gleichem Unrecht, zum Vor=
wurf gemacht. Selbst der Name **Papist**, als gleich=
sinnig mit **Katholik**, der von der Zeit des **Prote=
stantismus** herstammt, und bei Protestanten, als
vermeintliches Schmähwort der Katholiken, so beliebt ist,
was beweiset er anders, als daß sie genau den Unterschied
zwischen sich und den Rechtgläubigen der Kirche fühlen,
deren Glaubensfels und Schutz Petrus, in der Person
des Papstes ist, während es für **Luther** und die Seinen
die pure, allen Irrthümern preisgegebene Vernunft
ist. Sie mögen uns „Papisten" nennen, sie erinnern uns
dadurch an unsere Rechtgläubigkeit, in Folge jenes Ca=

nons der Orthodoxie des großen hl. Ambrosius: „Wo Petrus ist, da ist die Kirche."

Aehnliche Anerkennung der Ausübung des richterlichen Glaubensamtes der Nachfolger Petri, finden wir auch in Calvins Schriften, doch auch gleiche Hartnäckigkeit und Verblendung der Leidenschaft von seiner Seite. Uebrigens ist es für unsere nivelierende und politisirende Zeit sehr merkwürdig, was Calvin c) von der allein seligmachenden Kirche äußert: „Außer ihrem Schooß," sagt er, "ist weder Vergebung der Sünden zu hoffen, noch ein Heil;" und in seinen Briefen d) heißt es von der Unabhängigkeit der Kirche von der fürstlichen Gewalt also: „Welch ein Beispiel würden wir geben, wenn wir gestatteten, daß der Fürst Richter der Lehre sei; daß, was er verordnet, zu halten sei....Gewiß, wenn wir dieses Joch uns auflegen lassen, so verrathen wir, durch unsere Nachgiebigkeit, das hl. Amt." Gott ließ es zu, daß an diesen Helden der Reformation sich Christi Wort bewähre: „Aus deinem Munde richte ich dich, böser Knecht!"

In Kraft dieser apostolischen Glaubensvollmacht verdammten **Pius** V. und **Gregor** XIII. die Lehrsätze des Bajus; sie blieben verdammt. **Urban** VIII., **Innocenz** X. und **Alexander** VII., die Irrthümer des Jansenius und seiner Sekte. Sie waren und blieben verdammt und gerichtet.

Es dürfte wichtig sein, da diese Irrlehre unter den letzteren Sekten die namhafteste ist, genauer die Art und Weise darzuthun, mit welcher die Päpste da ihr oberstes

---

c) Inst. I. IV. c. 1.
d) Edit. Genev. pag. 50.

Entscheidungsrecht in Dingen des Glaubens ausgeübt, und gegen die Arglist der Ketzer unerschütterlich aufrecht und geltend erhielten.

Jansenius, der selbst sein Testament mit folgenden Worten schließt: „Wenn jedoch der römische Stuhl etwas daran, (d. h. von seinem Werke,) ändern wollte, so werde ich mich als einen gehorsamen Sohn erweisen, und jener Kirche, in der ich beständig zu leben das Glück hatte, bis auf meinen letzten Lebenshauch immerdar treu verbleiben," erkannte das oberste Richteramt des Papstes an.

Da sich jedoch nach dem Tode des Jansenius dessen Irrthümer immer weiter ausbreiteten, so berichteten die Bischöfe von Frankreich, da sie selbst kein Urtheil zu fällen sich getrauten, die ganze Sache an den päpstlichen Stuhl, indem sie diesen Grund dem **Innocenz X.** vorlegen: „Von jeher war es in der Kirche Sitte, über wichtigere Angelegenheiten, mit dem römischen Stuhle Rücksprache zu halten, und diese Sitte muß, weil der Glaube des Petrus nie wanken wird, in Folge seines Rechtes, immerfort beibehalten werden." "Quem fides Petri nunquam deficiens, perpetuo retineri pro jure suo postulat." „Eure Heiligkeit hat es ja selbst erfahren," heißt es weiter, „welches Ansehen und Gewicht der päpstliche Stuhl bei der Unterdrückung der Ketzereien habe. Denn sogleich legte sich der Sturm; Wind und Meer gehorchten auf die Stimme Christi." Der Papst erklärte hierauf feierlich jene bekannten Sätze des Jansenius für ketzerisch, am 9. Juni 1653. Die Bischöfe von Frankreich, sobald sie davon in Kenntniß gesetzt wurden, traten zu

Paris in eine Versammlung zusammen, den 15. Juli des
nämlichen Jahres, und drückten in einem Briefe dem
Papste ihre Glückwünsche und ihre Freude darüber aus,
was durch dessen Entscheidung zum Wohle der Kirche
Frankreichs geschah. Sie sagen unter anderem: „In
dieser Angelegenheit ist besonders dies beachtungswerth:
daß, gleichwie auf Ansuchen der Bischöfe von Afrika,
Papst **Innocenz I.,** die Ketzerei des **Pelagius** verdammte, so hat **Innocenz X.,** auf Anfrage der Bischöfe
von Frankreich, die der pelagianischen entgegengesetzte
Ketzerei, durch seinen Machtspruch verbannt." — „Ein
solches päpstliches Urtheil," sagen sie, „habe göttliches
und durch die ganze Kirche geltendes Ansehen, dem alle
Christen pflichtschuldig mit Beistimmung des Geistes sich
zu unterwerfen haben." " *Cui omnes Christiani ex officio ipsius quoque mentis obsequium praestare tenentur.*"
Und gegen das Ende: „Indem wir nun dem **Innocen-**
tius, durch dessen Mund Petrus gesprochen hat, gleichwie
die vierte allgemeine Synode, **Leo I.,** zu diesem herrlichen
Triumph Glück wünschen, so r e i h e n w i r, d i e v o n
i h m g e g e b e n e E n t s c h e i d u n g, e i n s t i m m i g
u n d m i t f r e u d i g e m J u b e l d e n ö k u m e n i-
s c h e n S y n o d e n a n, d i e i n d e n J a h r b ü-
c h e r n d e r K i r c h e v e r z e i c h n e t s i n d."
Da aber die Jansenisten, ungeachtet dieser Erklärung
der Bischöfe von Frankreich, dem Urtheile des Papstes
nur durch Stillschweigen Genüge leisten wollten, ward
die Sache neuerdings nach Rom berichtet; es wurde ein
neues Dekret bekannt gemacht, in dem das frühere bestätiget wurde, wie man nämlich sein Urtheil dem Urtheile

der Kirche zu unterwerfen habe, und noch dieses beige=
fügt: „daß der Unterwürfigkeit, welche die Gläubigen
dem römischen Stuhle schulden, keineswegs durch ein blo=
ßes Schweigen Genüge geleistet werde." " Et obedientiae fidelium erga hanc sedem debitae, non satisfieri
obsequioso silentio." Auch dieser Ausspruch ward in
ganz Frankreich mit Beifall aufgenommen und überall
bekannt gemacht, wie die französischen Synoden, besonders
die vom 22. September 1705 bezeugen.

Ja selbst nicht wenige Gönner des J a n s e n i u s
erkannten die Unfehlbarkeit des Papstes in Glaubenssa=
chen an, denn sie unterschrieben die Eidesformel, die
von A l e x a n d e r VII. abgefaßt, also lautet: „Ich
N. N. unterwerfe mich der apostolischen Entscheidung
der römischen Päpste, und verwerfe die fünf Sätze des
J a n s e n i u s, . . . in dem Sinne, den der Autor da=
mit verband, und verdamme sie und schwöre: So wahr
mir Gott und diese hl. Gottes=Evangelien helfen sollen."

In solcher apostolischer Machtfülle verdammte **Inno=**
cenz XI. die Sätze des M i c h a e l M o l i n o s, **Clemens**
IX. die Irrthümer des P a s c h a s i u s Q u e s n e l l,
durch die bekannte und berühmte Constitution " Unige-
nitus;" **Pius** VI. die Irrthümer der Synode von Pi=
stoja; **Pius** VII. die der Kleinkirchler, oder Anhänger
der sogenannten " petite eglise;" endlich **Gregor** XVI.
die Irrthümer des unglücklichen D e l a M e n n a i s und
H e r m e s; und zwar durch die Vollmacht Seines Welt=
apostolats, wie der hl. Vater sich ausdrückt. — Sie wa=
ren, — sind, — und bleiben — g e r i c h t e t.

In dieser apostolischen Machtfülle des kirchlichen Lehr=

amtes richtete und verwarf in unseren Tagen Pius IX. die Irrthümer eines G ü n t h e r und F r o s c h h a m e r. Er that noch mehr. Sich seines Berufes als unfehlbarer Lehrer der Menschheit in Dingen des Glaubens bewußt, erhob sich P i u s IX. und veröffentlichte seinen berühmten "Syllabus." Durch dieses Dokument richtete und ver= warf P i u s IX. als unfehlbarer Lehrer der Gläubigen die gangbaren und heillosen Irrthümer unserer Zeit auf dem Gebiete einer glaubenslosen Philosophie und anmaßen= den Scheingelehrsamkeit in den Naturwissenschaften; die sakrilegischen Uebergriffe auf dem Gebiete der Politik; und die Prätensionen des Freiheitsschwindels gepaart mit den Anforderungen des Fortschrittes der sogenann= ten modernen Civilisation.

Allerdings fühlten sich die Feinde der Wahrheit und der Kirche überrascht, und wie verblüfft; sie spotteten äu= ßerlich einer solchen Kundgebung der Lehrautorität von Seite des Oberhauptes der Kirche; allein sie fühlten und fühlen es, wie sicher P i u s IX. sich dieses Ihm von Gott durch Petrus mitgetheilten Entscheidungsrechtes be= wußt sei, entschlossen, dasselbe zum Heile der Kirche rück= sichtslos auszuüben, was immer die Gewaltigen der Erde im Dünkel ihrer Macht und Wissenschaft dazu sagen mö= gen.

Am herrlichsten jedoch machte P i u s IX. von die= ser seiner Prärogative des unfehlbaren Lehransehens sei= ner apostolischen Vollmacht Gebrauch, als Er im Jahre 1854, umgeben von zweihundert Bischöfen der katholi= schen Welt, das Dogma der unbefleckten Empfängniß Mariä aussprach. Er that es ohne Beziehung auf das

Dafürhalten des Episcopates der Kirche. Er befragte zwar früher die Bischöfe, um zu erkennen, ob eine solche Glaubensentscheidung in unseren Tagen als klug und heilsam sich erweisen würde. Gestattete ja das Concil von Trient selbst jahrelange Discussionen den daselbst versammelten Gottesgelehrten, ohne dadurch etwas von seinem unfehlbaren Ansehen zu vergeben. So that auch Pius IX. Allein er verlangte keine Mitentscheidung — keine Mitunterschrift für den Ausspruch des Dogmas selbst, sondern that dies mit der ganzen Majestät unfehl=barer apostolischer Machtfülle so feierlich, wie noch kein Papst es vor Ihm gethan. Wir dürfen kühn fragen: Hätten wohl die zweihundert gegenwärtigen Bischöfe es ge=wagt, trotz all dem, was bis auf den 8. Dezember 1854 sich zutrug, den Satz der unbefleckten Empfängniß Mariä im Angesichte der Werke eines Thomas von Aquin und Bernard, und in Abwesenheit von ungefähr sechshundert Bischöfen, als Glaubenssatz auszusprechen, und jeden Andersgesinnten als Ketzer zu verdammen? Pius erhob sich und that es. Und siehe! alle Bischöfe der ganzen Welt, und die ganze Christenheit mit ihnen bekennt nun diese Lehre als Glaubenssatz mit der ganzen Glaubenskraft des Papstes selbst. Wir fragen: War Pius IX. sich seiner unfehlbaren Lehrgewalt bewußt — und hat die Kirche dieselbe anerkannt? Kein Zweifel; das Dogma ist und bleibt — e n t s c h i e d e n.

Und wer wollte es wagen, nach Aufzählung aller der bereits durch achtzehnhundert Jahre sich aneinander rei=henden Zeugnisse zu sagen: Pius IX. habe seine aposto=lische Machtfülle überschritten! Nein, Alle, die wahr=

17

haft Schafe der Heerde Christi sind, — die kennen die
Stimme des Hirten, den Christus selbst ihr gesetzt, und
folgen ihr, wie die Heerde Christi durch achtzehn Jahr=
hunderte ihr gefolgt, und folgen ihr mit jener Anerken=
nung, mit der die Christenwelt stets die Glaubenspräro=
gative und apostolische Vollmacht, in den Nachfolgern
Petri, zur Leitung der Heerde Christi auf die wahre
Weide des göttlichen Wortes, stets anerkannte, wie wir
dies nun summarisch in den folgenden zwei Abschnitten,
in Betreff der gelehrten und gekrönten Welt, und im
Gesammtglauben der christlichen Völker, nachweisen
wollen.

VII.

Anerkennung

der apostolischen Vollmacht des Papstes in Glaubens = Entscheidungen von Seite der theologischen Schule, nämlich der Gelehrten
und Universitäten, seit den Zeiten der
heiligen Väter.

––––––––

Bernard, dieses glänzende Gestirn am Himmel der
Kirche, schließt die Reihe der hl. Väter, im zwölften
Jahrhundert. An dieses patristische Zeitalter schließt
sich das der hl. Schule, nämlich das der Gottesgelehrten
und Universitäten an, die nun freilich nicht als unmittelbare Zeugen der Ueberlieferung und Erblehre der Kirche
auftreten, wohl aber als Zeugen der Anerkennung, was
die Kirche ihrer Zeit, nach der Erblehre der christlichen
Vorwelt seit jeher geglaubt, und was sie selbst als wohl-
unterrichtete Theologen als göttlich gegebenes Recht anerkannt haben. Sie sind somit mittelbare Zeugen für die
Zeugnisse der christlichen Vorwelt, die wir angeführt, und
unmittelbare Zeugen ihrer Mitwelt, also doch im Zu-
sammenhange mit den angeführten Zeugnissen, Zeugen
des ersten, stets.einen und desselben Glaubens der Kirche
aller Zeit.

(253)

An ihrer Spitze erglänzt das größte Genie theologischer Tiefe, das nächst Augustin auf Erden erschien, nämlich Thomas von Aquin, — dieses wahre Wunder, nicht nur göttlicher, sondern auch menschlicher Wissenschaft, dessen Aussprüche ihm mit Recht den Namen eines Engels der Schule erwarben.

Hören wir, mit welcher Präcision sich Thomas über den Glaubensprimat der Nachfolger Petri, über die höchste Autorität ihrer Entscheidungen und über deren absolute Nothwendigkeit für die zu erhaltende Einheit des Glaubens ausspricht.

In seiner "Summa Theologiae," e) wo er von der Abfassung eines Glaubenssymbols handelt, sagt er: „Seiner (des Papstes) Autorität steht es zu, letztlich zu bestimmen, was ein Glaubenssatz sei, damit selber von allen mit unerschütterlichem Glauben festgehalten werde. — Dieß aber kömmt der Autorität des Papstes zu, zu dem alle wichtigeren Fragen der Kirche gehören. Daher der Herr zu Petrus gesagt, den er zum Papst gesetzt: „Ich habe für dich gebetet, daß dein Glaube nicht wanke." Und Ursache dessen ist, weil Ein Glaube in der ganzen Kirche sein muß, nach jenem Ausspruche an die Corinther: „saget Alle Eins und dasselbe;" was aber unmöglich Statt haben könnte, wenn nicht ein vorfallender Glaubensstreit durch denjenigen entschieden würde, der der ganzen Kirche vorsteht, auf daß so von der Kirche sein Urtheil fest gehalten werde." — "Quod

e) Summa S. Thomas 2. 2. q. 1. a. 10.

servari non posset, nisi quaestio fidei exorta determinetur per eum, qui toti Ecclesiae praeest, ut sic ejus sententia a tota Ecclesia firmiter teneatur." Und f): „**Die Kirche kann nicht irren, weil jener, der in Allem erhöret ward wegen seiner Würde, Petro gesagt: Ich habe für dich gebetet, daß dein Glaube nicht abnehme.**" —

Wohlgemerkt, so redet Thomas gegen die Griechen, wo jede Uebertreibung durchaus nicht am Platze, ja höchst gefährlich gewesen wäre; und doch sagt Thomas in dieser Schrift den Griechen in's Angesicht, und konnte es thuen, da ihre Väter ja mit andern Worten es den Päpsten oft selbst in Concilien zugerufen. — Er sagt: „**Gleichwie Christus vom Vater das Scepter der Kirche aus Israel hervorgehend, über alle Herrschaft und Gewalt erhalten, so daß alle sich Ihm beugen: so gab er auch Petrus und seinen Nachfolgern auf volleste Weise die volleste Gewalt, und keinem andern hat er (Christus) seine Gewalt, so wie dem Petrus, voll gegeben.**" "Sic et Petro et ejus successoribus *plenissimam* potestatem *plenissime commisit*, ut etiam nulli "alii quam Petro, quod suum est, *plenum ipsi dedit!!*" Bündigeres kann zur Feier der apostolischen Machtfülle des Papstes in jeder Beziehung gar nicht gesagt werden.

Ganz auf dieselbe bestimmteste Weise erklärt sich der gleichzeitige, gleichfalls höchst theologisch gebildete Lehrer

---

f) P. 3. q. 25. art. 1.

der Kirche und Fürst der Schule, Bonaventura.
Er sagt in seinem "Hexameron" g): „Wie die Sonne
unter den Planeten, so hat allein der Papst die allge-
meine Machtfülle über alle Kirchen." — "*Solus* summus
Pontifex universaliter, sicut sol super planetas, habet
plenitudinem potestatis super omnes Ecclesias." —
Wohlgemerkt, Bonaventura sagt nicht, „wie die
Sonne unter den Sternen, sondern unter den Planeten,
welche ihr Licht von der Sonne haben."
"Fiat applicatio."

Er sagt in diesem Bilde nichts anders und nicht mehr,
als was die alte Zeit in den so oft angeführten Ausdrücken, „Urquell und Wurzel," gesagt, wenn sie von der
Beziehung des apostolischen Stuhles und seiner Lehre zu
den übrigen Kirchen der Welt redet. Er spricht sich aber
in scholastischer Form noch bestimmter aus in seiner
"Summa Theologiae," h) wo er lehrt, daß der Papst
nie und nimmer irren könne, vorausgesetzt, daß er als
Papst entscheide, und die Meinung habe durch seine
Entscheidung die ganze Kirche in Dingen des Heiles zu
belehren. — Bedingnisse, welche alle Doctoren der Schule
bis auf unsere Zeit stets festgehalten, und bis an das
Ende der Zeit stets festhalten werden, und festhalten
müssen, weil sie in dem Begriff der Glaubensprärogative
der Nachfolger Petri eingeschlossen sind, die nicht als
Privatpersonen, sondern als Oberhaupt
der ganzen Kirche, und zwar in dieser
Hinsicht als Lehrer der ganzen Kirche,

---

g) Serm. 21.
h) S. Bon. Summ. Theol. 1. a. 3. D. 3.

zum nothwendigen Wohl der Glaubensfestigkeit, vom
Herrn selbst im Glauben befestiget sind. — Diese Grund-
beziehungen der gegebenen Macht, bestimmen auch die
Grundbedingnisse ihrer Gültigkeit und Kraft. Nämlich
als Papst, und mit dem Willen, die ganze
Kirche in Dingen des Heiles zu belehren.

Ja nur dann und in so fern; — und diese Bedingnisse entfernen alles, was immer einseitige
Auffassung unseres Satzes von Seiten gewisser
Theologen und Nichttheologen Anstößiges und Bedenk-
liches haben könnte.

Daß aber die Gelehrten der ganzen heiligen Schule
von Thomas und Bonaventura bis auf unsere
Zeiten, ungeachtet zeitweiliger Umtriebe feindlich Gesinnter, welche seit den Wehen des großen Schisma zu
Zeiten des Concils von Constanz, so manche unlo-
gische Geister für einige Zeit blendeten, stets
auf das Bestimmteste diese Wahrheit vertheidigt, festgestellt und ausgesprochen; dafür bürgen alle Bibliotheken
der Welt, und wir haben Kürze halber nur nothwendig,
die Namen und Werke aller dieser Lehrer und Kirchen-
schriftsteller von bewährter Autorität zu nennen, um die
nothwendige Begründung unserer Behauptung in dieser
Hinsicht festzustellen, und dem Leser die Uebersicht derselben vor Augen zu führen. Nur hie und da, wo besonderes Interesse es verlangt, wollen wir Stellen dieser
Autoren ausdrücklich anführen.

Wir nennen aus der Reihe dieser Gelehrten, welche die
Unfehlbarkeit des Papstes in Glaubens=Entscheidungen
seit Thomas bekannten und lehrten: Johann von

Paris in seinem Werke: "De regia potestate et papali."
Augustinus Triumphus in seiner "Summa de
potestate ecclesiastica." — Durand von Pour=
çain in seiner Schrift "De origine jurisdictionum,
seu de ecclesiastica jurisdictione." — Petrus Pa=
lubanus in seinem Werke "De potestate ecclesiastica." — Petrus Bertrandus in seinem Werke
"De origine et usu jurisdictionum, seu de spirituali et
temporali jurisdictione." — Alvarus Pelagius,
Bischof von Sylves, in seinem Buche "De planctu Ecclesiae." — Joannes Turrecremata in seiner
Rede "De summi Pontificis et generalis concilii potestate," und in seinem Buche: "De ecclesia et ejus auctoritate." i)

Ja selbst griechische Schrifsteller reihen sich an diese Ge=
lehrten, und geben uns ein merkwürdiges Zeugniß, der
niemals, selbst nicht im Orient unter den Griechen, völlig
erloschenen Anerkennung dieser apostolischen Glaubens=
prärogative des römischen Stuhles. Ein solcher Glau=
benszeuge ist der griechische Mönch Manuel Cale=

---

i) Wir können nicht umhin hier auch des merkwürdigen Schreibens des in jenen
Tagen (1374) berühmten Petrarca an den Papst zu erwähnen, wo dieser
scharfe Sittenrichter seiner Zeit den Papst mit diesen Worten zur Ausübung sei=
ner oberhirtlichen Sorge in Ermahnung und Lehre, Gericht und Strafe, aufruft:
„Dir," schreibt er, „ist nicht nur die Kirche von Rom, sondern die ganze Kirche ver=
traut, ... ich läugne nicht — ich beschränke nicht deinen Sitz ... wo immer
Christus recht verehret wird, da zweifle und läugne ich nicht, daß auch dein Stuhl
sei .. ," Da wäre also auch nach Petrarca der Papst nirgends Ausländer,
wo Christus anders, wahrhaft verehrt wird. „Nein," fährt Petrarca fort,
„nur das Weltmeer ist deine Gränze. O erster Hirt und Bischof der allgemeinen
Kirche! Warum weilest Du an den Ufern der Durance, indeß der Hellespont, Cy=
pern, Rhodus, Achaja, Epirus, der ganze Orient, ja die ganze übrige Welt deine
Sorgfalt, deinen Schutz anrufen?" — Derselbe Petrarca nennt Urban V.
den Stellvertreter der Sonne der Gerechtigkeit. — (Bercastel XVI. 250.)

cas in seinen vier Büchern "contra errores Graecorum."
Er sagt in seinem vierten Buche: „Niemals mangelten
unter uns, aus jenen, die etwas zu bedeuten schienen,
Männer, welche mit der römischen Kirche einstimmen, die
Trennung von ihr als unvernünftig, und als gegen die
Gesetze und die Theologie unserer Väter geschehen, be=
trachteten."

Ferner Joseph, Bischof von Modon, Bessarion
und Georgius Scholarius — alle drei Griechen
und Schriftsteller zu Zeiten und aus Veranlassung des
Concils von Florenz. Letzterer sagt in seiner Apologie des
Concils von Florenz den hartnäckigen Schismatikern ins
Angesicht: „Der Papst ist der Nachfolger Petri des
Fürsten der Apostel, der Statthalter Christi selbst, der
Vater und Lehrer aller Christen. Und wahrlich,
wer könnte dies auch läugnen, da Christus so klar,
und alle Doktoren offenbarer, als wenn
der Donner dröhnte, eben dieß behaup=
ten." "Hoc profecto quomodo quis inficiari possit,
cum apertissime Christus et omnes doctores manifestius,
quam si tonitru insonaret, hoc ipsum vociferantur."
Und wahrlich, ist es nicht ein übermächtig gewaltiger Don=
ner von Stimmen, der aus dem Munde dieser hundert
und tausend von Zeugen in den bisher angeführten Zeug=
nissen uns durch alle Jahrhunderte entgegenhallt, inson=
derheit aus dem Munde der Concilien und der heiligsten
Bischöfe;— und wie viele Blitze fallen im schmetternden
Strahle der Wahrheit auf alle dagegen gerichteten Mei=
nungen zermalmend nieder!

Dieselbe Ueberzeugung sprechen, gestützt auf das Ansehen,

besonders griechischer Väter, drei andere Griechen derselben Zeit aus, nämlich A b r a h a m von Creta in seiner
Vorrede der, aus dem von griechischen Notaren geschriebenen Exemplar des Concils von Florenz, verfaßten
Uebersetzung. — Desgleichen P h i l o t h e u s , Patriarch von Alexandrien in seiner Antwort auf die ihm vom
Papste überschickte Unionsurkunde, und G e o r g von
Trapezunt, ein griechischer gelehrter Laie.   Wir können
uns nicht enthalten, eine Stelle dieses Mannes, weil er
ein Grieche, und in den Fächern des Wissens, so wohl bewandert war, daß E r a s m u s ihn "Vir de re litera-
ria meritus" nennt, ausdrücklich ihrer eigenthümlichen
Kraft wegen anzuführen.   Er sagt in seiner Epistola ad
hieromonachos Cretenses: „Petrus allein hat von Christus unmittelbar die Schlüssel des Himmelreiches empfangen; die Päpste haben sie mittels Nachfolge, von Petrus
erhalten.   Sonach haben alle Bischöfe, die von der römischen Kirche getrennt sind, alle, die mit dem höchsten
Bischof nicht in Gemeinschaft stehen, diese Schlüssel des
Himmelreiches nicht.   Umsonst werden sie und ihre Anhänger rufen: „Herr, Herr, mach uns auf!" „Ich kenne
euch nicht," werden sie zur Antwort erhalten. — N i e
w i r d d i e s e K i r c h e v o m I r r t h u m u n t e r j o c h t
w e r d e n ; sie die erste von allen, durch welche alle übrigen nur Eine und Dieselbe Kirche ausmachen.   Solltet
ihr etwa daran zweifeln, so höret Jesum Christum der da
sagte: „D u b i s t P e t r u s 2c." Ja wohl, „h ö r e t
J e s u m C h r i s t u m , s o w e r d e t i h r a u c h P e -
t r u m u n d C h r i s t u m s e l b s t i n s e i n e m S t e l l -
v e r t r e t e r h ö r e n ."

Nicht minder klassisch ist die Argumentation eines andern Griechen dieses Jahrhunderts, nämlich des Johannes Plusiadenus, Erzpriesters zu Konstantinopel. In seinem "Dialogus pro Synodo Florentina" schreibt er gegen seine schismatischen Landsleute also: „Christus will Ordnung in seiner Kirche; deßhalb machte er den hl. Petrus zum Ersten seiner Apostel, und gab dessen Nachfolgern eben darum mit demselben Primat, auch dieselben Rechte. Woher Er diese Rechte über die Kirche habe? Vom Ausspruche dessen, der da sagte: "Pasce oves etc.; tibi dabo claves." Hierauf gründet sich seine Gewalt zu befestigen, zu prüfen, zu regieren, zu corrigiren, was zum Glauben gehört." "*His auctoritatem habet confirmandi, examinandi, dirigendi et corrigendi, quae ad fidem pertinent.*" Die Griechen, die so mit Plusiadenus und ihren griechischen Vätern bekennen, hören darum nicht auf, Griechen und Orientalen zu sein; sie hören aber auf schismatisch und irrig zu sein, und gehen in die Wahrheit des Glaubens ein; sind dann Kinder der wahren Kirche, katholische Griechen, wie die katholischen Aethiopier, Syrier, Armenier aufhörten, eutychianische, nestorianische Aethiopier, Syrier, Armenier zu sein, sobald sie dem Irrthume entsagt, und das Glaubenswort der katholischen Kirche durch ihren Anschluß an den Stuhl Petri ungetrübt umfingen.

Den apostolischen Glaubensprimat der Nachfolger Petri bekennen und lehren ferner mit den Doctoren dieses Jahrhunderts der tiefgelehrte Spanier Alphonsus Tostatus, Lehrer zu Salamanca und darauf

Bischof von Avila, ein Mann, von dem **W h a r t o n** sagt:
k) "Nulla humanae scientiae materia ipsi inaccessa.
Vir stupendae memoriae, incredibilis diligentiae ac
rari plane judicii," „der in zweiundzwanzig Jahren mehr
geschrieben, als ein Anderer beinahe in seinem ganzen
Leben aufmerksam lesen kann." l)

Ausführlicher noch und ex professo, der hl. Canonist
J o a n n e s C a p i st r a n in seinem Werke "de dignitate ecclesiae," das er gegen die Hussiten, und "de Papae et concilii dignitate," welches er gegen die Anmaßungen der Baselenser geschrieben.

Deßgleichen der hl. **A n t o n i n.** Das Ansehen dieses großen Lehrers ist zu groß, als daß wir umhin könnten, dessen eigene Worte darüber anzuführen. Er sagt:
„**W e n n g l e i c h d e r P a p st a l s P r i v a t p e r-
s o n i r r e n k a n n, k a n n e r d o c h i n D i n g e n
d e s G l a u b e n s n i c h t i r r e n, w e n n e r a l s
P a p st e n t s c h e i d e t."** m) Und wo **A n t o n i n**
von Dogmen des Glaubens und der Moral handelt,
verdammt dieser Lehrer den Gegensatz sogar als ketzerisch.
Er sagt: "*Dicere, quod in hujusmodi Papa erraret,
esset haereticum."* n)

Ferner **J o a n n e s N a u c l e r u s** in seinem Werke
"De monarch. eccl." bekämpft in demselben besonders
die Appellationen vom Urtheilsspruch des Papstes an ein
Concil. Ein Mißbrauch, der von den Kirchenrebellen
erst seit dem Concil von Konstanz, in Folge des unseli-

k) Cave, Sacc. synod.
l) Siehe dessen Commentar in cap. XVI. S. Matthaei.
m) S. Antonin p. 4. lit. 8. c. 3. §. 4.
n) P. 3, lit. 12. c. 8. §. 3.

gen Schisma in Schwung kam. Eine Antastung des
päpstlichen Glaubensprimats und dessen oberstrichterlichen
Würde, die in dem Concil von Konstanz selbst durch
M a r t i n V. verdammt ward. N a u c l e r u s nennt
dergleichen Appellationen lächerlich, und schließt mit Recht
seine Argumentation dagegen mit diesen Worten : "Tot
sacris ecclesiae decretis canonibusque veluti divinis S.
Spiritus oraculis rite consideratis, justoque ratiocinio
theologicaeque sapientiae trutinatis, examine, quam
*juste anathematis gladium contra provocantes a pontifi-
cis judicio ad futurum concilium, a sedis apost. praesu-
libus evaginatum fuisse, credere debemus.*" M e l c h i o r
C a n u s nennt dergleichen Appellationen "*Fenestra
maxima ad obedientiae jacturam et verae pietatis per-
niciem.*" Hingegen gehören die A p p e l l a t i o n e n
a n d e n r ö m i s c h e n S t u h l v o n w a s i m m e r
f ü r e i n e m C o n c i l i u m , z u r a l l g e m e i n e n
P r a x i s u n d K i r c h e n d i s c i p l i n a l l e r Z e i =
t e n — was aber offenbar die Anerkennung des oberstrich=
terlichen Amtes im Papste aussagt. Dieses lehrt und
vertheidigt C a j e t a n in seiner Schrift "De auctoritate Papae supra Concilium." F r a n c i s c u s F e r =
r a r i e n s i s in seinem Commentar über des hl. T h o =
m a s Schrift "Contra gentes."

Auch der berühmte E r a s m u s von Rotterdam un=
terwarf seine Schriften dem Papste als höchstem Glau=
bensrichter. Man sehe seine Briefe an Bischof C h r i =
s t o p h von Basel, an M o r u s , an B e d a , F a b e r ,
M e l a n c h t o n , an die Schweizer rc. Er nennt in
denselben den Papst: Statthalter Christi, Oberhaupt der

Kirche, den Gesalbten des Herrn, der nach Gott die größte
Macht habe, die einem Sterblichen auf Erden zukömmt;
den ersten Prediger des Evangeliums. — Sehr viel zwar
thaten die Reformatoren, um ihn den Ihrigen beizuzäh=
len,—doch vergebens. Wie gut Erasmus Luther
und dessen Treiben aufgefaßt, erhellt aus dessen Schrei=
ben an Melanchton. Er sagt in demselben: „Lu=
ther legt Alles übel aus, er übertreibt Alles, und er=
regt, indem er Mißbräuche abstellen will, Aufruhr und
Empörung." „Sie glauben viel geleistet zu haben, wenn
sie einigen Mönchen die Kutte ausgezogen und einigen
Priestern Weiber gegeben haben. Thut wohl Luther et=
was, das sich mit der Frömmigkeit besser verträgt, wenn
er dem Volke vorschreit: „Der Papst sei der Antichrist,
Priester und Bischöfe seien Götzendiener." Mit einem
Worte, das alte Evangelium hat die Menschen gebessert,
das neue verderbt sie nur." Wir bemerken hier, wie
eben der Einfall Luthers, den Papst den Antichrist
zu schelten und als solchen dem Volke vorzubilden, der
offenbarste Beweis von der allgemein geübten höchsten
Amtsgewalt des Papstes in der Kirche derselben Zeit sei;
denn nur so konnte Luther einen blendenden Schein
für seine Verläumbung finden. Hätte der Papst nur
irgend eine Gewalt noch in der Kirche über sich aner=
kannt, welchen Schein hätte wohl Luther für seine
Crimination gefunden, „der Papst sei der Antichrist."?
Mit Kraft vertheidigte den Glaubensprimat der römi=
schen Päpste auch der Engländer Reginald Paale
im Jahre 1558, und bekehrte mit großem Erfolg seine
Landsleute von dem Verderben, ihres unter Heinrich

VIII. gemachten Schisma. Wollte Gott, diese Wirkungen wären auch eben so dauerhaft gewesen. Bündi-
ger noch that es der im theologischen Wissen so tief begründete, aber auch als gründlicher Philosoph, Historiker
und Philolog mit Recht hochgefeierte M e l ch i o r C a-
n u s. Wir führen die Worte des Gelehrten selbst an,
weil sein Werk "De locis theologicis" als ein so be-
sonnenes Werk die Anerkennung der ganzen gelehrten
Welt mit Auszeichnung erhalten hat. M e l ch i o r C a-
n u s sagt im 6. Buche c. 7 et. 8 also: „Wer da läugnen wollte, daß dem römischen Bischofe dieselbe Gewalt
zu binden und zu lösen zukomme, die wir glauben, daß
Christus sie Petro gegeben, der würde mit allem Fug und
Recht als Ketzer gelten. Mithin wer die Festigkeit Petri, seine Brüder zu stärken, den Nachfolgern Petri ab-
läugnen wollte, der ist gleichfalls als Ketzer zu erklären.
„Doch ich will," sagt er, „dem Urtheile der Kirche nicht
vorgreifen."

Mit Recht sagt C a n u s, er wolle jedoch dem Urtheile
der Kirche nicht vorgreifen; denn nur derjenige, der
läugnen wollte, was die Kirche bereits mit bestimmten
Worten d e f i n i r t hat, ist Ketzer, und darf von Jedem
als K e tz e r gebrandmarkt werden. — Nun aber hat die
Kirche wohl den Primat, nicht aber Seine speciellen, in
diesem bereits eingeschlossenen Rechte explicite definirt.
Denn die Kirche definirt nur nothgedrungen durch hartnäckigen, und zugleich die Rechtgläubigkeit der Uebrigen,
unmittelbar gefährdenden Widerspruch, so daß man von
dergleichen Definitionen in seiner Weise sagen kann, was
P a u l u s von den Wundern sagt, nämlich: "Signa

gentibus," so sagen wir, "*Definitiones haereticis,*" Wun-
ber für die Ungläubigen, — Definitionen für die Kezer.
Dem treu und kindlich gläubigen Herzen genügt der
Kirche Wort als Mutter und Lehrerin, wenn es auch
nicht unter Bannfluch gesprochen wird, wie dies bei ge-
genwärtigem Artikel der Fall ist. Die Kirche, sage ich,
hat bis jezt nur definirt, daß der römische Bischof wirklich der Nachfolger Petri und Statthalter Christi sei, das
Haupt, der Vater und Lehrer aller Christen, der in Petro
von Christo die volle Gewalt erhalten hat, die ganze
Kirche zu leiten und zu regieren. Wer dies läugnen,
und den Papst nicht in allen diesen Beziehungen anerkennen wollte, gewiß, der ist und bleibt ein Kezer. Allein,
wer den Papst so anerkennend denselben doch nicht, als
für sich unfehlbar ausspricht, und anerkennt, der stößt
wohl gegen eine unläugbare Wahrheit des Glaubens an,
so wahr und gewiß alle die göttlichen und menschlichen
Zeugnisse sind, die wir dafür angeführt; allein er
verstößt sich gegen keinen Artikel des Glaubens, das
heißt, gegen keinen definitiv, präcis mit diesen Worten
unter A n a t h e m ausgesprochenen Glaubenssatz der
Kirche; — er zerreißt also wohl, wenn er hartnäckig und
wohlbewußt gegen die bindende Gewalt der Schrift- und
Traditionszeugnisse sich sträubt, den innern Verband des
Glaubens; indeß so lang er nach der Definition der
Kirche den Papst als Doctor und Lehrer der ganzen Kirche
anerkennt, dem er zu gehorchen durch göttliches Gebot verpflichtet ist, bleibt er im äußern Kirchenverband Katholik, auch wenn er im Herzen gegen unsere Thesis sündigte,
und darf von Niemand als Kezer verurtheilt werden.

Man wird da vielleicht freilich entgegnen: Das ist aber doch wohl alles Eins, — sagen müssen: Der Papst ist der Lehrer aller Christen, und somit der unfehlbaren Kirche, wie es die Kirche selbst im Concil von Florenz definirte, oder sagen „Er ist unfehlbar;" denn daß die Kirche selbst unfehlbar sei, ist ein Glaubensartikel, also muß wohl auch ihr Lehrer unfehlbar sein. Wir antworten: Für den consequenten Denker gilt dieß freilich Eins; — allein für das Gericht über Andere gilt dieses nicht alles Eins — und es hat dießfalls ein sehr großer, wichtiger Unterschied Statt. Denn der Andere darf nicht von uns als Ketzer gebrandmarkt werden, und verfällt auch, so lange keine Definition erfolgt, wegen seines Irrthums in keinen Kirchenbann. — Wie gesagt, definirt und anathematisirt die Kirche nur dort, wo offenbare Hartnäckigkeit ihr entgegentritt, und Gefährdung der Rechtgläubigkeit in ihrem innersten Grunde — wir meinen eine Hartnäckigkeit, mit der auch die *Fides implicita* nicht mehr fortbestehen kann. — So lange dieß nicht Statt hat, und der Streit und Widerspruch mehr im Worte, nicht aber im Glauben selbst liegt, tolerirt die Kirche dergleichen auf solche Weise geführte Disputationen, um größere formelle Spaltungen zu verhüten.

Wer die Kirche dießfalls tadeln wollte, müßte Gottes Langmuth auch tadeln, welcher die Schwächen der Menschen erträgt, um eben durch solche Langmuth den Fehlenden zu seiner Zeit zur Erkenntniß und Buße zu bringen. — Auch die Kirche erreicht diesen Vor

18

theil durch Gott den hl. Geist erleuchtet, in Betreff der
nicht formell schuldbaren Irrthümer ihrer formell glau-
benstreuen Kinder, während sie zur Unzeit entscheidend
Tausende in Trennung und Ketzerei gestoßen hätte. —
Dergleichen Irrthümer verschwinden mit der Zeit von
selbst vor dem Licht der Sonne der Wahrheit, die in Ihr,
durch das Ihr von Gott geoffenbarte Wort stets siegend
leuchtet: wie die aufdampfenden Nebel vor dem mächtig
strahlenden Lichte der Sonne.

Vielleicht ist dieß gerade bei der Wahrheit, die wir hier
theologisch und historisch begründen und vertheidigen,
mehr als bei irgend einer andern der Fall. Einige Jahr-
zehende sind es zurück, wo diese Nebel der Vormeinung
gegen diese Glaubensprärogative des Primats am Aller-
dichtesten — und das besonders in Deutschland, aus
bekannten Ursachen des Febronianismus, und seiner Aus-
geburten, sich aufschichteten; und siehe, wie schwin-
den sie nun vor unsern Augen mit flie-
hender Eile! — Beinahe kein katholischer Denker,
der nicht auf die Bahn der hl. Väter und Lehrer der
rechtgläubigen Vorzeit einlenkt, ohne daß man sich dießfalls je verketzert hat. Dieß zur Beleuchtung des Gegenstandes hier beigefügt, fahren wir nun fort in der Aufzählung der anerkennenden Lehrer der hl. Schule. —
Dergleichen sind nebst den bereits aufgezählten: Bel-
larmin "De Rom. Pont." o) — Cardinal Dro-
sius "De irrefragabili Rom. Pont. auct. in definien-
dis fidei controversiis." — Franciscus, Erzbischof
von Rouen in seiner "Apologia pro catholicis ad

---

o) Bell. de R. P. l. iv. c 3.

Jacobum Britaniae regem." p) — Gabriel Abbas=
pineus, Bischof von Orleans, in jene Worte Ter=
tullians "Episcopus Episcoporum."—Carbinal Gotti
"De vera Ecclesia J. Ch." q) — Milante, Bischof
von Stabium "Exerc. 19 supra Prop. 29." — Fene=
lon, Erzbischof von Chambray in seinen "Instruct.
pastoral." Dieser so eble und allseitig gebildete Bischof
und Staatsmann! — Jacobus Serry "Disser-
tatio de Rom. Pont. "Falli et fallere nescio." —
Petrus Camus, Bischof von Belly, und dessen
Freund, der gelehrte und heilige Franciscus von
Sales, in seinem Werke, das im Manuscript zu Rom in
der Bibliotheca Chigiana aufbewahret wird, und in
seinen Briefen.

Ferner vertheidigen diese Thesis in gründlichster Weise
Antonius Charles "In tractatu: de libertati-
bus Ecclesiae Gallicae." r) — Cölestinus Sfron=
bati "Regale sacerdotium." — Chartier "De in-
fallibili et suprema auctoritate SS. Pontificum." —
Bosevinus "Tom. 4. de Concord." — Troila
"t. 6. de S. Pontifice." — Petrus Matthäi in
seiner "Summa Const." — Duval "De suprema
Potestate Rom. Pont." — Cabassutius "Notitia
Concil." — Petitbier "Dissert. sur le Concil de
Constance."—Thyrsus Gonsalez, "De Rom.
Pontificis Infallibilitate." — Desgleichen die hochge=
feierten Theologen Sotus, Suarez, Nicenus

---

p) I. 2. cap. 1. et 2.
q) Tom. 1. c. 11.
r) Lib. 10.

de Lyra, Spondanus, Thomaſſinus, Joannes Buteanus, Charmes, Dominicus Bannes, Berti, Manſi und Roncaglia und andere unzählige Dogmatiker bis auf die neueſte Zeit, ſo daß Sarbagna mit Recht dieſe unſere Theſis, als eine allgemeine Lehranſicht der hl. Schule bezeichnen konnte "Tom. 3. contr. 7. d. inerrantia Rom. Pontificis." — Wir nennen aus neuerer und neueſter Zeit namentlich die vortrefflichen Autoren, nämlich Mamachius "Antiq. Christ. et in lib. contra auctorem opusculi "Quid est Papa?" — (Die bekannte Schmähſchrift des Eibel.) — Zacharia in ſeinem Antifebronius, und das klaſſiſche Werk der Brüder Ballerini "De vi ac ratione Primatus." Der hl. Alphons Liguori in einer eigenen Abhandlung „über die Unfehlbarkeit des Papſtes in Glaubens-Entſcheidungen." — Ferner Devoti, Erzbiſchof von Karthago in ſeinem "Institutionibus juris eccl. edit. Rom. 1824. Tom. I." — Maiſtre in ſeinem Werke "Du Pape." Muzarelli in ſeinem Werke "Auctor. Rom. Pontif. etc." Perrone: "Praelectiones Theologicae de Summo Pontifice," und endlich Capellari (ſpäter Papſt Greogor XVI.) in ſeinem Buche: "Triumfo della Santa Sede."

Als Erblehre der hl. Schule, wie der geſammten Chriſtenheit erweiſet ſich dieſes Bekenntniß auch nebſt dem Zeugniß der aufgezählten Gelehrten noch durch das Zeugniß ganzer Univerſitäten. Bis an die Zeiten des Conciliums zu Conſtanz war unſere Theſis die einzige, die man in der theologiſchen Schule aller Uni-

verfitäten vertheidigte. Wir führen zum Beweise deſſen
die Zeugniſſe der Sorbonne ſelbſt an, als Haupt und
Organ aller Uebrigen, wie dies Erasmus mit fol=
genden Worten bekräftiget: „Gleichwie der apoſtoliſche
Stuhl unter allen Kirchen der Welt den Vorrang ein=
nimmt: ſo die Sorbonne unter den Univerſitäten.‟
Gewiß ein gewaltiger Vergleich. "Parisiensis aca-
demia semper in re theologica non aliter principem
tenuit locum, quam Romana sedes christianae religionis principatum; hactenus multum ponderis habuit
haec vox: sic judicat facultas theologica Parisiensis."
Hören wir alſo, wie dieſe Facultät von Alters her in
Betreff der Glaubensprärogative Petri geurtheilt habe.

Im Jahre 1330 verdammte dieſe Facultät den Saß
des Marſilius Paduanus, welcher behauptete,
der Papſt ſei nicht unfehlbar. — Im Jahre 1324
bekannte eben dieſe Sorbonne, vereinigt mit der Kirche
von Paris unter dem Vorſiß des Erzbiſchofs Stefan
feierlich folgender Weiſe: „Die römiſche Kirche iſt Mut=
ter, Muſter und Lehrerin aller Gläubigen im feſteſten
Bekenntniß Petri des Statthalters Chriſti begründet,
welcher, zur allgemeinen Regel, die Gutheißung der
katholiſchen Wahrheit zuſteht, die Verdammung der Leh=
ren, die Erklärung der Zweifel, die Beſtimmung deſſen,
was zu halten, und die Vernichtung der Irrthümer.‟
— Wir wollen es noch einmal mit den Worten der
Sorbonne und Kirche von Paris ſelbſt ſagen, es iſt die=
ſes Glaubensbekenntniß für unſere Zeit gar zu wichtig:
"Romana Ecclesia fidelium omnium mater est et
magistra in firmissima Petri Vicarii Christi confes-

sione fundata, *ad quam velut ad universalem regulam,
catholicae veritatis pertinet approbatio, et reprobatio
doctrinarum — declaratio dubiorum, determinatio te-
nendorum, et confutatio errorum.*"

Eben diese Sorbonne bekannte durch Petrus de Alliaco,
der das Wort im Namen derselben vor Clemens VII.
führte: „Dieß ist der Glaube, den wir in der katholischen
Kirche gelernt; sollte in demselben etwas weniger richtig
oder nicht vorsichtig genug gesetzt sein, so bitten wir, daß es
durch Dich verbessert werde, der Du den Glauben Petri
und seinen Stuhl besitzest. — Denn es ist uns nicht un=
bewußt, sondern wir halten es festiglich und zweifeln
keineswegs, daß der hl. apostolische Stuhl
jene Cathedra Petri ist, auf welche die
Kirche gegründet ist;... von welchem Stuhl
und Person Petri, die auf selbem ruht,
gesagt ist: Petrus, ich habe für dich ge=
betet, daß dein Glaube nicht wanke."
"*Non ignoramus, sed firmissime tenemus et nullatenus
dubitamus, quod S. Sedes apostolica est illa Cathedra
Petri supra quam fundata est Ecclesia — de qua sede
et persona Petri in eadem sedenti dictum est: Petre,
rogavi pro te, ut non deficiat fides tua.*" s)

Im Jahre 1534 verdammte dieselbe Sorbonne die
Sätze des Johann Morandus und Marcus
Antonius de Dominis, welche die Unfehlbarkeit
des Papstes läugneten. t) Auch der hochgefeierte Pe=
trus de Marca, dieses glänzende Gestirn der galli-

---

s) Vide I. 4. hist. univ. Paris. ad an. 1387 p. 127
t) Siehe Duval und Nauclerus p. 4. I. 8. C. 6.

canifchen Kirche des 17. Jahrhunderts, bezeugt von feiner
Zeit, daß, fowohl die Facultät von Paris, als alle
übrigen Univerfitäten der Welt die Un=
fehlbarkeit des Papftes lehrten. u) — Das=
felbe bezeugt auch Petitdier, in feinem "Tract. de
auct. et infallibilitate S. Pontif." v)

Wie es aber gekommen fei, daß nach dem Jahre 1682
in Frankreich diefe Einhelligkeit für längere Zeit geftört
ward, darüber im Anhange. Eine Abnormität, die übri=
gens der Autorität der ältern und fpätern franzöfifchen
Schule fo wenig Eintrag thut, als der Febronianismus
der Autorität der deutfchen und übrigen Univerfitäten,
welche bis dahin einftimmig die Glaubensprärogative des
apoftolifchen Stuhles defendirten. So erklärte die Hoch=
fchule von Löwen im Jahre 1544 feierlich gegen Luther:
„Man hat feften Glaubens zu bekennen, daß eine wahre
katholifche Kirche Chrifti auf Erden ift, und zwar eine
fichtbare, welche von den Apofteln gegründet bis auf
unfere Zeit fortbeftehend erhält und aufnimmt, was
immer vom Glauben und von der Religion gehalten hat,
hält, und halten wird, — der Lehrftuhl Petri,
über den die Kirche von Chriftus erbaut
ift, daß fie in dem, was Glauben und Re=
ligion betrifft, nicht irren kann." "Firma
fide credendum est, unam esse in terris veram atque
catholicam Christi Ecclesiam eamque visibilem, quae
ab apostolis fundata in hanc usque aetatem perdurans

---

u) Vide Stephan. Baluzi in Comp. ejus vitae, libris de concordia prae-
fixo. —
v) C. 15. ß. 5.

retinet et suscipit, *quidquid de fide et religione tradidit,
tradit et traditura est, cathedra Petri, supra quam a
Christo est fundata, ut in iis, quae fidei sunt et religionis, errare non possit.*" —

Taper, Kanzler der theologischen Facultät zu
Löwen w) bemerkt ausdrücklich, daß erst seit den Zeiten
des Concils von Constanz und Basel, Mißklang unter
den Gelehrten und Schulen zu entstehen begann. Der
Ausdruck dieses Concils: „daß ihnen Jeder, sei Er auch
päpstlicher Würde, zu gehorchen habe," — welches sich
nur auf die Prätendenten des päpstlichen Stuhles
bezog, hatte ihre Köpfe verwirrt. Gerson selbst läugnet es durchaus nicht; er sagt: „Wer immer vor dem
Concil von Constanz und Basel das Gegentheil gelehrt
hätte, der wäre als Ketzer bezüchtiget oder verdammt
worden." De Pot. Eccl. Consid. II. — Gleiches bezeugen Duval und Bannes. Doch auch diese einzelnen Störungen erscheinen nur als ephemere Aus-
nahmen. Die Autorität der Gelehrten und der hohen
Schule für die Anerkennung der Wahrheit des apostolischen Rechtes in den Nachfolgern Petri, blieb und
bleibt, trotz dieser theilweisen Discessionen in einigen
Ländern, durchaus unbeschadet und in ihrer Kraft, da
die Masse wahrhaft und namhaft Gelehrter in allen Ländern, selbst in den dunkelsten Perioden letzterer Zeit,
dennoch stets mit gleicher Ueberzeugung der Lehre aller
Vorwelt treu blieb, und bei Gelegenheit, ihre Ansicht
deutlich genug kund gab. Beweis dessen sind uns auch
die Aeußerungen der theologischen Facultäten von Köln

---

w) Tract. theol. N. 6. et 7.

und Salamanca, in ihren Sentenzen gegen die Irrsätze des M. A. de Dominis, und besonders die öffentliche Lehre aller Universitäten bis in das 18. Jahrhundert. Von den Universitäten des 18. Jahrhunderts bezeugt dies Sarbagna und Turnell, x) welcher letzterer als Gallicaner, dießfalls gewiß ein ganz unzweideutiges Zeugniß gibt.

Ein Gleiches läßt sich von den katholischen Universitäten des 19. Jahrhunderts theils behaupten, theils erwarten; denn diese folgen dem Einflusse der Gelehrten ihrer Zeit, und auf welche Seite diese sich neigen, haben wir oben bereits angedeutet. Viele derselben lesen bereits aus solchen Werken und Heften ihre Vorlesungen der Theologie, welches dieses Glaubensrecht des apostolischen Stuhles feierlich und unumwunden aus dem Munde der hl. Väter und der theologisch gebildeten Vorwelt bekennen; oder sie geben wenigstens, wenn sie sich auch nicht so präcise ausdrücken, mit Liebermann doch klar zu verstehen, auf welcher Seite sie stehen. — Allerdings kann der Glanz der Wahrheit einer geoffenbarten Lehre für einige Zeit selbst im Bewußtsein der Gelehrten verdunkelt werden: doch gewiß und bald erstrahlt dieselbe durch die ihr innewohnende siegreiche Kraft, und leuchtet dann noch um so klarer und offenbarer vor aller Welt Augen. Man denke an die Tage des Arianismus und selbst der Reformation. Das gilt nun auch ganz besonders von der Anerkennung der unfehlbaren Autorität des apostolischen Stuhles. Wir rechnen zu den Stimmen, die sich von Seite theologischer Wissenschaft unserer Tage er-

x) Tom. 1. Theol. specul. p. 91.

heben, und derselben Zeugniß geben vorerst die des Epis=
copates unserer Zeit als die officiellen Repräsentanten
der hl. Schule, besonders da, wenn sie vereinigt mit den
Gottesgelehrten ihrer Diözesen in Synoden von ihrer
Glaubensansicht Zeugniß geben. Wir nennen in der
Reihe derselben hier aus neuester Zeit die Synodal=
schreiben der Provinzial=Concilien von Rheims (1849),
von Tours (1849), von Avignon (1849), von Toulouse
(1850), von Aix (1850), von Bordeaux (1850), von
Alby (1851), von Bordeaux (1853). Diese Synoden
feiern mit den eigenen Worten der ersten Concilien der
christlichen Vorzeit die unfehlbare Glaubensprärogative
des Oberhauptes der Kirche. Die Synode von Amiens
(1853), verbietet sogar in den Seminarien der entgegen=
gesetzten Meinung zu erwähnen, da dieselbe offenbar von
unkirchlichem Geiste zeige.

Mit den Aeußerungen des Episcopates und der Gottes=
gelehrten von Frankreich in unseren Tagen, stimmen auch
die Aeußerungen des Episcopates in anderen Ländern
der katholischen Welt vollkommen überein. Man lese
darüber die Synodalacten der Provinzial=Synoden von
Köln und Utrecht (1862 und 1865). Beide Synoden
erklären, daß päpstliche Glaubensentscheidungen i r r e =
f o r m a b e l seien. Eben so entschieden drücken sich die
Synoden von Kolozka in Ungarn (1863) und die von
Irland (1850) und Westminster aus (1852).

Besondere Epoche aber machte in dieser Beziehung der
Hirtenbrief des Cardinals von Mecheln und der des Car=
dinals Manning von England. Die Bischöfe von
Italien, Sicilien und Spanien führen dieselbe Sprache,

wie die "l'unita catolica" vom Jahre 1857 nachweist. —
Und selbst über den Ocean erschallt das Glaubensbekennt=
niß der Kirche von Brasilien und der Vereinigten Staa=
ten, die mit dem Episcopat der alten Welt in nicht minder
klaren und glühenden Ausdrücken ihre Anerkennung die=
ser Prärogative des hl. Stuhles in ihren Concilien aus=
gesprochen. Besonders seit P i u s IX. seinen "Syllabus" durch eine Encyclica veröffentlichte, erhob sich eine
Reihe von Gelehrten, die für die Vertheidigung der un=
fehlbaren Lehrautorität des Papstes in die Schranken
traten.

Wir nennen aus diesen Dr. Manning, Erzbischof
von Westminster, in seinem Werke: "The temporal
Mission of the Holy Ghost," und in seinem Hirtenbrief
über die Unfehlbarkeit des Papstes; Dr. Murray in seinen
dogmatischen Abhandlungen; Dr. Ward in seiner Con=
troverse mit Dr. Reyder im "Dublin Review" vom
Jahre 1867 und 1868; Dr. Schrader "De Unitate
Romana"; J. Ries und andere französische Väter der
Gesellschaft Jesu in mehreren Dissertationen bezüglich
Syllabus. P. G. Schneemann, gleichfalls aus der Ge=
sellschaft Jesu, in den klangvollen „Stimmen von
Laach." Endlich die Gelehrten Gury, Perrone und
Dr. Torsi und die Aufsätze in der "Civilta catolica."

Wir schließen die Summe dieser theologischen Auto=
ritäten unserer Tage mit der feierlichen Erklärung der
500 bei der Säcular=Feier Petri in Rom anwesenden
Bischöfe.

Da heißt es in der von Bischöfen des Orients und
des Occidents verfaßten Adresse an den hl. Vater: „Bei

der heutigen Säcular-Feier betrachten wir die Festigkeit dieses Felsens, anf dem der Herr den Bau der Kirche gegründet hat. Seit 1800 Jahren steht unter so zahlreichen Widerwärtigkeiten inmitten der beständigen Angriffe so vieler Feinde, der Lehrstuhl des hl. Petrus — die Lehrkanzel der Wahrheit, "organum veritatis," der Mittelpunkt der Einheit, fest und unerschütterlich im sturmbewegten Lebensmeere, wie ein sicherer Leuchtthurm da, der mit seinem Licht die Fahrt leitet, und den sicheren Hafen des Heiles zeigt. Von diesem Glauben geleitet, haben wir vor fünf Jahren (am Pfingstfeste 1852) vor Deinem Throne schriftlich und mündlich bekannt, daß uns nichts höher gelte, und mehr am Herzen liege, als das zu glauben, was Du glaubst und lehrest, und das als irrig zu verwerfen, was Du als irrig verwirfst. — Dir folgen wir, und bekräftigen noch einmal vor aller Welt, was wir damals gesagt: Du bist für uns der Meister der gesunden Lehre — der Mittelpunkt der Einheit, Du, des Volkes nie erlöschende Leuchte. Du bist der Fels und das Fundament der Kirche, das die Pforten der Hölle nie überwältigen werden. Wenn Du sprichst, hören wir Petrus; wenn Du entscheidest, gehorchen wir Christo!"

Können Bischöfe, die so bekennen, glauben, der Papst könne in Dingen des Glaubens Irrthum lehren?!

Nein, es ist keine Gewalt wider Gott, sagt Paulus, und eben so wenig gegen die Wahrheit, und gegen die Evidenz einer im Lichte des Glaubens consequenten Vernunft. Ihre Anerkennung ist im kirchlichen Verband, auf einen Felsen gegründet, den

keine Gewalt der Welt und Hölle je aus dem Grunde
zu heben im Stande ist.

Selbst diejenigen Gelehrten, welche heute die Unfehl=
barkeit des Papstes in seinen Glaubens=Entscheidungen
nicht ausdrücklich dociren, wagen es doch nicht, das
Gegentheil zu behaupten, sondern führen einfach die Für=
und Gegengründe an.

Indeß praktisch erkennen auch sie mit uns die
Wahrheit unserer Thesis an, und das oberste Entschei=
dungsrecht in Dingen des Glaubens, mit dem Christus
den Primat Petri bekleidet hat; denn Keiner würde es
wagen, einen vom Oberhaupt der Kirche verworfenen Satz
zu lehren; und doch wäre es ja gerade dann die heiligste
Pflicht seine Stimme zu erheben, wenn ein Papst sich
irrte! Da schweigen, wäre Heuchelei.

Wir wenden uns nun zum letzten der Zeugnisse, um
den Beweis für den Gesammtglauben der Christenwelt
aller Zeiten an die Glaubensprärogative des aposto=
lischen Stuhles zu liefern.

VII.

Anerkennung

der höchsten apostolischen Vollmacht des Papstes
in Glaubens-Entscheidungen von Seite der
Fürsten und Völker.

———•———

Wir schließen dem Zeugnisse der gelehrten Welt noch
ein nicht minder kräftiges an, nämlich das der Völker
der ganzen Christenheit, und zwar aus dem Munde ihrer
Repräsentanten, nämlich ihrer Regenten und
Fürsten. — Auch ein Zeugniß von überaus großem Ge=
wicht! Denn wenn von Seite der gelehrten Welt das
Ansehen der Wissenschaft das Zeugniß derselben wichtig
macht, so setzt die Macht und Unabhängigkeit der Fürsten,
als Repräsentanten der Völker, deren Zeugniß gleichfalls
überaus hoch, und adelt es mit dem Gepräge der unbe=
fangensten Glaubensüberzeugung, das sie in Ihrem und
ihrer Völker Namen gesprochen. In dieser Anerkennung
von Seite der Fürsten und Völker leuchtet uns wirklich
eine ganze Welt von Zeugen entgegen; und man nenne
uns ein Dogma, welches so oft und feierlich in der Kirche
Gottes ausgesprochen wurde, als eben die Anerkennung
der apostolischen Vollmacht des Papstes in Glaubensent=
scheidungen, wie wir sogleich sehen werden.

(280)

Wir treffen da sogleich in den ersten Zeiten des christlichen Namens auf ein höchst merkwürdiges Dokument,
in der gewiß ganz völlig parteilosen und so merkwürdigen factischen Anerkennung der päpstlichen, oberstrichterlichen Entscheidung in kirchlichen Dingen, in dem Aus=
spruch des, wenn gleich heidnischen Kaiser Aurelian.
Der irrlehrige Paulus nämlich, zu Antiochia, durch
den Ausspruch einer Synode seines Sitzes entsetzt, wollte
dem substituirten Domnus die bischöfliche Wohnung und
Kirche nicht räumen. Da wandten sich die Väter dieser
Provinzial=Synode an den damals dort anwesenden
Kaiser Aurelian um Unterstützung, zum Vollzug ih=
res Ausspruches. Und der Kaiser, obwohl Heide, that
den Ausspruch: „Die Wohnung und Kirche
sei demjenigen einzuräumen, welchem
vor Allen der Bischof von Rom selbe zu=
erkennen würde." So offenkundig war also selbst
den Heiden die oberstrichterliche Gewalt des Bischofs von
Rom in den kirchlichen Angelegenheiten der Christen!
Der Kaiser wollte in parteiloser Gerechtigkeit die Sache
vor dem ihm genügend bekannten christlichen, höchsten
Entscheidungstribunal geschlichtet wissen. — Dies kann
um so weniger bezweifelt werden, wenn man bedenkt, daß
das Bittgesuch von einer Synode, die mehr als siebenzig
Bischöfe zählte, an den Kaiser gelangte. Was konnte
denselben wohl abhalten, das Urtheil so vieler einheimi=
schen Bischöfe vollziehen zu lassen, wenn ihm nicht das
höchste Gerichtsforum des Bischofs von Rom bekannt gewesen wäre? —
Ja, so groß ist das Gewicht, welches aus ernster Be-

herzigung dieser Thatsache entspringt, daß es schismatische Griechen gab, welche aus diesem Erlaß des Kaisers A u - r e l i a n den Ursprung des Primats der Bischöfe Roms selbst ableiten zu müssen glaubten. Ein solcher Schis- matiker war L e o, Erzbischof von Acriba in Bulgarien, ein feuriger Photianer, der sich über dieses Factum also voll Galle und Unwillen ausdrückt: "Ille autem ea, de quibus contendebant, sese non intelligere affirmans ad episcopum Romanum causam adferre jussit.... Idcirco videbatur ei primas dedisse et in omnium tyrannidem Pontificatum asseruisse." y) — Welch ein "ὕστερον πρότερον," da ja der Ausspruch des Kaisers die Präro- gative des römischen Bischofs offenbar als bereits aner- kannt voraussetzt, unmöglich aber dieselbe erst von Ihm kommen konnte, am wenigsten da, wo es sich gerade um Schlichtung eines erbitterten Streites handelte; sondern, wie B o s s u e t richtig bemerkt: „Die dem Kaiser be- kannte "Praxis christianorum," — die aber auf dem, in selber gleichfalls allgemein anerkannten Rechte des Bischofs von Rom fußte,"—bestimmte seine weise Ent- scheidung. z)

Wenn nun ein heidnischer Kaiser ein solches merkwür- dige Zeugniß factischer Anerkennung gab, so werden wir uns nicht wundern, wenn im Glauben weit besser unter- richtete Fürsten in solcher Menge es, und auf so ent- schiedene Weise durch alle Jahrhunderte gethan, seit C o n s t a n t i n dem G r o ß e n, und Ersten christlichen Kaiser.

---

y) Lupus. Scholia. VIII. 103.
z) Boss. discours sur l'hist. unv.

Constantin nennt, in seinem Schreiben an die Bischöfe von Arles, das Urtheil der Entscheidung Roms, in der Streitsache der Donatisten, "coeleste judicium," „ein himmlisches Urtheil," — und klagt über die Blindheit dieser Sektirer, „die nach einem solchen Urtheil an ihn einen Recurs ergriffen hätten, der in dergleichen Angelegenheiten gar kein Recht der Entscheidung habe."

Dieses oberste Entscheidungsrecht erkannte der, wenn gleich sonst durch arianische Irrthümer geblendete Sohn Constantins, nämlich Kaiser Constantius; daher seine wiederholte, obwohl stets fruchtlose Bewerbung um die Beistimmung des Bischofs von Rom.

Es fiel auch stets allen pragmatischen Geschichtsschreibern und allen sonst tiefer denkenden Geistern sehr auf, warum der erste christliche Kaiser sogleich sich um eine andere Residenz umsah, und Rom verließ; nämlich Constantin der Große, der Konstantinopel erbaute; und wie auch nach der Theilung des Reiches, die occidentalischen Kaiser dennoch nicht in Rom, sondern in Mailand, Ravenna und andern Städten residirten. Sie fühlten sich nämlich durch das oberstrichterliche Ansehen des Papstes in göttlichen Gerichten in ihrer Sphäre als bloß irdische Gewalthaber zu sehr gedrückt und verdunkelt.

Dieses oberste apostolische Entscheidungsrecht anerkannte in den Nachfolgern Petri, Gratian, der Kaiser (†383). Darum drang er vor Allem auf die Glaubensgemeinschaft mit dem apostolischen Stuhle, als kräftigste und einzige Garantie gegen häretische Umtriebe,

19

unter den Völkern seines Reiches. Er erließ dießfalls ein eigenes, kaiserliches Edikt, in welchem er auf diese Glaubensgemeinschaft aller Völker seines Reiches mit dem apostolischen Stuhle bringt. a) — Der Probierstein, ob irgend Jemand rechtgläubig sei, war diesem Kaiser, wie er es bei so vielen Gelegenheiten aussprach: "amplectere doctrinam Damasi,"—„daß er die Lehre des Papstes D a m a s u s bekenne."—Dem häretischen Prätendenten des Patriarchalstuhles von Konstantinopel sagte G r a t i a n in das Angesicht: „Ich wundere mich, wie du so unverschämt der Wahrheit widerstehen kannst, da du doch weißt, daß D a m a s u s ꝛc."— "Miror, te tam impudenter resistere veritati, cum probe scias, Damasum etc."—In gleicher Anerkennung wandte sich T h e o d o s i u s der G r o ß e, bei allen vorkommenden Anlässen nach Rom, als dem Sitze des oberstrichterlichen, kirchlichen Forums. So in der Angelegenheit des F l a v i a n u s, und in jener des N e c t a r i u s. b)

Als solchen erkennt auch Kaiser H o n o r i u s den Gerichtshof des Papstes, in seinem Schreiben an Kaiser A r c a d i u s. c) — Diesen Glaubensprimat und dessen apostolisches, oberstes Entscheidungsrecht bekannte überaus feierlich Kaiser V a l e n t i n i a n, in seinem Schreiben an T h e o d o s i u s den Jüngern. — „Diesen von unsern Ahnen erhaltenen Glauben," schreibt V a l e n t i n i a n, der abendländische Kaiser, an den griechisch-römischen Kaiser, „den müssen wir mit aller ihm

a) Cod. Theod. l. XVI. lib. I. cap. II.
b) Buttler XVIII.
c) Baron. ad a. 407.

gebührenden Andacht vertheidigen, und die Würde des,
dem seligen Apostel Petrus eigenthümlichen Ansehens, in
unseren Zeiten unverletzt bewahren; dadurch nämlich,
daß der Bischof der seligen Stadt Rom, dem die erste
Vorzeit die Herrschaft des Priesterthums über Alle gab,
Gelegenheit und Freiheit habe, über den Glauben und
die Priester zu richten." "Quatenus beatae Romanae
civitatis Episcopus, cui principatum sacerdotii, super
omnes, antiquitas contulit, *locum habeat et facultatem
de fide et sacerdotibus judicare.*" — Dies nennt Va =
lentinian "*a nostris majoribus traditam fidem.*"
„Aus dieser Ursache," fährt der Kaiser fort, „hat der Bi=
schof von Konstantinopel an denselben durch Bittgesuch
appellirt, in Betreff des Streites, der des Glaubens we=
gen entstanden," "propter contentionem, quae orta est
de fide." — Was Valentinian hier privatim schrieb,
sprach er bei einer andern Gelegenheit durch ein feierli=
·ches Edikt an seine Völker aus. Der Papst rief die zeit=
liche Hülfe des Kaisers gegen die Halsstärrigkeit des Bi=
schofs von Arles an, der sich Rechte über seine Mitbi=
schöfe anmaßte, die ihm nicht gebührten. Es erfolgte
ein kaiserliches Edikt an den Praefectus praetorii Gal-
liarum. — „Alle orthodoxen Kaiser von Constantin
an," sagt das Edikt, „waren tutores und protectores sedis apostolicae;" darum verordnen wir sowohl für Gal=
lien, als alle andern Provinzen, "ne quid contra consuetudinem veterum," daß nichts gegen den alten Ge=
brauch, ohne Autorität des ehrwürdigen Mannes, des
Papstes der ewigen Stadt, unterfangen werde, sondern
daß ihnen Alles als Gesetz gelte, was immer das An=

sehen des apostolischen Stuhles festgesetzt hat, oder festsetzen wird," "sed illis omnibusque pro lege sit, quidquid sanxit vel sanxerit apostolicae sedis auctoritas." —
Es sollten die Satzungen Roms auch als kaiserliche Gesetze gelten.   Welch ein Unterschied mit der Erfahrung
neuerer Zeit! —
Und was nun folgt ist besonders denkwürdig: „Es
wäre zwar," sagt V a l e n t i n i a n, „der Ausspruch
des Papstes durch Gallien auch ohne unsere Sanction
gültig; (also ohne Placet,) denn was könnte wohl nicht
in der Kirche, die Autorität eines solchen Hohenpriesters?"
— " Et erat quidem ipsa sententia per Galliam etiam
sine nostra sanctione valitura; quid enim tanti pontificis auctoritati, in Ecclesia non liceret?" — Es sollte
nur Böswilligen auch weltlicher Seite ein Damm gesetzt
werden. — "Sed nostram quoque praeceptionem haec
ratio provocavit, ne ulterius cuiquam alteri liceat prae-
ceptis Romani antistitis obviare." — Noch herrlicher aber ·
gab V a l e n t i n i a n in diesem Edikt gleich im Eingang
den Beweggrund seines christlich-kaiserlichen Einflusses
zur Aufrechthaltung und Durchführung päpstlicher Anordnungen, mit diesen, wahrlich Gold und Ceder würdigen Worten, da er sagt: " Tunc enim Ecclesiarum pax
ubique servatur, si rectorem suum agnoscat universitas,"
— „dann wird der Friede der Kirchen überall bewahret,
wenn Alle insgesammt ihren Regierer anerkennen." —
Was C y p r i a n mit andern Worten, die wir oben angeführt, so kräftig vor Ihm gesagt, nämlich: „Nirgend
andersher sind Ketzereien und Spaltungen entstanden,
als weil man dem E i n e n Richter an Christi Statt,

nicht jederzeit pflichtgemäß gehorchen wollte." — Wie bestimmt und feierlich diese oberstrichterliche Entscheidungsgewalt des Papstes, Kaiser M a r c i a n und die berühmte staatskluge, und im Glauben tief begründete P u l c h e r i a , bei Gelegenheit des allgemeinen Concils von Chalcedon, anerkannt, haben wir bereits oben angeführt.

J u s t i n der Kaiser, schreibt durch seinen Minister und Nachfolger auf den Thron, J u s t i n i a n an den Papst: „d a s h a l t e n w i r f ü r k a t h o l i s c h, w a s u n s d u r c h E u r e A n t w o r t k u n d g e g e b e n w e r - d e n w i r d." "*Hoc enim credimus esse catholicum, quod Vestro responso nobis fuerit intimatum, etc.*"

So thaten und sprachen Kaiser, die noch v o r G r e - g o r dem Großen gelebt, also noch in den, a u c h v o n P r o t e s t a n t e n anerkannten J a h r h u n d e r t e n des reinen Glaubens der katholischen Kirche; und reden so an die Päpste, die noch b ü r g e r l i c h i h r e U n - t e r t h a n e n w a r e n, und von denen sie zeitlicher Weise nichts zu fürchten hatten; um so weniger im Orient, wo im Gegentheile die Kaiser Unterstützung genug von Seite intriguanter und ehrsüchtiger Bischöfe zu hoffen hatten, besonders von den, mit dem alten Rom eifernden Bischöfen der Residenz ihres neuen Roms. — Es liegt also das vollste Gewicht des Beweises in diesen Zeugnissen kaiserlicher Anerkennung für den Glauben derselben und der ihnen anvertrauten Völker, an den Glaubensprimat des Papstes und dessen obersten, höchsten Gerichtshof zu Rom.

Wir möchten doch wissen, wie Fürsten, die jetzt nicht mehr so reden, nicht mehr so glauben, nicht mehr zu Rom

pflichtgemäß anfragen, sondern den Aufforderungen des
Papstes selbst zu widerstehen wagen, wie solche meinen
können, sie hätten den Glauben der Fürsten, Könige und
Kaiser der ersten Christenheit und seien somit wahre Kin=
der der wahren Kirche Christi, wie jene erlauchten ge=
krönten Häupter es waren, die mit Constantin und
selbst mit dem Gothenkönig Theodorich so genau die
Sphäre ihrer Gewalt kannten, und die der Kirche und
ihres Oberhauptes in ihrer ganzen Fülle respectirten!

Justinian, später Kaiser, schrieb an Papst Hor=
misdas ganz theologisch richtig: „Die Einheit
der hl. Kirchen stammt aus der Lehre und
der Autorität Eures Apostolats." "Uni-
tas ss. Ecclesiarum per doctrinam et auctoritatem apostolatus Vestri provenit." d)

Er publicirte selbst sein Glaubensbekenntniß durch ein
feierliches Edikt nach der denkwürdigen Formel des Pap=
stes Hormisdas. Dem Patriarchen Mennas
sagt er bei dieser Gelegenheit: „Wir leiden es nicht, daß
etwas von dem, was die Kirche betrifft, nicht Sr. Heilig=
keit berichtet werde, da Er das Haupt aller Priester des
Herrn ist, und hauptsächlich, weil, so oft Ketzer erschienen,
dieselben durch den Ausspruch und das Urtheil dieses
ehrwürdigen Stuhles gedemüthiget worden sind." "Vel
eo maxime, quod, quoties haeretici pullularunt, et sententia et recto judicio illius venerabilis sedis coerciti
sunt." e) — Dem Papste Johann II. schrieb er
gleichfalls: „Euren apostolischen Stuhl und Eure Hei=

---

d) Baller. de vi. ac rat. Prim. p. 208.
e) Cod. de Summ. Trinitt. 1.

ligkeit verehrend, beeilen wir uns, alles, was die Kirche betrifft, sogleich zur Kenntniß Eurer Heiligkeit zu bringen." "Reddentes honorem apostolicae sedi et vestrae sanctitati, omnia, quae ad Ecclesiarum statum pertinent, festinavimus ad notitiam deferre vestrae sanctitatis."—Der Papst, in seinem Antwortschreiben, lobt die gläubige Gesinnung und Handlungsweise des Kaisers, gibt ihm jedoch zu verstehen, „daß solch ein Benehmen auch heilige Pflicht gewesen sei," daß er, unterrichtet im kirchlichen Verfahren, die dem römischen Stuhle gebührende Achtung bewahre, und dem Alles unterwerfe, und zu Seiner Einheit Alles führe, zu dessen Stifter, d. i., zu dem Ersten der Apostel, der Herr sprechend, befohlen: „Weide meine Schafe, rc." Auch dem Papst A g a p e t schickte J u s t i n i a n das Glaubensbekenntniß, in welchem es heißt: „Folgend in allem dem apostolischen Stuhle, und was von ihm festgesetzt ist, verkünden und versprechen wir alles dieß unverbrüchlich zu beobachten." "Sequentes in omnibus sedem apostolicam, quae ab ea statuta sunt, praedicamus ac promittimus, ista inconcusse servare."—Wenn übrigens J u s t i n i a n in seinem Benehmen gegen V i g i l zu vergessen schien, was er hier so feierlich bekannte, so thut dieß seinem Glaubensbekenntnisse keinen Abbruch; sondern richtet nur seine Inconsequenz und politisirende Stimmung. Ja selbst die Heftigkeit, mit der er von V i g i l eine Beistimmung erzwingen wollte, zeigt, wie n o t h w e n d i g er dieselbe erachtete, ohngeachtet das fünfte, allgemeine Concil in seinen Bischöfen, ihm größtentheils zu Gebote stand. Indeß, J u s t i n i a n mußte zu gut, daß, so lange der Papst

entgegen ſei, keine Conciliar-Entſcheidung bindend wäre.
Dieſe oberſte und apoſtoliſche Vollmacht des römiſchen
Stuhles anerkannte und bekannte auch Kaiſer P h o k a s
ſo feierlich, daß L u t h e r und die Centuriatoren eben ſo
lächerlich von ihm das Papſtthum und ſeine kirchliche
Machtfülle datirten, als L e o von Acriba es vom Kaiſer
A u r e l i a n ableiten wollte.

· In Folge ihrer Glaubens-Ueberzeugung wendeten
ſich C h i l d e b e r t, König der Franken, in ſeiner Legation an Papſt V i g i l; A t h e l b e r t, König von Eng-
·land, in ſeiner Legation an B o n i f a z IV. Ob wohl
ehrliche Engländer, die nun nicht mehr mit Rom in Verbindung ſind, meinen können, den Glauben ihrer Väter
und der Könige ihrer erlauchten Vorzeit zu haben, wenn
ſie dergleichen hiſtoriſche Thatſachen erwägen. — Wir
denken nicht. Der Papſt in ſeiner Antwort und den gegebenen Beſtimmungen ſagt: „Wenn Jemand aus euren Nachfolgern, es ſeien dies Könige, Biſchöfe, Kleriker
oder Laien, die Anordnungen des apoſtoliſchen Stuhles
·zu verletzen es wagen ſollte, ſo ſoll er dem Anathem des
Fürſten der Apoſtel, Petrus, und aller ſeiner Nachfolger
verfallen.“ “ *Quae ea decreta, si quis successorum, regum, sive episcoporum, clericorum, sive laicorum irrita
facere tentaverit, a principe Apostolorum Petro et a
cunctis successoribus suis, anathematis gladio subjaceat
etc.*” f) Könige von England, Biſchöfe, Kleriker, Laien,
hört ihr, wie vor mehr als elfhundert Jahren die Nachfolger Petri zu euren Vätern ſprachen; meint ihr wohl,
daß ihr annoch den Glauben derſelben beſitzet?!

f) Hard. III. 544.

Wie Athelbert, so bekräftigen auch die Könige
Oswin von Northumberland und Egbert von Kent
ihren Glauben an das oberste Entscheidungsrecht des apo=
stolischen Stuhles, durch ihren Gesandten Wighard,
den sie in ihren Namen und im Namen der ganzen Kirche
von England an den Papst abgeschickt. Bald darauf se=
hen wir Ceadwalla und andere brittische Fürsten,
wie die Könige Kenred und Offa, nach Rom per=
sönlich wallfahrten, dem heiligen Vater ihre Ehrfurcht
als Söhne der Kirche, die er als Haupt regierte, zu be=
zeugen, und mit ihm die Angelegenheiten der Kirche, de=
ren Oberhirte er ist, in Bezug auf ihre Kirche in Eng=
land, zu verhandeln.

Diesen obersten Gerichtshof kirchlicher Entscheidungen
bekannte g) feierlich Kaiser Constantinus Pogo=
natus in seinem Schreiben an Papst Agatho,
dem dann dieser Papst jene hochfeierliche Antwort gab,
die wir bei Gelegenheit des sechsten Concils angeführt.

Kaiser Anastasius sandte sein Glaubensbekennt=
niß, wie mehrere seiner Vorgänger nach Rom, und ver=
kündigte so feierlich und öffentlich, wo er den Quell und
das höchste Tribunal in Dingen des Glaubens demü=
thigst anerkenne.

Auch Offas Nachfolger Knulph, König der Mer=
cier schickte eine feierliche Gesandtschaft nach Rom in sei=
nem Namen und im Namen seiner Bischöfe und Herzoge.
In dem Sendschreiben heißt es: „Ich halte es für billig,
Deinen heiligen Befehlen das Ohr unsers Gehorsams de=
müthig zu neigen, und das, was von uns zu thun Dir

g) Bar. ad ann. 626.

dünkt, mit allem Eifer zu erfüllen." "Opportunum arbitror, tuis sanctis jussionibus aurem, obedientiae nostrae humiliter inclinari et quae nobis sequenda tibi videantur, toto nisu implenda."

Pipins Verehrung gegen den heiligen Stuhl ist bekannt. Der Zuschrift der Kaiserin Irene und ihres kaiserlichen Sohnes an Papst Hadrian, haben wir bei Gelegenheit des siebenten, allgemeinen Concils gedacht.

Mit welcher Ehrfurcht der Anerkennung des apostolischen Stuhles, als oberstes, höchstes Kirchentribunal, Karl der Große hinsichtlich der Macht der römischen Päpste erfüllet war, beweisen dessen Capitularien, h) und die, wenn nicht von ihm selbst, so doch in seinem Geiste geschriebenen, von ihm gut geheißenen sogenannten karolinischen Bücher. — Im ersten Buche derselben i) heißt es also: „Dieser apostolische Stuhl also mit geistigen Waffen des heiligen Glaubens ausgerüstet, und vom Quell des Lichtes erleuchtet, widerstand allen Ungeheuern von Irrlehrern, und reichte allen Kirchen der Welt den Becher der reinen Lehre." — Darauf nach Anführung des Beispiels Hieronymi, welcher sich an Papst Damasus wandte, auf daß er entscheide, was zu glauben sei, heißt es weiter also: „Was in der Regel wir gesagt, und durch das Beispiel bewiesen, alle katholischen Kirchen zu beobachten haben, daß sie nämlich von jener nach Christus die Hülfe zur Stärkung im Glauben verlangen, welche keine Makel noch Runzel hat, und

h) L. 57, VII. 364.
i) C. 6.

die frechen Häupter der Irrlehren niedertritt, und die gläubigen Geister im Glauben bestärket, von deren Gemeinschaft unsere Kirche sich nie getrennt, sondern stets durch apostolische Unterweisung unterrichtet von Jenem, von dem alle gute und vollkommene Gabe ist, u. s. w." **Dieß der Glaube und das Bekenntniß Deutschlands in den Tagen Karls des Großen!**

Denselben ererbten Glauben, dieselbe kindliche Ehrfurcht und Anerkennung gegen den apostolischen Stuhl als höchstes kirchliches Tribunal bewies **Karls Sohn, Kaiser Ludwig der Fromme.** Beweis dessen ist seine bekannte Constitution: "Ego Ludovicus etc." —

Wie richtig Er überhaupt seine Stellung zur Kirche erfaßt, und der kaiserlichen Macht selbst, beweiset seine Anrede an die Väter der Synode von Tionville und sein Capitular vom Jahre 823.

„Weit entfernt," sagt **Bossuet** in seiner gefeierten Rede "de l'Unité etc.," „der Kirche Gesetze vorzuschreiben, sagte vielmehr Ludwig der Fromme zu den Bischöfen: Mein Wille ist, daß ihr durch unser Ansehen unterstützt, ausführet, was eure Amtsgewalt erfordert." „Würdige Worte," fährt **Bossuet** fort, „der Herren **dieser Welt, die es zu sein nie mehr verdienen, als wenn sie der von Gott eingeführten Ordnung Ehrerbietung verschaffen.**"—**Bossuet** belegt, was er behauptet, mit noch mehr königlichen Capitularien. — Insonderheit aber leuchtete diese Anerkennung in der Legation hervor,

die Ludwig an den heiligen Vater mit den Akten der zu
Paris versammelten fränkischen Bischöfe sandte, wo er in
seinem Schreiben an Papst Eugen ausdrücklich beifügt,
er thue dies nur, um der Sache der Kirche nach Möglich=
keit förderlich zu sein — nicht aber sich irgend
ein Lehramt anzumaßen, sondern im
Gegentheil, um dem heiligen Stuhle zu
erkennen zu geben, daß er zu Allem be=
reit sei, was die Nothwendigkeit oder
der Wille des heiligen Stuhles ver=
lange."

Von Ludwig an, der die Theilung des Reiches durch
den päpstlichen Stuhl bestätigen ließ, blieb es dann Sitte,
daß die römisch=, fränkisch und deutschen Kaiser das Reich
selbst, nur mit Beistimmung, Gutheißung und Krönung
durch den Papst, verwalteten. Und nicht nur die römi=
schen Kaiser, sondern auch die Könige so vieler
andern Reiche, als die von England, Polen, Un=
garn, Croatien, Schweden und Dänemark
haben ihre Krone nicht anders, als durch die Hände des
Stadthalters Christi erhalten und garantirt wissen wol=
len. Ohne hier die politische Rechtsfrage dieser Sache
zu berühren, erinnern wir immer nur an die Grundlage
dieser dem heiligen Vater zuerkannten zeitlichen Rechte
über Scepter und Kronen christlicher Potentaten der Welt.
Nimmermehr, hätten diese Mächtigen und Fürsten dem
Nachfolger Petri als Statthalter Christi eine solche Pri=
matie und oberstrichterliche Gewalt in ihren Rechts= und
Territorialfragen zugestanden, wenn nicht der überirdi=
sche Glanz göttlicher und in Streitfragen des Glaubens

unfehlbaren richterlichen Autorität und kirchlich oberſten
Regierungsgewalt des Papſtes, ſie gleichſam dieſe Unter=
ordnung, als das Ideal, der zum Heile der Welt gött=
lich geordneten und mithin untergeordneten Gewalten,
und als die wünſchenswertheſte, und dem geſellſchaftli=
chen Völker=Verbande convenirendſte Rechtsverwaltung
hätte erkennen laſſen. — M a i ſt r e weiſet dies treff=
lich nach. Und daß dieſe ſo merkwürdige Thatſache wirk=
lich für die Ruhe und das Glück der Völker, bei Beob=
achtung von billigen Grenzen, gewirkt hatte, und ſtets
noch ſegenreicher gewirkt hätte, verkennt ſelbſt V o l =
t a i r e nicht.

Wir wollen dieſen in unſerer Sache gewiß ganz par=
teiloſen Mann einige Augenblicke ſelbſt reden laſſen.
In ſeinem "Essai sur les moeurs" nämlich, führt er
den König von Dänemark an, dem im Jahre 1329 der
Papſt ſagte: „Ihr wiſſet, das Königreich Dänemark iſt
nur von der römiſchen Kirche, der es Tribut bezahlt, ab=
hängig; nicht aber vom Reiche." Er führt hierauf Bei=
ſpiele derſelben Art an, und ſchließt mit der Bemerkung,
daß alle Fürſten und Könige der Chriſtenwelt jener Zeit
den Papſt als ihren auch zeitlichen Ober= und Schieds=
richter anſahen, d a ß a b e r d i e ß k e i n e s w e g s
z u m W e h, ſ o n d e r n z u m H e i l e d e r W e l t
g e w e ſ e n ſ e i, u n d ſ o v e r b l i e b e n w ä r e,
w e n n U e b e r e i n ſ t i m m u n g o h n e L e i d e n =
ſ c h a f t ſ t e t s g e w a l t e t h ä t t e. Es heißt nämlich
in ſeinem "Essai sur l'histoire générale" alſo: „Das
Intereſſe des Menſchengeſchlechtes erheiſcht einen Zügel,
welcher die Fürſten zurückhalte, und das Leben der Völker

ſichere. Dieſer Zügel der Religion hätte durch eine all=
gemeine Uebereinkunft in den Händen der Päpſte liegen
können. — Dieſe oberſten Biſchöfe hätten, indem ſie in
weltliche Händel, nur um ſie beizulegen — ſich gemiſcht,
— indem ſie die Könige und ihre Völker an ihre Pflich=
ten erinnert, ihre Verbrechen ihnen verwieſen, und die
Excommunication für die großen Fehler aufbewahret
hätten, ſtets wie Ebenbilder Gottes auf Erden betrachtet
werden können 2c." — Welch ein Bekenntniß aus dem
Munde eines ſo erbitterten Papſt= und Kirchenfeindes!

Uebrigens war Uebereinkunft gar nicht einmal noth=
wendig, war auch nie getroffen, und hatte doch Statt;
weil ſie durch den Eintritt der Völker in die chriſtliche
Kirche ſelbſt gegeben ward. So bald dieſe in dem Nach=
folger Petri den oberſten Richter in göttlichen, dem Men=
ſchen anvertrauten Dingen erkannten — vertrauten ſie
denſelben auch das oberſtrichterliche Anſehen in ihren
höchſten zeitlichen Intereſſen, beſonders ſo fern ſie die Er=
ſteren in ihrer Sphäre mitberührten.

Einen ſehr auffallenden Beweis dafür haben wir an
D a v i d, Kaiſer von Aethiopien im ſechszehnten Jahr=
hundert. In ſeiner Zuſchrift an den Papſt im Jahre
1524 drückt er ſeinen Schmerz darüber aus, daß er höre,
daß auch chriſtliche Fürſten mit einander Krieg führten.
— Er bittet daher den Papſt mit folgenden Worten:
„Ich bitte Dich, heiligſter Vater, warum erwirkſt Du
nicht, daß die chriſtlichen Könige, D e i n e S ö h n e,
die Waffen ablegen, und wie es Brüdern ziemt, friedlich
unter ſich ſind, da ſie Deine Schafe ſind, und Du ihr
Hirte biſt." So klare und conſequente Begriffe hatte dieſer

Monarch, wenn gleich nach moderner Sprache: Barbar, von der Stellung des Papstes zu christlichen Potentaten! Grund dessen aber war die Anerkennung der höchsten richterlichen Macht des Papstes in göttlichen Dingen; denn er redet den Papst in diesem Schreiben mit folgenden Worten an: „Gerechter Herr, heiliger Vater, Haupt aller Priester..... wachsamster Besorger der Seelen, Lehrer des Glaubens, und Feind jener Dinge, die das Gewissen verletzen! O glücklicher Vater! Ich gehorsame Dir ehrfurchtsvoll, da Du der Friede Aller bist, Alles Gute verdienst; so ist es billig, daß Alle Dir Gehorsam leisten." "Juste Domine, Pater sancte, qui es caput pontificum omnium... vigilantissimus supra animas curator, magister fidei, earumque rerum hostis, quae conscientiam offendunt! O felix Pater, ego tibi reverenter obedio, cum sis pax omnium, et cuncta bona merearis: ita aequum, ut omnes tibi obedientiam praestent." — Ein Bekenntniß, welches uns lichtvoll zeigt, was die Kraft einer ungetrübten, gesunden Menschenvernunft auch in Ungebildeten in der Kraft christlicher Logik vermag! — Sollte sie in Gebildeten weniger vermögen?

Wir kehren zu unserer chronologischen Folge zurück. Diese oberstrichterliche Gewalt erkannte und bekannte im Jahre 868 höchst feierlich Kaiser Basilius. Als das päpstliche Urtheil über Photius erging, willfahrte der Kaiser mit den Worten: " Obscundare judicio Romanae Ecclesiae, necessarium duximus." — Er schrieb dem Papst, das Urtheil sei vollzogen worden, und verlangte dessen Dekrete und Urtheil zur Schlichtung, der aus den

Umtrieben des Photius entstandenen Wirren der
orientalischen Kirche, "de quibus decretum et judicium
mittere, sanctitatem vestram poscimus." In dem Cir=
cular zur Einberufung der Bischöfe im Namen des Pap=
stes zum achten Concil, nennt er die Päpste „u n e r =
f ch ü t t e r l i ch e S ä u l e n d e r K i r ch e."

So lange Kaiser K a r l d e r K a h l e durch H i n c =
m a r sich leiten ließ, erschwerte er wohl mehrere Male
das Einschreiten des apostolischen Stuhles — doch sobald
ihm die Augen aufgegangen waren, bekannte und han=
delte er gleichfalls im Geiste Karls des Großen. h)

Diese oberstrichterliche Lehrgewalt des Papstes, b e =
k a n n t e A l f r e d d e r G r o ß e von England. Sein
Vater, König E t h e l w u l f hatte ihn vom Papste zum
Könige salben lassen. — Er erhielt vom Papste verschie=
dene Privilegien für seine Hochschule in Orford. — Es
ist überhaupt die Thatsache des Einflusses der päpstlichen
Autorität zur Errichtung der Universitäten aller Vorzeit,
ein gleichfalls eclatantes Zeugniß für die öffentliche und
landesherrliche Anerkennung des Einflusses, den der Ober=
hirte der Kirche auf die Reinheit des Glaubens und der
Lehre zu nehmen habe, als Erster und Höchster Lehrer der
Christenwelt in Dingen des Glaubens; ohne welche
Glaubensbegründung es auch wirklich keine geordnete,
volle und fruchtbare Wissenschaft gibt.

Diese oberstrichterliche päpstliche Vollmacht in kirchlichen
Entscheidungen ward von Seite der Fürsten gleichfalls
auf der Synode, die zu Ingelheim angeordnet ward, und
der mit O t t o, König der Deutschen, auch L u d w i g

h) Lupus VIII. 81.

von Frankreich beiwohnte, unter dem Vorsitze der päpstlichen Legaten feierlich anerkannt. — Dasselbe gilt von Edgar, König von Brittanien. i)

In demselben Sinne schreibt Hugo Capet, der
neue König von Frankreich, (in der Sache Arnulphs
von Rheims,) an den Papst, mit den Bischöfen seines
Reiches: "Statuite, qui vices apostolorum tenetis,
quid de altero Juda fieri debeat, — nec judici Deo
excusationem praetendetis, si nobis quaerentibus, formam judicii dare volueritis." — Die Bischöfe des Concils sagten in ihrer Zuschrift: "Adesto Pater ruenti
Ecclesiae... sentiamus in Vobis alterum Petrum, de-
fensorem et corroboratorem christianae fidei." — Und
wieder in einem zweiten Schreiben an den Papst schreibt
König Hugo: „Dieses sagen wir in vollster Aufrichtigkeit, auf daß Ihr wisset, daß wir und die Unsrigen Euer
Urtheil keineswegs umgehen wollen." — "Hoc ex inte-
gro affectu dicimus, ut intelligatis, nos et nostros,
vestra nolle declinare judicia, etc." k) Ja, wenn man
immer mit solcher Aufrichtigkeit handelte! —

Dieses oberste Entscheidungsrecht erkannte in den Nachfolgern Petri auch der Thronfolger Hugo's, König
Robert; und nicht minder entschieden Otto II. Wir
haben oben angeführt, welch ein Memorandum darüber
Abbo von Fleury l) an Ersteren ergehen ließ.

Besonders glänzend und feierlich ist die Anerkennung der apostolischen Machtfülle des Papstes

i) Barruel 1. 26. v.
k) Hand. VI. 730.
l) No. 3, Seite 125.

20

durch **Heinrich** II., in seiner Bestätigungs = Urkunde
der Territorial = Besitzungen des römischen Stuhles.
Bossuet selbst beruft sich darauf, in seiner Rede:
"de l'Unité." — Auch noch ein anderer Zug im Leben
dieses Kaisers ist interessant. Der Kaiser nämlich ge=
wahrte, daß zu Rom, bei dem öffentlichen Gottesdienste
das "Credo in unum Deum," nicht gesungen ward, wie
er dieß in andern Kirchen zu hören gewohnt war. — Er
fragte die römischen Priester um die Ursache, und erhielt
die Antwort: „Weil die römische Kirche niemals durch
Ketzerei befleckt ward, sondern nach der Lehre Petri, in der
Festigkeit des katholischen Glaubens unerschütterlich ver=
harre." "Quod Romana Ecclesia non fuisset aliquando ulla haeresi infecta, sed secundum Petri doctrinam
in soliditate catholicae fidei, permaneret inconcussa." m)

Nicht minder entschieden und feierlich ist das Bekennt=
niß **Canuts**, Königs von England, Dänemark und
Norwegen, in seiner Zuschrift an die Bischöfe und Mag=
naten des Reiches.

Die gläubige Gesinnung der Könige von Polen seit
Casimir I., und ihre ehrfurchtsvolle Unterwerfung
betreffend die Entscheidungen des apostolischen Stuhles,
ist weltbekannt.

König **Heinrich** von Frankreich ließ auf den Rath
der Bischöfe eine Synode zu Paris gegen Berengar hal=
ten, welchen die Bischöfe verurtheilten; aber auch
Bruno, Bischof von Orleans, der sich seines Archi=
diaconus annahm, wollte man richten; doch dem wider=
setzte sich **Theoduin**, Bischof von Lüttich, in einem

m) Baron. ad a. 1114.

Schreiben an König Heinrich. „Euern Bischof,"
mahnt er in selbem den König, „kann Niemand richten,
als der apostolische Stuhl;—der König möge also war=
ten, bis er von Rom aus eine Befugniß und Gewalt
dazu erhalten habe, in der Sache Brunos etwas vor=
zunehmen." " Donec accepta sedis Romanae audi-
entia, damnandi (hoc est, bemerkt Cossart dabei,
audiendi et cognoscendi) potestatem habeatis." — Der
König erkannte des Papstes höchstes Tribunal und kehrte
zurück in den Bereich der Grenzen seiner königlichen
kirchlichen Beziehung untergeordneten Macht.

Feierlich sind auch die Bekenntnisse Heinrichs III.
und König Ferdinands von Spanien an Papst
Viktor II., Eduards, Königs von England an
Leo IX. und Nikolaus II. In der Zuschrift an
Diesen sagt Eduard: " Summo ecclesiae universalis patri Nicolao, Eduardus Anglorum rex, debitam et
subjectionem et obedientiam! Justum judicamus apud
vos velut ad solidam petram accurrere." n) Diesem
gleichstimmig sind die Bekenntnisse und Zuschriften der
Könige Heisa, Solomon und Labislaus von
Ungarn, Suenos und Erichs von Dänemark, Kö=
nigs Boleslaw von Polen, Wratislaw von
Böhmen, des Czars Demetrius von Rußland, Kö=
nigs Anzir von Mauritanien, des Herzogs Deme=
trius von Croatien, Königs Michael von Slavo=
nien und Philipps von Frankreich. o)

---

n) Hard. VI. 1275—1633 und Baron. ad ann. 1074—1092.

o) Selbst die Abhängigkeit der Wahl des Papstes von der kaiserlichen Einwilligung ward nie so prätendirt, als wäre die Nichtbeachtung ein förmliches Wahl-

In den Zeiten des großen Kampfes zwischen Papst und
Kaiser, der darauf folgte, ward die kirchliche Autorität
des Papstes als höchstes Tribunal in Dingen des Glaubens, von den Feinden des römischen Stuhles höchstens
nur in der Hitze der Leidenschaft mit angegriffen — nie
das Gegentheil förmlich vertheidiget — oft bei besonne-
ner Ruhe ausdrücklich die Glaubensprärogative der Nachfolger Petri feierlich anerkannt, wie dies aus dem Zeugniß Venerí von Vercelli, des eifrigen Anhängers
Heinrichs IV. und Feind des Papstes, oben nachgewiesen ward.

Als in der Synode von Quedlinburg ein Anhänger
Heinrichs den Satz bestritt, daß das Urtheil des Papstes irrefragabel sei, widersprach ihm die ganze Synode
einhellig, und ein Laie sprach zu diesem Cleriker, nämlich
Cunibert von Bamberg: "Non est discipulus super magistrum —quis hoc vicario S. Petri denegare
potuit, quem omnes Catholici pro Domino et Magistro
venerantur." Und eben so bestimmt heißt es von eben dieser
Synode weiter: "Prolata sunt in medium decreta Sanc-
torum PP. de primatu sedis apostolicae, quod nulli
unquam liceat ejus judicium retractare, aut de ejus

hinderniß. — So als unter Alexander II. der kaiserliche Sachwalter den Satz
geltend machen wollte: „Ohne Einwilligung des Kaisers dürfe kein Papst gewählt werden, wenn er rechtmäßiger Papst sein solle;" erwiederte der römische
Defensor: „Die Päpste Stephan, Sixtus, Cornelius, Silvester,
Clemens und Petrus selbst, seien ohne kaiserl. Zuthun doch wohl gewiß
rechtmäßige Päpste gewesen!? und fragte dann, welche christliche Kaiser, selbst
als es deren schon gab, zu der Wahl der Päpste Damasus, Innocenz, Zosimus, Leo, Nicolaus, Cölestin, Bonifacius, Anastasius ihre
Einwilligung gegeben? — Nur Convenienz und Zeitumstände hatten manches-
mal eine accidentale Mitwirkung nothwendig gemacht, ohne einen Rechtsgrund
zu geben; was auch der kaiserliche Sachwalter zuzugestehen genöthiget war.

judicio judicare; quod de totius synodi publica professione laudatum et confirmatum est."

Selbst Heinrich IV. in Augenblicken von Besonnenheit und Reue erkannte und bekannte, daß Alles, was er in kirchlichen Dingen ohne Autorität des Papstes gethan, nur Anmaßung und Sünde gewesen sei. „Zerknirscht und in uns gekehrt," schreibt er an Gregor den Papst, „bekennen wir euch, Vater, unsere Sünden, und klagen uns an, hoffend, daß wir durch eure apostolische Autorität absolvirt 2c."—"Compuncti et in nos reversi peccata nostra Vestrae paternitati nos accusando confitemur, sperantes, ut apostolica vestra auctoritate absoluti etc." Er fordert den Papst auf, die Kirche von Mailand, die er in Irrthum geführt habe, durch apostolische Amtsvollmacht auf den rechten Weg zurückzuführen, und dann ad caeteras corrigendas, auctoritatis suae sententia zu schreiten. p)

Heinrich V., betheuerte gleichfalls, hinsichtlich der Entscheidung des apostlis. Stuhles seine Unterwerfung in kirchlichen Dingen, und insonderheit des Glaubens. "Primo quidem," heißt es bei Konrad von Ursberst nach dieses Kaisers Worten: „Erstlich verdamme ich die Ketzerei meines Vaters, und bekenne meine Ehrfurcht gegen den Papst, Bischof des apostolischen Stuhles, der sie verdammte." "Primo quidem haeresim (patris) anathematizans, apostolicae sedis pontifici, debitam profiteor reverentiam etc."

So lauten die Aussprüche der gekrönten Häupter der Christenheit bis an die Zeiten eines hl. Bernard,

p) Hard. I. c. 1219.

nämlich bis in das zwölfte Jahrhundert. Die gläubi=
gen Fürsten und Völker der darauf folgenden Jahrhun=
derte bis auf unsere Tage huldigten und huldigen der=
selben Glaubensprärogative des hl. Stuhles, und erken=
nen den Ausspruch desselben als das oberste Tribunal
der kirchlichen Lehre an.

So that selbst Heinrich II. von England, der ge=
züchtigte Mörder des hl. Thomas von Canterbury.

Ueberaus schön und herrlich ist auch die Antwort Lud=
wigs VII. von Frankreich an den Kaiser. Standhaft
wies er die Bewerbungen Friedrichs des Kaisers,
für den von ihm creirten Gegenpapst ab; und als Fried=
rich ihm durch seinen Kanzler bedeuten ließ, Ihm dem
Kaiser, als Advokaten der römischen Kirche stehe es zu,
über die Rechtmäßigkeit der Päpste zu entscheiden, und
der König von Frankreich habe sich dieser Entscheidung
zu fügen, gab Ludwig lächelnd zur Antwort: „Wie
doch der Kaiser so eitles und fabelhaftes Zeug ihm sagen
lassen könne? Weiß der Kaiser denn nicht, daß Jesus
Christus dem seligen Petrus, und durch ihn allen seinen
Nachfolgern, seine Schafe zu weiden übergeben habe?—
Hat er dies nicht im Evangelio von demselben Sohne
Gottes selbst, dem Fürsten der Apostel sagen gehört?—
(Joan. XXI.) Wie? sind die Könige von Frankreich
oder irgend ein Gewaltiger davon ausgenommen? Gehö=
ren die Bischöfe meines Reiches nicht zu den Schafen, die
der Sohn Gottes dem seligen Petrus vertraut hat?" —
"An ignorat imperator, quod D. J. Ch. S. Petro et per
eum universis successoribus ejus oves suas pascendas
commisit? ... acquid sunt hi Francorum reges vel

aliqui praelati excepti? an episcopi regni mei non sunt
de ovibus, quas filius Dei b. Petro commisit?" — Welche
Anerkennung sollte nicht F r i e d r i ch der Rothbart, der
geistlichen Machtfülle des Papstes, so oft ihn, die über ihm
schwer gewordene Hand des Herrn dazu nöthigte. Aufrichtiger und treuer that es dessen Sohn H e i n r i ch VI.

Wir können auch nicht umhin, die Worte anzuführen,
mit denen die Königin, Mutter R i ch a r d s L ö w e n -
h e r z an den Papst schrieb: „Gelobt sei Gott, der einem Menschen eine so große Macht gegeben, daß kein König und Kaiser und kein Fürst sich der Sphäre derselben
entziehen kann." „Der Fürst der Apostel herrscht annoch
vom apostolischen Throne, und es gibt da noch eine Handhabung des Gerichtes. So zieht dann das Schwert Petri; das Kreuz Christi überragt die kaiserlichen Adler,
und das Schwert Petri das des C o n st a n t i n." Es
ist dies das Glaubensbekenntniß Englands jener Zeit.
"Occidentalis ecclesia supplicat vobis, quem constituit Deus supra gentes et regna in *omni plenitudine potestatis*. . . . Nonne Petro apostolo et in eo vobis a Deo omnis potestas committitur? — Benedictus
Deus, qui talem dedit hominibus potestatem! *non rex,
non imperator aut dux a jugo vestrae jurisdictionis exi-
mitur*. . . . Principes apostolorum adhuc in apostolica
sede regnat, et in medio constitutus est judiciarius
rigor. *Restat, ut exeratis gladium Petri. Christi crux
antecellit Caesaris aquilas, gladius Petri gladium Con-
stantini*." Daß doch diese Sprache der Mutter R i ch a r d s
L ö w e n h e r z wieder die Sprache der Königinnen von
England würde! —

Auf gleiche Weise bekannte Kaiser **B a l d u i n** in seinem Schreiben "ad omnes ubique christianos." So der König der Bulgaren in seiner Legation an den Papst. So Kaiser **P h i l i p p**, welcher an den Papst also schrieb: "Cum enim nos pie credamus, J. Ch. b. Petro claves regni coelorum commisisse, et jus ligandi et solvendi tradidisse, scimus et protestamur, quod vos, qui in locum suum cum *plenitudine potestatis* successistis etc." Die übrigen deutschen Fürsten in ihren Mitschreiben an den Papst sagen unter andern: „Durch göttliche Anordnung und nicht durch menschliche Entscheidung ist Rom — einst der Mittelpunkt des Aberglaubens — nun der Mittelpunkt des Heils." — In gleicher Weise bekannte **P e t r u s** von Arrogonien in seinem Krönungs= eide. So König **J o h a n n** von England in seinem Schreiben an den Papst. So **P h i l i p p** II. von Frank= reich. z) So König **H e i n r i c h** von Norwegen im J. 1241.

Merkwürdig ist auch als öffentliches Bekenntniß des südlichen Deutschlands das, was man im sogenannten **S c h w a b e n s p i e g e l** über die Rechtsgewalt des Pap= stes über die Christen liest. Es heißt dort: „Der „Bapst der soll an Gottes statt richten. . . . Seid nun „Gott des Friedens Fürst ye heißt: so ließ er zwei „Schwert auff Ertreich da er zum Himmel fur, zu „Schirm der Christenheyt. Die befalch Got sanct Peter „beide, eines vom weltlichen Gericht, das anber vom „geistlichen Gericht, das weltlich Schwert des Gerichts „das leyhet der Bapst bem Kaiser." — Im **S a c h s e n**=

---

z) Spond. ad an. 1213. Berc. XIII. 255.

spiegel liest man Aehnliches. — Daß beide darüber
nur das öffentliche Gewissen ihrer Zeit aussprachen,
ist außer Zweifel und erhellt besonders aus dem Ein=
geständnisse eines Mannes, dessen Zeugniß Niemand
als für den Papst parteilich zurückweisen wird. Wir
meinen Kaiser F r i e d r i ch II. In seinem Edikte gegen
die Häretiker sagt er diese merkwürdigen Worte: „Die
Ketzer... suchen die Schafe von der Sorge Petri, dem
als guten Hirten dieselbe zur Weide vertraut wurden,
zu trennen." — Mitten unter seinen weltlichen Strei=
tigkeiten mit dem Papst schrieb er an die Könige von
Frankreich und England: "Nostrae catholicae fidei
debito suggerente, manifestissime fatemur collatam
a Domino, Antistiti Romanae Ecclesiae *plenariam
in spiritualibus potestatem.*" — „Eingedenk unserer
katholischen Glaubenspflicht bekennen wir offen, daß
dem Bischof der römischen Kirche vom Herrn die Macht=
fülle in geistlichen Dingen übergeben worden." — In
seiner Apologie aber wegen Brechung seines Friedens=
vertrages bedient sich Friedrich dieses zwar nicht originalen,
aber in seinem Munde gewiß merkwürdigen Vergleiches,
der auf das Glaubensbewußtsein dieses Fürsten hinweist.
F r i e d r i ch sagt: "In exordio nascentis mundi Dei
providentia in firmamento coeli, duo statuit luminaria,
majus et minus; ... quae duo sic ad propria officia
offeruntur, ut ... unum alterum non offendat, immo
quod superius est, inferiori suam communicet clari-
tatem. A simili aeterna provisio ... duo voluit esse
regimina, sacerdotium scilicet et imperium, unum
ad cautelam, reliquum ad tutelam, ut homo ....

duobus retinaculis fraenaretur et sic fieret *pax orbi!* etc." —

Wir nennen ferner in der Reihe der Fürsten noch Ludwig den Heiligen, und dessen Sohn Philipp den Kühnen. Beide beugten sich in kindlicher Ehrfurcht vor der Majestät des hl. Stuhles, anerkennend in demselben das höchste Tribunal der Kirche. — Gleiche Anerkennung äußeren in ihren Legationen, die Könige von Slavonien, Servien, König Ludwig von Ungarn, c) die Fürsten von Bosnien, d) Kaiser Carl IV., in seinem Krönungseide persönlich vor dem Papste; und Kaiser Johann Paläologus I., in seinem Glaubensbekenntniß, das er zu Rom gleichfalls persönlich abgelegt. Ebenso Kaiser Johann Paläologus II., in Person auf dem Concil von Florenz. e) Ja ganze Völker des Orients, durch eigene nach Rom gesandte Delegaten, legten in der feierlichsten Weise, diese ihre vollste Anerkennung an den Tag.

So sprach Abt Andreas, bevollmächtigter Delegat des Patriarchen der Eutychianer von Egypten, Aethiopien ꝛc. den Papst in einer öffentlichen Anrede im Namen der Völker, die er repräsentirte, also an: „Du bist Christus," sagte er, „und sein Statthalter, Du bist Petri Nachfolger,

---

c) Baron. ad a. 1307.

d) Spond. ad a. 1368.

e) Sehr merkwürdig sind auch die Beinamen, die der Sultan von Egypten dem Papste Innocenz III., in seinem Schreiben gibt. Er nennt ihn: "Universalis *loquela* christianorum, manutenens " adoratores crucis, *judex populi christiani.*" Raynald, ad a. 1247. Nat. Alex. XV. 39. — Einstimmig mit dem Zeugniß dieses Türken ist das des Abulfeda, Fürst von Havannah, und arabischen Geschichtschreibers, in seinem Werke: „Kurze Geschichte des Menschengeschlechtes."

und Vater und Haupt der ganzen Kirche, dem die Schlüssel gegeben sind, das Paradies zu schließen und zu öffnen. Du bist der Fürst der Könige, und der Erste der Lehrer." — " Es Christus et ejus vicarius, — Es Petri successor et pater, caput et doctor Ecclesiae universalis, cui datae sunt claves claudendi et reserandi paradisum. Tu princeps regum et maximus es magistrorum;"... „alle Kirchen aber, welche von dem ersten Fundament und von der Mutter und Lehrerin der römischen Kirche getrennt worden sind, die hat Gott den Völkern zum Spott und den Heiden zum Raub gegeben!"

Gleich kräftig und denkwürdig, weil Nachklänge frühester Vorzeit des Glaubens der orientalischen Kirche, sind die Bekenntnisse der Delegaten der Syrier, Chaldäer und Maroniten im 15. Jahrhundert. — Der Abgeordnete der Aethiopier sagt, in seiner Anrede an den Papst: „Wir glauben nicht, daß ein Volk sei, welches mit mehr Glauben und Andacht den römischen Papst verehrt, als wir Aethiopier.... Immerdar war es bisher beobachtet, daß, bei dem Anblicke der Gesandten von Rom, das Volk jedes Alters und Geschlechtes, in gedrängter Menge, die Füße derselben zu küssen, und einen Theil ihrer Kleider als Relique herabzureißen sich bemühet, woraus zu entnehmen, welch hohe Meinung unsere Landsleute von der Heiligkeit des römischen Bischofes haben." — „Der ganzen Welt ist es offenbar, daß Alle, die von Dir und der römischen Kirche sich losgerissen, zu Grunde gegangen seien." — — „Unser Abt wird Dir darthun, wie dem Kaiser von Aethiopien nichts so sehr am Herzen liege,

wie er nichts brünstiger verlange, als sich mit der römi=
schen Kirche zu vereinigen und Dir zu Füßen zu sinken.
So groß ist bei ihm der Name der Römer und der Glaube
der Lateiner."

Der Abt N i k o d e m u s drückte seine hohe Freude,
über die vom Papste gewünschte, und vom Kaiser ver=
langte Vereinigung, mit großem Jubel aus, und sagt:
„Darum bist Du auf den großen Stuhl des Apostel
Petrus gesetzt, welcher das Haupt aller bischöflichen
Stühle ist, auf daß Du alle Schafe Christi weiden
könnest ꝛc. — Du also sorge, daß alle Zerstreuten zur
Einheit gelangen, u n d d e r G l a u b e A l l e r E i n e r
s e i ." — "Ut sit omnium fides una."

Es ist bekannt, daß in der Folge auch die japanesischen
Fürsten öfter ihre Legaten nach Rom sandten, mit dem
Ausdrucke der vollsten Anerkennung des Papstes, als
obersten Richter der Christenheit. — Im Jahre 1585
kamen in solcher Legation, vier königliche Prinzen in
Person nach Rom.

Im Occident kassirte L u d w i g XI. die "Sanctio
pragmatica," wie es Papst P i u s II. verlangte, weil
sie der Machtfülle des apostolischen Stuhles zu nahe trat.
"Tibi," schreibt L u d w i g an den Papst, "et beatissimi Petri Cathedrae consentimus et jungimur. Itaque
sicut mandasti pragmaticam ipsam... pellimus, deji-
cimus, stirpitusque abrogamus." — Kein Zweifel, der
Satan, der jeden Glaubenssatz angriff, der unterließ es
nicht, besonders den Glaubensprimat Petri, als Unter=
pfand aller übrigen Glaubenswahrheiten und aller Glau-
bensverbindung, anzufallen und zu erschüttern; doch

überwältigen konnte, er die Anerkennung desselben von
Seiten der Fürsten und Völker eben so wenig, als das
göttlich gegebene Recht selbst.

Noch im Jahre 1474 sehen wir Christiern, König von Dänemark, in Rom zu den Füßen des Papstes,
in Betheurung seiner vollen Anerkennung der Würde
Petri, in der Person des Papstes. — Ein Gleiches that
Karl VIII. von Frankreich. — Auch Heinrich VII.
von England bekennt in seinem Schreiben an den Papst
unumwunden dessen "plenitudo potestatis," und als er
seinen Thron bestieg, suchte er seine Rechte auf die Krone
aus einer Bulle Innocenz VIII. darzuthun. Es
ward schon öfter erwähnt, was aus diesem Ergebniß
mittelbar für ein kräftiges Argument für das oberstrich=
terliche Ansehen des Papstes in kirchlicher Sphäre folge.

Uebrigens kann wohl Niemand bestimmter sich über die
apostolische Macht des Papstes und dessen höchste Glau=
bensprärogative aussprechen, und dieselbe feierlicher an=
erkennen, als Heinrich VIII. selbst gethan, der Eng=
land vom apostolischen Stuhl, und somit von der wahren
Kirche Christi losgerissen und durch seinen traurigen Ab=
fall bewies, wie weit Leidenschaft den Menschen gegen
besseres Wissen und Gewissen zu ziehen im Stande ist.
Er begehrte vom Papst die Erlaubniß, Luther's
Schriften zu lesen, um sie zu widerlegen, und dedicirte
die Widerlegung dem Papst, als oberstem Richter
der Lehre. Ein Bekenntniß, das er mit dem Buch
dem Kaiser und allen Königen und Fürsten Europa's
zusandte. Er sprach dadurch nur jene Ueberzeugung des
Glaubens aus, die bisher Alle seine Vorfahren mit Eng=

land und den Völkern des ganzen Erdballs bekannt. —
Heinrich selbst ist es, der dieses Ansehen der gläubigen
Fürsten und Völker, Luther entgegenstellt. Er schreibt in
seinem Artikel "de indulgentia:" „Kein Feind des Pap=
stes kann es läugnen, daß die ganze Kirche den Glauben
des römischen Stuhles, als Mutter und Herrn erkenne
und verehre.... Selbst die Indier, durch Land, Meer
und Wüste so weit entfernt, unterwerfen sich doch dem
römischen Papst. — Wenn der Papst nicht durch
göttliches Recht und menschliche Aner=
kennung zu dieser Machtfülle gelangt
ist; nun denn, so mag Luther sagen und
angeben, wann er zu deren Besitz ge=
langt ist. Der Ursprung einer so uner=
meßlichen Macht kann doch nicht dunkel
sein, besonders, wenn sie inner den
Schranken menschlicher Erinnerung
enthalten ist." "Dicat Lutherus, quando in
tantae ditionis irrupit possessionem! Non potest
obscurum initium esse tam *immensae potentiae*, praesertim, si intra hominum memoriam nata sit!!" —
Am Schluß der Schrift beschwört H e i n r i c h alle
Christen ihre Ohren abzuwenden von den Verläumdun=
gen, die L u t h e r gegen den Papst ausstoße, und die
nur Mißverstand und Schisma herbeizuführen im
Stande wären.

Wenn also H e i n r i c h späterhin anders sprach und
sich selbst die "plenitudo apostolicae potestatis" sacri-
legisch zuzueignen anmaßte, so war dies nicht mehr der
Glaube und das Verfahren seiner Ahnen, noch der Geist

gläubig treuer Anerkennung der Constitution und Staats-
verwaltung Englands bis auf jene Zeit, — nicht mehr
Frucht des seit G r e g o r, in diesem Lande so herrlich
blühenden und fruchtbaren Glaubens, — sondern Neuerung, Abfall und Irrthum, bis zum Untergang des Glaubens in diesem, einst dem apostolischen Stuhle so kindlich
treu ergebenen Lande; wie dieß durch ein so überaus
gewichtiges und herrliches Zeugniß der hochgefeierte
Staatskanzler von England T h o m a s M o r u s, vor
dem Parlament dieses Landes für alle Folge der Zeit so
feierlich, als Held und Martyrer bekannte! —

In seinem peinlichen Verhör sagt M o r u s seinen
Richtern mit standhaftester Entschiedenheit frei in das An-
gesicht: „Die oberste Leitung der Kirche kann kein weltlicher Fürst durch irgend ein Gesetz an sich reißen; denn
dieß ist ein Recht des römischen Stuhles, welches von
unserem Heilande selbst, nur dem hl. Petrus und den
Bischöfen von Rom, seinen Nachfolgern, verliehen wurde.
— Dieß Königreich, welches nur ein Glied und kleiner
Theil der Kirche ist, hat kein Recht, ein besonderes
Gesetz zu erlassen, das von dem allgemeinen Gebote der
ganzen christkatholischen Kirche abweicht." — In der
That, wichtige Worte für unsere Zeit! — und noch
wichtiger und treffender sind die, die nun folgen: „Jenes
Statut," sagt M o r u s, „ist gegen den Eid, den der König
in freier Willensmacht bei seiner Krönung abgelegt hat.
England handelt Unrecht, dem römischen Stuhle den Ge-
horsam zu versagen, wie ein Kind, das den Eltern den
Gehorsam aufkündet."

Daß aber M o r u s dieß in vollster, wohlgeprüfter

Glaubens-Ueberzeugung sprach, betheuert er mit folgenden Worten: „Als ich des Königs Absicht wahrnahm,
nachzuforschen, woher des Papstes Macht stamme, prüfte
und forschte ich durch volle sieben Jahre auf das Emsigste,
und fand, daß des Papstes Macht, die ihr freventlich verworfen, nicht nur r e ch t l i ch , l ö b l i ch u n d n o t h -
w e n d i g , s o n d e r n g ö t t l i ch e n R e ch t e s sei."
— Auf den Einwurf, ob er sich in diesem Urtheile weiser
fühle, als so viele Geistliche und Weltliche des Reichs,
die ihm darin widersprächen, antwortete T h o m a s :
„Gegen Einen Bischof, den ihr für eure Meinung habt,
habe ich hundert, heilige und rechtgläubige Bischöfe für
die Meinige; und gegen Ein Königreich, die Stimme der
ganzen Christenheit mit mehr als tausend Jahren. —
Stände ich allein gegen das Parlament, so dürfte ich es
freilich nicht wagen. I ch h a b e a b e r f ü r m i ch
d i e g a n z e k a t h o l i s ch e K i r ch e , d a s g r o ß e
P a r l a m e n t d e r g a n z e n C h r i s t e n h e i t ."—
So der heldenmüthige, glaubenstreue Reichskanzler. —
Möge England diese Antwort eines seiner größten und
edelsten Staatsmänner beherzigen, und zurückkehren in
die Arme der katholischen Kirche.

Wie Kaiser M a x i m i l i a n I., bei dem Beginne des
Lutherthums, von der apostolischen Glaubensprärogative
des Papstes dachte, erhellt aus dessem Schreiben an den
Papst selbst, in welchem er Denselben also anredet: "A
nemine suspectae assertiones et periculosa dogmata
melius, rectius, ac verius dijudicari queunt, quam a
Beatitudine vestra, *quae sola ut potest, ita debet.*" —
„Von Niemand andern können verdächtige Behauptun-

gen und gefährliche Sätze besser, richtiger und wahrer gerichtet werden, als von Eurer Heiligkeit, welche dieß allein nur kann, und eben darum es auch thun soll." — Maximilian durchschaute den Mönch, und sein Staat und Kirche verheerendes Treiben. *"Me mortuo monachus iste calamitates et miserias gravissimas in imperio excitabit,"* sagt er seinem pincera Schenk de Eipach, wie Bredembach erzählt. f)

So wenig wie Maximilian, verkannte Karl V. bei seinen politischen Streithändeln die oberstrichterliche und in kirchlichen Dingen apostolische Machtfülle des Papstes, wie dies selbst in dem Augsburgischen Interim, anerkannt zu lesen ist. — Als Heinrich IV. sich wieder zur Kirche bekehrte, schickte er sogleich einen Gesandten nach Rom, um den Papst im Namen des Königs seinen Gehorsam zu bezeugen, wie dies vor ihm die Könige Frankreichs immer gethan — und auch darnach thaten. — So Ludwig XIII. dessen Sohn. — Selbst Ludwig XIV., dessen hochfahrender Stolz gerne Niemanden über sich auf Erden hätte erblicken mögen, und der es wirklich gewagt hatte, dies absolute, höchste Entscheidungsrecht des Papstes durch die Versammlung seiner servilen Bischöfe vom Jahre 1682 in Frage und Zweifel zu stellen, war genöthigt seine Retractation an den Papst einzusenden, und bestätigte seinen Widerruf in seinem Testamente.

Was aber die deutschen Kaiser seit Karl V. betrifft, so sind die Namen der Maximiliane und Ferdi-

---

f) Collat. sacr. c. 41. Spond. ad a. 1517.

21

nande bekannt, für ihre volle Anerkennung der
apostolischen Machtfülle des Papstes außer Zweifel, daß es
völlig überflüssig wäre einzelne Bekenntnisse hier weitläu=
fig anzuführen. Gleiches gilt von den Königen von Por=
tugal, Spanien und Neapel. — Wenn die
gewaltsamen Erschütterungen der Geister und Staaten=
welt durch die Machinationen einer blendenden Philoso=
phie und durch äußere Gewalt auch diese Anerkennung
in letzterer Zeit außer Geleise, und in zeitweises Schwan=
ken gebracht, so läßt sich daraus so wenig etwas gegen
die Gesammtheit der Anerkennung von Seite der christ=
lichen Völker durch ihre gekrönten Häupter folgern, als in
Betreff der vollen Anerkennung von Seite der Schule,
wie wir dies im vorigen Absatz unläugbar nachge=
wiesen.

Selbst Napoleon, vom Schwindelgeist hochfahren=
der weltlicher Größe noch bei weitem ärger wie Ludwig
XIV. tyrannisirt, konnte nicht umhin, öfter deutlich ge=
nug seine Ueberzeugung über die oberste peremptorische
Stellung des Papstes zur Kirche anzuerkennen; daher Er
im Corps legislatif selbst unumwunden sagt: „Ich er=
kenne die Nothwendigkeit des geistlichen Einflusses des er=
sten Hirten der Kirchen." — Im gleichen Sinne redete
Fontaines, ein Hofschmeichler Napoleons, am
10. Dezember 1809 den Kaiser also öffentlich an: „Der
Nachfolger des Petrus wird uns immer theuer und ehr=
würdig sein, da er den Nachfolger Karl des Gro=
ßen segnet im Namen Gottes des Friedens, dessen Wille
die Reiche ändert, dessen Cultus aber sich nie
ändert. — Cäsar selbst respektirte Rechte, die

Er nicht als die Seinigen erkannte." Es läßt sich wohl denken, daß der Redner, wenn er schmei= cheln wollte, im Sinne seines Herrn reden mußte.

Wir fügen schließlich noch das Zeugniß öffentlicher Anerkennung von Seite der Völker bei, aus einem gewiß sehr unparteiischen Lande, aus dem freien und biederen Schweizerland. Es ist dies die feierliche Erklärung des Kanton Luzern. Sie lautet wie folgt: „Offenbar liegt es im Sinne dieses Artikels (nämlich des 2. § un= serer Verfassung) und auch im entschiedenen Willen des Volkes, daß die römisch=katholische Religion, wie wir sie von unsern Vätern ererbt haben in jeder Beziehung un= geschmälert und gesichert bleibe, und auf unsere Nachkom= men fortgepflanzt werde. Nach den Grundsätzen dieser von den Vätern ererbten römisch=katholischen Religion anerkennt das soveräne Volk des Canton Luzern noch immer, und muß stets anerkennen im römischen Papste das sichtbare Oberhaupt aller Rechtgläubigen, den Stellver= treter Jesu Christi, dessen Lehre und Entscheidung in Sachen des Glaubens sich jeder rechtgläubige Katholik zu un= terwerfen hat."

Wenn die antichristliche Strömung der neueren und neuesten Zeit Fürsten anders denken, reden und handeln macht, und wenn selbst Völker dieser Strömung folgen sollten, so beweist das nur, daß sie von der Richtung des Glaubens ihrer Vorfahren abweichen, nicht aber, daß das Glaubensrecht Petri in seinem Nachfolger von den gläu= bigen Völkern der Erde, durch achtzehnhundert Jahre, nicht als solches anerkannt worden wäre, und somit auf dem Felsengrund geschichtlicher Thatsache dastehe, wie kein zweites auf Erden. Oder man nenne uns nun irgend ein anderes Recht der Welt — ja irgend einen andern Glaubenssatz, der eine solche Masse von Zeugnissen von Schrift= oder Erblehre, in so vielseitiger und umfassender Beziehung aller Art, göttlicher und menschlicher, kirchlicher und weltlicher Autorität, selbst aus dem Munde der Feinde des Glaubens und der Kirche gesprochen, aufzuweisen hätte, als dieses Recht der apostolischen Vollmacht des Papstes in seinen Glaubens=Entscheidungen.

Das Gewicht dieser Zeugnisse ist um so größer für die prüfende Vernunft, da sie ja, wie wir nachgewiesen, die Wahrheit unserer Thesis gewissermaßen als Postulat ihrer eigenen Logik ansieht, und weil sie bei genauer Prüfung ebenso klar erkennt, daß alle Einwürfe gegen dieselbe einseitig und kraftlos sind, wie wir dies nun umständlicher nachzuweisen haben, und jedem aufrichtig die Wahrheit suchenden Opponenten und Kritiker beweisen werden.

Widerlegung der Einwürfe.

Keine Wahrheit ist so evident, daß sie nicht durch Miß-verstand, Entstellung oder freiwillige Verblendung, An-griffen, Anständen und Einwürfen ausgesetzt wäre. Die scheinbarsten Einwürfe, die man gewöhnlich gegen unsere Behauptung vorzubringen pflegt, und auf die man sich nicht selten auch sehr viel zu Gute thut, sind folgende:

Man sagt:

I. Einwurf.

„Wozu allgemeine Concilien und ihr Urtheil, wenn „des Papstes definitiver Ausspruch allein schon in „Dingen des Glaubens absolut entscheidend ist? — „und doch wurden zur Unterdrückung von Ketzereien „allgemeine Concilien in der Kirche für nothwendig „erachtet.“

Antwort: Die Haltung allgemeiner Concilien hat ihre entschiedene Wichtigkeit, und zeitweise ihre relative Nothwendigkeit, unbeschadet der Unfehlbarkeit des apostolischen Stuhles, und sie steht mit dieser eben so wenig im Widerspruche, als das erste Concil von Jerusalem mit der apostolischen Unfehlbarkeit der Apostel.

Wir sagen: Trotz der absoluten Vollmacht des Papstes bleiben Concilien r e l a t i v n o t h w e n d i g, und haben ihre entschiedene hohe kirchliche W i ch t i g k e i t.

Relativ nothwendig und von hoher kirchlicher Wichtigkeit bleiben jederzeit Concilien, erstlich, um den Uebermuth der Ketzer durch das Gesammtgewicht des kirchlichen Ansehens niederzudrücken. Wer immer die Geschichte der Kirche studirte, der weiß es, zu welchen Umtrieben Abtrünnige gewöhnlich ihre Zuflucht nahmen, um Andere durch einen Nimbus von Rechtgläubigkeii zu blenden? Diese Hartnäckigkeit und Hinterlist war es, welche nach dem Zeugniß der Geschichte die Abhaltung, von Concilien angezeigt und zeitweise nothwendig gemacht, um Andersgläubigen die Maske der Rechtgläubigkeit abzuziehen. Die Versammlung von so vielen Bischöfen diente auch dazu, um allgemein durchgreifende Maßregeln festzusetzen, um dem Umsichgreifen des Irrthums am Zweckmäßigsten entgegen zu wirken, den Irrthum, wo er eingewurzelt, a u s z u r e i ß e n, die Hirten selbst in ihrer Rechtgläubigkeit zu c o n t r o l l i r e n. — Wie Mancher ward in solchen Versammlungen als irrgläubig erkannt, der wohl sonst — zum Verderben der ihm anvertrauten Heerde, unerkannt geblieben wäre!

Dergleichen allgemeine Versammlungen haben, zweitens zum Wohl der allgemeinen Kirchendisciplin, die auch nicht minder als die Reinheit des Glaubens die Sorge des Oberhauptes der Kirche in Anspruch nimmt, einen sehr vortheilhaften und wichtigen Einfluß, so daß allgemeine Concilien auch in disciplinärer Hinsicht ihre r e l a t i v e N o t h w e n d i g k e i t und entschiedene W i c h t i g k e i t haben, unbeschadet der Machtfülle des Papstes.

Wir berufen uns hiebei auf das Verhältniß des er= sten Concils von Jerusalem, in seiner Beziehung zur apostolischen Unfehlbarkeit der Apostel überhaupt, und in= sonderheit des hl. Paulus.

Alle Apostel nämlich waren, wie kein Theolog es be= zweifelt, als unmittelbare Organe des heiligen Geistes in Verkündigung des heiligen Glaubens unfehlbar; und doch versammelten sie sich in ein Concil, und dieses Con= cil hatte seine relative Nothwendigkeit und entschiedene Wichtigkeit, sowohl in Betreff der G l a u b e n s = E n t = s c h e i d u n g , die es erließ, als in Betreff der a l l g e = m e i n e n K i r c h e n d i s c i p l i n , ganz unbeschadet der apostolischen Unfehlbarkeit der Apostel auch außer dem Concil — und namentlich des hl. P a u l u s .

Zu Antiochia nämlich erhob sich der Streit in Betreff der Nothwendigkeit, die Heiden zu beschneiden. C e r y n t h mit andern judaisirenden Christen behauptete diese; P a u l u s hingegen widersetzte sich, und lehrte das Ge= gentheil. — Sein apostolisches Ansehen sollte wohl ge= nügen? Und wie sehr Paulus sich dessen bewußt war, beweiset seine Zuschrift an die Galater, wo es heißt: „Und sollte ein Engel vom Himmel kommen, der anders lehrt, als ihr es von mir vernommen — er sei verflucht." P a u l u s dessen ungeachtet, als er die Härte der Obstina= tion gewahrte, wollte noch das letzte Mittel versuchen, dieselbe zu brechen, und das für eine allgemeine Angele=

genheit der Kirche kräftigste Mittel ergreifen; — es ward
beschlossen, mit **Barnabas** und Andern nach Jerusalem zu den übrigen Aposteln zu reisen; und das apostolische Concilium erfolgte.

In demselben ergriff nun **Petrus** das Wort, und
entschied. — Es war ein Zeichen, Wem in der Kirche
Gottes ordentlicher Weise das oberste Recht der Glau-
bens=Entscheidung zustehen sollte; nämlich denen, die
ihrer Würde nach, **Petrus** sind.

Petrus und Paulus lehrten einstimmig — beide
unfehlbar; und dennoch gab die Beistimmung der ganzen
Versammlung noch mehr Gewicht in den Augen der Ir=
renden. Und wer wollte zweifeln, daß diese gemeinschaftliche Berathung auch noch zu anderer heilsamer Unterredung
hinsichtlich des allgemeinen Kirchenwohles Veranlassung
gab? In demselben Concil ward auf Bemerkung und
Vorschlag des Bischofs und Apostels von Jerusalem, **Jacobus**, auch ein für jene Zeit wichtiger Disciplinar=
Canon von demselben erlassen.

Mithin trotz der Unfehlbarkeit Pauli und des Apostel=
fürsten Petrus selbst, hatte das Concil von Jerusalem
seine entschiedene Wichtigkeit und relative Nothwendig=
keit für die Reinheit des Glaubens und das Wohl der
Kirchenverwaltung.

Die ganze Geschichte der allgemeinen Concilien, die
wir oben der Reihe nach dem Leser vor Augen geführt,
beweiset, daß ebendieselben Gründe und Vortheile die
Haltung derselben begleiteten und erforderten, unbeschadet
der apostolischen Vollmacht des apostolischen Stuhles in
Glaubensentscheidungen und in Verwaltung der obersten

Kirchenregierung, wie Leo der Große bereits bemerkt: „**Die Wahrheit erhellet klarer, und wird kräftiger bewahrt, wenn das, was der Glaube durch den Papst früher gelehrt, und was Gott durch unsere Amtsverwaltung früher definirt, auch durch den Einklang der Brüder bestätiget wird.**" "Veritas ipsa clarius renitescit, et fortius retinetur, si illa, quae jam prius fides per Pontificem docuit, et quae DEUS nostro ministerio definierat, etiam fratrum firmaretur consensu." a) Wie weit aber Leo entfernt war, diesen Consensus fratrum als nothwendig zur Kraft der Entscheidung selbst, als Glaubensnorm, zu erachten — erhellet genügend aus den Worten: „Was der Glaube durch den Papst gelehrt," "quae fides per Pontificem docuit," und „Was Gott durch unsere Amtsverwaltung entschieden," "quae Deus nostro ministerio definierat." Er verbietet überdies in seinem Schreiben an den Kaiser, daß im Concil erst verhandelt werde, was als göttlich geoffenbaret zu glauben sei, nachdem seine Entscheidung dies bereits ausgesprochen habe; sondern man möge nur sorgen, daß diese Entscheidung selbst so wirksam und allgemein als möglich mit Hülfe des Concils in der ganzen heiligen Kirche auf Erden erschalle. b)

Wer könnte zweifeln, daß auch das nächste allgemeine Concilium, abgesehen von jeder Glaubensentscheidung, von hohem Nutzen für die Kirche sich erweisen werde.

---

a) Leo ep. ad Theodor.
b) Siehe Ep. 82. c. et 2. ep. 90. c. 1, 2, ep. 93 et 94.

II. Einwurf.

„Wenn der Papst auch für sich allein unfehlbar wäre,
„so wären die Bischöfe im Concil nicht Richter in
„Glaubenssachen gewesen, sondern nur bloße He=
„rolde der päpstlichen Entscheidungen; doch diese
„Annahme streitet gegen die Autorität der Unter=
„schriften dieser Bischöfe selbst, welche beweisen, daß
„sie als Richter in den Glaubens=Streitsachen un=
„terschrieben haben; "definiens subscripsi."

Antwort: Keineswegs wird durch den peremptorischen
Einfluß der Päpste auf die Entscheidungen der Concilien
das richterliche Ansehen der Bischöfe selbst aufgehoben;
sondern sie waren wirklich Richter in den Entscheidungen,
die sie erlassen haben, nur nicht in oberster, wohl aber und
wirklich Richter, in der von Christus angeordneten, kirchli=
chen Ordnung und Unterordnung.—Die in den Concilien
versammelten Bischöfe nämlich, entschieden wirklich, daß
Etwas eine geoffenbarte und in der Kirche allgemein als
solche anerkannte und gepredigte Lehre sei. Darin rich=
teten sie, und dafür wurden Concilien gefeiert;— nicht
aber richteten sie die päpstlichen Entscheidungen selbst,
sondern diese Entscheidungen lagen ihren Urtheilen bei
der, auch durch Ihre Definition auszusprechenden Erb=
lehre der katholischen Kirche, als Leitung und Norm
zu Grunde, so oft die Päpste bereits vor dem Concilium
den feierlichen Ausspruch gethan.

Haben wir doch die, in den Concilien versammelten
Bischöfe, feierlichst betheuern gehört, daß sie in ihren rich=
terlichen Urtheilssprüchen auf solche Weise auf die
Entscheidungen der Päpste als Norm des Urtheils blick=

ten, c) woburch sie dieselben eben so wenig richteten,
als untergeordnete Richter im Staate durch ihren Aus=
spruch das Gesetz und den Ausspruch des befugten Ge=
setz=Auslegers selbst richten, wenn sie einen Urtheilsspruch
nach der Norm desselben fällen; und doch ist dieser ihr
Ausspruch ein wahres Urtheil.

Wollen wir einige noch nähere Nachweisungen aus der
Analogie, so haben wir sie in der Ausübung der Juris=
diction der Bischöfe. Wer zweifelt daran, daß Bischöfe
wirklich eine geistliche und auch richterliche Gerichtsbar=
keit in ihren Diöcesen haben? — und doch üben sie diese
Jurisdiction nur in so fern rechtskräftig, als ihnen der
apostolische Stuhl die Heerden anweiset, und nur so lang,
als sie mit demselben in Verbindung bleiben; sie haben
also eine untergeordnete, aber doch wahre kirchliche Juris=
diction.

Ja, wie wenig ein oberster Richter und oberstrichterli=
cher Ausspruch auch in göttlichen Dingen, ein unterge=
ordnetes richterliches Ansehen aufhebe, erhellet ganz be=
sonders aus der Verheißung Christi, daß die Apostel mit
ihm die Welt richten würden — als wahre Richter. Und
doch, wer zweifelt daran, daß sie nur nach dem Aus=
spruche und nach der Norm jenes Urtheils, das aus Sei=
nem Munde ergehet, den Gott zum Richter Aller gesetzt,
das Urtheil m i t r i c h t e n d fällen werden.

Mithin hebt die oberstrichterliche Competenz des apo=
stolischen Stuhles die mitrichtende der Bischöfe keines=
wegs auf, sondern beide stützen sich zum Wohl der Kirche

---

c) Siehe den ganzen III. Abschnitt oben S. 140–198, besonders das IV. allge=
meine Concilium.

nach der von Christus eingesetzten Unterordnung der kirchlichen Gewalten, so, daß doch Petrus in seinen Nachfolgern der Fels ist, und bleibt, auf welchem letztlich jedes richterliche Urtheil im Reiche der Kirche sich unerschütterlich fußt und festiget. Man sagt:

III. Einwurf.

„Die Päpste haben doch selbst nicht selten erklärt, sie könn„ten von den Entscheidungen der allgemeinen Con„cilien nicht abweichen. Dies hätten sie wohl nicht „gethan, wenn sie gemeint hätten, daß ihnen auch „allein die oberste und apostolische Vollmacht des „kirchlichen Richteramtes zuständе."

Antwort: Solche Erklärungen der Päpste beziehen sich nie auf ein Concil, welches erst gefeiert, und noch von keinem Papst bestätiget ward, sondern immer nur auf bereits von ihren Vorgängern confirmirte Concilien. Es folgt also aus selben gar nichts gegen die oberste Vollmacht der also erklärenden Päpste, da sie ja durch diese Vollmacht nicht über das göttliche Recht, und über die Wahrheit selbst erhaben sind.

Beziehen sich nämlich dergleichen Erklärungen auf Glaubenssätze von bereits confirmirten allgemeinen Concilien, wie sollte es einem nachfolgenden Papst gestattet sein, von denselben abzugehen?!! Die apostolische Vollmacht des Papstes in Glaubens=Entscheidungen ist ja doch keine Macht der Willkühr, und keine Macht gegen den Glauben selbst und über das göttliche Recht, welches auf alle Nachfolger Petri sich ungetheilt vererbt.

Beziehen sich aber dergleichen Erklärungen selbst auf
D i s c i p l i n a r s a ß u n g e n allgemeiner Concilien,
so durften und mußten die Päpste dennoch bekennen, es sei
ihnen nicht erlaubt, von denselben abzuweichen. Wir sa=
gen, nicht erlaubt; denn was in weisester Berathung und
Verordnung zum Wohl der Kirche von solchen bereits
confirmirten Concilien verordnet ward, kann erlaubter
Weise nicht nach Willkühr verändert, oder wohl gar ver=
worfen werden, wenn den also handelnden Machthaber
nicht der bekannte Rügespruch B e r n a r d s treffen soll:
"Facitis, quia potestis; sed utrum etiam debeatis,
quaestio est." „Ihr thut es, weil ihr es könnet; ob ihr
es aber auch solltet, ist eine andere Frage." — Was Pau=
lus von der ihm durch Christus gegebenen Gewalt er=
klärte, nämlich: „Sie sei ihm nicht zum Niederreißen,
sondern zum Aufbauen gegeben;" das gilt auch von der
apostolischen Macht des Papstes: sie ist ihm gegeben "non
in destructionem," sondern " in aedificationem." In
dieser Hinsicht haben die Päpste an unzählbaren Orten
eben so feierlich betheuert, wie es H a d r i a n II., in
Betreff der Dekrete seines Vorgängers, Papst N i k o =
l a u s, so feierlich betonte, sie könnten von den Ver=
ordnungen ihrer Vorfahren, der römischen Päpste, kein
Haar breit abweichen; ohne daß es da doch Jemandem
einfiele zu meinen, die Macht eines N i k o l a u s sei grö=
ßer gewesen, als die eines H a d r i a n, oder die eines
P i u s VI. größer, als die eines P i u s VII. oder G r e =
g o r XVI., oder als die eines Pius IX.

Daß dies die Ansicht der Päpste war und sein mußte,
die man uns mit ihren Erklärungen dagegen anführt,

erhellt überdies unbezweifelbar aus den Aussprüchen
selbst, welche sie über ihre Machtfülle in jener ununter=
brochenen Reihe von Zeugnissen gegeben, die wir oben
aus dem Munde derselben Päpste angeführt, und die mit
solcher Entschiedenheit dieses volle Bewußtsein ihrer ober=
sten, unbedingten, apostolischen Macht aussprechen. Wir
setzen denselben hier den Ausspruch eines Papstes bei,
dessen Gelehrsamkeit, Klugheit und Mäßigung von all=
bekannt gefeiertem Andenken ist, nämlich **Benedikt
XIV.**, der in seiner Synod. Dioec. ausdrücklich also
lehrt: „Die von Christo gegebene Gewalt und Voll=
macht des Papstes jedes blos kirchliche Gesetz durch eigene
Autorität nachzulassen, oder völlig aufzuheben, wird
von keinem Katholiken in Zweifel gezogen." " Pontificem habere a Christo Domino sibi concessam potestatem *omnem* legem ecclesiasticam *propria* auctoritate
relaxandi vel penitus abrogandi, hancque potestatem
Pontificis, *a nemine Catholicorum in dubium vocari*."
d) Und in diesem Sinne konnte **Innocenz III.** von
sich und allen Trägern seiner Würde sagen: " Nos, qui
secundum plenitudinem potestatis de jure possumus
supra jus dispensare."

Hat denn nicht selbst der so weise als gemäßigte **Gre=
gor der Große** für England aus eigener Machtfülle
den allgemeinen Canon, in Betreff der Verwandtschafts=
grade bis in den siebenten Grad, als Ehehinderniß auf=
gehoben, und so durch die That gezeigt, wie unbeirrt seine
Verehrung für die von ihm den vier Evangelien gleich=
gehaltenen allgemeinen Concilien, mit dem Bewußtsein

d) Cfr. lib. 8. c. 2. num. 3.

seiner ungeschmälerten, apostolischen Machtfülle sehr wohl beisammen bestünden? Aber, sagt man:

IV. Einwurf.

„Hat denn nicht das Concil von Constanz und Basel „die Superiorität eines Concils über den Papst „feierlich ausgesprochen und festgestellt? — wie ver= „trüge sich dieß mit der obersten, apostolischen Voll= „macht des Papstes?"

Antwort: Das Concilium von Constanz spricht nur von einem Namen = Papste, von dem damaligen Prätendenten der päpstlichen Würde, welche alle als Päpste sich benahmen, ohne beweisen zu können, daß sie es wirklich seien; weßhalb dann auch haupt= sächlich das Concil von Constanz zusammenberufen ward, um das Schisma zu heben. Daß dieß die Ge= sinnung der Kirchenversammlung von Constanz und der Sinn ihres Ausspruches sei, nämlich: „Daß jeder, und wäre er auch päpstlicher Würde, dem Concil zu gehorchen habe," bezeugt ausdrücklich und auf das Bestimmteste ein zweites Dekret desselben, das in der vierzigsten Sitzung be= kannt gemacht wurde, und also lautet: „Ein recht= mäßig und canonisch erwählter Papst kann von einem Concilium nicht gebun= den werden." — "Papa rite ac canonice electus a concilio ligari non potest." — Und so muß auch das Dekret des Concils verstanden werden, wenn wir nicht die Väter desselben als völlig im Glauben irrig, erklären wollen. Sie erklärten ja im entgegengesetzten Falle, das ganze Subject der Infallibilität bestehe in den Bischöfen allein. Denn sie sprechen von schuldiger Unterwerfung von Seite des Papstes. Dieß behauptet doch kein Katholik! viel weniger ein Theolog!! und das waren doch diese Väter. — Indeß dieses Dekret, auch im echten Sinne verstanden, wurde von Martin V. dennoch nicht bestätiget, hat also kein kirchliches Ansehen eines Concilien-Ausspruches. Denn bei Gutheißung der Dekrete dieses Conciliums betheuert er feierlich, daß er die Beschlüsse desselben nur in so fern billige, in wie fern sie conciliarisch verfaßt worden sind. Kann man aber, fragen wir, ein Dekret conciliarisch erlassen, nennen: welches keineswegs von allen Vätern des ganzen Concils, sondern nur von einem Theil der Partei Johann XXIII. unter Protestation eben Desselben dagegen, und gegen die Reclamationen der beiden andern Prätendenten, nämlich Gregor XII. und Benedict XIII. erlassen, und zwar durchaus nicht in der Form canonischer Concilien-Beschlüsse, sondern in einer ganz uncanonischen und stürmischen Sitzung erlassen ward, bei welcher zur Stimmensammlung nicht nur allein der Clerus ohne Unterschied, sondern auch Laien und Leute aus der untersten Volksklasse zugelassen wurden? — Man berathe über diesen Gegenstand die Protestation der Redner des Königs von Frankreich, welche am 3. März des Jahres 1417, in der 28. Sitzung vorgetragen ward; wie auch den Brief Johannes XXIII. an Ladislaus, König von Polen; und den, an den Herzog von Bourges, der in der Sorbonne öffentlich vorgelesen wurde. Diese Documente haben um so mehr

Beweiskraft, weil dieselben vor den noch lebenden Vätern des Concils veröffentlicht wurden. Weitläufig handeln hievon *Mansi* in Animadversion. in Decret. sess. 4. et 5. Concilii Constantiencis tom. 9. saec. 15. et 16. pag. 355. historiae Nat. Alex. edit. Venet. 1778 et *Emanuel Schelstrude*, dissert. de sess. 4. et 5. Concilii Constantiensis. Spondanus ad ann. 1418 und die Abhandlung des gelehrten Petrus von Ailly, der im Concil selbst gegenwärtig war.

Daß aber Papst Martin V. dieses Dekret durch= aus nicht in dem Sinne, wie die Gegner es wollen, gut= geheißen habe, geht deutlicher noch aus seiner Constitu= tion hervor, die er an den König von Polen erließ, und in welcher er die Appellationen vom Papste an ein Con= cil, als ketzerisch verdammt, welche Bulle im Concil zu Constanz selbst, von Martin erlassen ward.

Noch unzweideutiger verbürgt die Gesinnung der Vä= ter des Conciliums jenes Urtheil, welches von sehr vielen Cardinälen, Bischöfen, Prälaten und Theologen, denen die Synode selbst dieses Geschäft übertrug, gegen die drei ersten Thesen des Wicliff gefällt, und von dem Concil in der achten Sitzung bestätigt wurde; wo dieses Con= cilium, wie wir oben bereits angeführt, sich wörtlich also ausdrückt: „Es ist unmöglich, daß der apostolische Stuhl, und eine solche Kirche, wie die Römische, etwas für einen katholischen und richtigen Glaubenssatz erkläre und halte, was nicht wirklich ein solcher wäre; denn in einem sol= chen Falle wäre der apostolische Stuhl und die römische Kirche ketzerisch und irrig. — Wie wäre Sie aber dann, Mutter und Haupt aller andern Kirchen, der man

22

als Lehrerin zu folgen hat, so oft sich ein Glaubenszwei-
fel erhebt, so daß, wer Ihr widerspricht, als Ketzer gilt?
Wie würde Sie dann vermögen Alle zu richten, während
es Niemandem gestattet ist, Sie zu richten? Wie würde
dann der Christ, der Ihr zu gehorchen sich weigert, dadurch
der Sünde des Unglaubens sich schuldig machen?"
— "Quomodo igitur ipsa mater et caput omnium Ecclesiarum, in omnibus tamquam magistra sequenda,
ad quam in dubiis et arduis est recurrendum, —
quando circa fidem in aliquo dubitatur? — Quomodo
ipsa non habebit maculam neque rugam? — Quomodo ei post DEUM maxime obediendum, ideo quia
ipsa est mater et caput omnium Ecclesiarum, contra
quam si quis derogando loquitur, *haereticus* reputatur?
— Quomodo ipsa valebit omnes judicare, de ea autem
nullus judicare permittitur? — Quomodo Christianus,
qui ei obedire contemnit, peccatum *infidelitatis* incurret." — So das Concil von Constanz. — Wir fragen: Wie könnten sich wohl die Gegner der apostolischen
Vollmacht des Papstes mit Fug auf dieses Concil berufen, und den oben erwähnten Ausspruch desselben
anders, als in dem Sinne und in der Beschränkung, als
wie wir angezeigt, verstehen wollen, da die Väter des
Concils selbst sich mit solcher Bestimmtheit gegen eine
andere Interpretation ausgesprochen?

Was aber die Sätze des Concils von Basel betrifft,
welche dem Concil mehr Gewalt einräumten als dem
Papste, so wurden selbe von Eugen IV. im öcume-
nischen Concil von Florenz, mit Beistimmung des Concils, feierlich mit diesen Worten verdammt: „Welche

„Sätze wir, nach dem verkehrten Sinne des Concils von
„Basel, den die Thaten bezeugen, als der hl. Schrift, den
„hl. Vätern und der Meinung des Concils von Constanz
„selbst widersprechende, gottlose, anstößige und eine offen-
„bare Spaltung der Kirche herbeiführende, mit Bei-
„stimmung des hl. Concils verdammen und verwerfen."

Das Concil von Basel hat also durchaus kein kirchliches Ansehen. — Der hl. Antonin nennt dieses
After-Concil „eine Synagoge des Satans." e) "Con-
ciliabulum viribus cassum et synagogam satanae." —
Der hl. Johann Capistran nennt es „eine pro-
fane und excommunicirte Synode, — eine Höhle der
Basilisken." f) — "Synodam profanam et excommu-
nicatam et Basiliscorum speluncam." — Eine solche
Autorität vermag dem apostolischen Rechte der Nachfolger Petri keinen Abbruch zu thuen.

Man sagt:

V. Einwurf.

„Gegen die Zeugnisse der heil. Väter, steht das Zeugniß
„und Beispiel des heiligen Cyprian, welcher sich
„standhaft der Entscheidung des Papstes Stephan
„widersetzte, was er doch gewiß nicht gethan haben
„würde, im Falle er von dessen apostolischer Voll-
„macht und Unfehlbarkeit in Glaubens-Entscheidun-
„gen überzeugt gewesen wäre."

Antwort: Wer weiß es nicht, wie oft dieses Faktum herhalten muß, um den Feinden der kirchlichen Auto-

---

e) p. 3. tit. 22.
f) De Papae et Conc. auct. p. 3.

rität der Päpſte als Argument zu dienen, um nicht nur die Glaubensprärogative der Nachfolger Petri, ſondern auch ihre anderen weſentlichen Primatial=Rechte widerrechtlich anzufeinden, und dieſen ihren Angriffen durch ſelbes, ei= nen S ch e i n von kirchlichem Anſehen graueſter Vorzeit zu geben.

„Armer C y p r i a n, wir müßten dich bedauern, wenn nicht ſelbſt ein heil. P a u l u s ſo oft herhalten müßte, um den Irrthümern L u t h e r s ein Wort zu ſprechen, und wenn nicht auch ein A u g u ſt i n des Janſenismus angeklagt worden wäre. Wir ſagen : „Aus dem, was C y p r i a n gethan, folgt durchaus gar nichts gegen die Competenz des Glaubensrechtes der Päpſte überhaupt, noch gegen die Begründung dieſes Rechtes aus dem Anſe= hen der heil. Väter insbeſondere ; noch gegen C y p r i a n ſelbſt, den wir oben in der Reihe der Zeugen, und zwar mit den entſcheidendſten Zeugniſſen für dieſes Primatial= Recht zu vernehmen Gelegenheit gehabt.“

Unſere Beweisführung für das Geſagte iſt fol= gende :

E r ſt e n s : Unſere Gegner, welche das Anſehen dieſes heil. Biſchofs mißbrauchen, faſſen ſeine Widerſetzlichkeit in Betreff der Ketzertaufe, ebenſo einſeitig auf, als wie das Glaubensrecht der Nachfolger Petri ſelbſt, das wir vertheidigen, und unterſcheiden weder was den Gegenſtand der Streitfrage betrifft, noch was das Benehmen C y p r i= a n s und des Papſtes S t e p h a n in derſelben angeht, noch was aus Allem letzlich zu folgern ſei. Wir folgen, wenn wir dies behaupten, ganz vorzüglich dem Anſehen und der Anſicht des großen hl. A u g u ſt i n, der, wie bekannt, den Zeiten des hl. Cyprian so nahe gestanden, und sagen:

Auch angenommen, daß, in Betreff des Streithandels sich Alles so verhalten habe, wie die Feinde der päpstlichen Kirchengewalt das Factum selbst darzustellen pflegen, (was doch nach dem Zeugnisse Augustins, wie wir unten sehen werden, — schon zu seiner Zeit sehr bezweifelt ward,) so ist die eigentliche Ansicht Cyprians über die päpstliche Glaubens-Vollmacht, keineswegs blos aus jenen Aeußerungen und Thaten zu beurtheilen, die Cyprian in der Hitze des Streites von sich gab, sondern diese seine Ansicht ist vielmehr aus jenen Aeußerungen, die er ohne Leidenschaft, außer dem Streite, an so vielen Orten, bei so vielen Gelegenheiten, in entschiedenster Anerkennung des Rechtes, das wir behaupten, von sich gab, zu beurtheilen; — wenigstens sind die Ausdrücke und das Benehmen Cyprians in der Streithitze nicht ohne deren Berücksichtigung zu beurtheilen und zu verstehen. Die Grundsätze einer gesunden Hermeneutik verlangen dies.

Ist es nicht derselbe Cyprian, auf den man sich beruft, welcher vom Papste, in seinem 55. Briefe an Cornelius sagt, „daß er Richter an Statt Christus sei, — und daß, wenn, wie es die göttliche Anordnung fordert, Alle im Reiche der heil. Kirche Seinem Urtheil sich pflichtgemäß unterwürfen, — wie da Niemand, die Kirche zerreißen würde; und daß nirgend anders woher, als aus der Verweigerung und Widersetzlichkeit, Ketzereien und Schismata entstanden seien?" Ist es nicht eben dieser Cyprianus, welcher in seinen Briefen die römische Kirche so oft „die Mutter und Wurzelkirche" nennt, — "Ecclesiam radicem et matricem?" — Ist es nicht eben dieser Cyprian, welcher in seinem Buche "de unitate Ecclesiae" höhnend ausruft: „Wie mag wohl irgend Jemand meinen, daß er in der Kirche sei, welcher die Cathedra Petri, auf welcher die Kirche Christi gebaut ist, verläßt?"—Ist es nicht derselbe Cyprian, welcher, als die Schismatiker Fortunat und Felicissimus nach Rom schifften, um den Papst auf ihre Seite zu bringen, getrost ausruft: „Zur Cathedra Petri wagen sie es, zu schiffen, — Rom wollen sie bethören? und bedenken nicht, daß es Römer seien, deren Glauben der Apostel gerühmt, und zu denen kein Irrthum jemals gelangen kann." — Nun denn, wenn uns wirklich daran liegt, Cyprians Ansicht und Glauben, in Betreff der päpstlichen Glaubensprärogative zu wissen, wer erlaubt uns alle diese entschiedenen Aeußerungen nicht zu beachten? — Wer erlaubt uns, Cyprian mit sich selbst in offenbaren Widerspruch gerathen zu lassen? — was gegen den Hauptcanon jeder billigen Hermeneutik ist, auf die wohl Cyprians Aussprüche auch einen Anspruch haben! — Und wenn schon ein Widerspruch Statt haben soll, was berechtiget uns die Aeußerungen, welche in gereizter Hitze fielen, denen vorzuziehen, welche in ruhigen Stunden gegeben wurden, und nicht vielmehr jene durch diese zu berichtigen?

Wir können in dieser Hinsicht nicht umhin, auf eine Aehnlichkeit aufmerksam zu machen, die uns hier zwischen Cyprian und Tertullian entgegen tritt, und die nothwendig geltend wird, so bald man auf dem Ansehen der Aeußerungen Cyprians gegen die Glaubensvoll-

macht des Papstes bestehen wollte. Nämlich, gleichwie
Niemand gegen die Nothwendigkeit und die Beweiskraft
apostolischer Tradition und gegen die Nothwendigkeit der
Kirchengemeinschaft mit den apostolischen Kirchen, Ter=
tullian als Autorität anführen wird, aus dem Grun=
de, weil er später Montanist ward, welche Sekte doch we=
der des Zeugnisses der Tradition, noch der allgemeinen
Kirchengemeinschaft sich erfreute, im Gegentheil ganz offen=
bar derselben entgegen war, was Tertullian leider
durch Leidenschaft fortgerissen nicht zu erkennen und ganz
zu vergessen schien, was er von der Tradition und kirchli=
chen Succession einst schrieb. Gleichwie, sagen wir, deß=
halb Niemand Tertullian als Zeugen gegen diese
Nothwendigkeit der Tradition und Kirchengemeinschaft
anführt, sondern sich seiner darüber so kräftig gegebenen
einstigen Aeußerungen für dieselbe und gegen Tertul=
lian selbst, und das mit vollstem Rechte, bedient: So
wird gleicherweise Niemand mit Fug sich Cyprians
Ansehens bedienen können in Aeußerungen, die nicht sei=
nem Glauben, sondern seiner Glaubensverirrung ange=
hören, um das Ansehen des apostolischen Stuhles in
Glaubens=Entscheidungen zu entkräften; sondern wenn
er je das, und in dem Sinne gesagt hat, was und wie
unsere Gegner ihn es sagen und glauben lassen, so wür=
den und müßten wir uns der oben angeführten, und noch
anderwärts gegebenen Aeußerungen Cyprians be=
dienen, um durch selbe in voller Beweiskraft den Glaubensprimat der Päpste zu stützen; und wenn Cyprian
dagegen sich verfehlt, ihn mit dessen eigenen Bekennt=
nissen richten, wie wir es mit Tertullian thun. —

Denn was er für den Glaubensprimat gesagt, sagt er in Einstimmung mit den übrigen Vätern, als Träger der Tradition, — was er dagegen gesagt zu haben bezüchtiget wird, hat er gegen diesen Einklang, mithin irrig gesagt. Die Väter im einzelnen waren ja, wie Niemand bezweifelt, dem Irrthum unterworfen.

Darum antworten wir:

Zweitens mit Augustin: „Sei es, daß Cyprian sich geirrt; was wird sein specieller Irrthum gegen das Gesammtgewicht der übrigen Zeugnisse aus dem Munde der Väter, und gegen die Wahrheit vermögen?" — Selbst wenn es nicht ein Cyprian, sondern ganze Provinzialkirchen gewesen wären, folgte nichts daraus gegen den Glauben der allgemeinen Kirche und gegen die Wahrheit und Göttlichkeit ihrer Rechte. —

Wir sagen daher mit denselben Worten von Cyprian und seinen Schriften, was Augustin von denselben in seinem zweiten Buche "contra Cresconium" gesagt, wo er also schreibt: „Ich halte die Briefe Cyprians nicht für canonische, sondern beurtheile sie nach den canonischen Schriften, und was ich in ihnen dem Ansehen der göttlichen Schriften gemäß finde, nehme ich mit Lob desselben an, was ich demselben nicht gemäß finde, verwerfe ich, — bleibend mit selbem im Frieden;" — denn wie wir gleich hören werden, Cyprian blieb troz seiner Heftigkeit mit der Kirche und deren Oberhaupte im kirchlichen Frieden. " Litteras Cypriani non ut canonicas habeo, sed eas ex canonicis considero, et quod in eis scripturarum divinarum auctoritati congruit,

cum laude ejus accipio, quod autem non congruit, cum
pace ejus respuo.''

Wir sagen Drittens: „Cyprians Hartnäckig=
keit in Betreff der Streitfrage der Ketzertaufe, auch zuge=
geben, was ihn unsere Gegner gesagt und gethan ha=
ben lassen, ist nicht einmal eine solche, daß aus solcher
etwas gegen Ihn und unsere Behauptung sich ergäbe. —
Stritt denn Cyprian eine päpstliche Definition
an, eine formelle Glaubensentscheidung?
Keineswegs. — Stephan, der Papst, hatte kein
definitives Urtheil erlassen, sondern er drang
ohne dogmatisches, definitives Urtheil bloß auf die Auf=
rechthaltung der Praxis der römischen Kirche; so daß die
ganze Streitfrage mehr den Anschein einer Disciplinarsa=
che, als einer eigentlichen Glaubensdifferenz beibehielt, bis
endlich das definitive Urtheil, lang nach Cyprian, er=
folgte.

Daß dem wirklich so sei, erhellt aus den eigenen
Aeußerungen Cyprians in seinem 73. Briefe "ad
Jubajanum," in welchem er die obwaltende Streit=
frage, als eine Disciplinarsache ansieht, in Betreff
welcher eine gewisse Freiheit unbeschadet der Glaubens=
Einheit Statt finden könne. — Dasselbe spricht der
noch heftigere Firmilian, in seinem Schreiben an
Cyprian aus. g)

Cyprian mußte sich um so mehr versucht fühlen,
dieser seiner Ansicht Raum zu geben, da er den Ge=

---

g) Siehe gleichfalls das Concil von Arles, can. 8. Ep. *Amphiloch.* ad Basil.
Athanas. ora 3. adv. Arian. *Epiph.* expos. fidei catholicae Nro. 13. *Cyrill.*
Hier. praef. in catecheses.

brauch seiner Kirche auch in so vielen Kirchen des Orients, in jenen von Capadocien und Cilicien, bis dahin angewandt, und durch mehrere Provinzial=Concilien bestätiget wußte, als da waren: das Concilium von Africa unter Agrippinus, und jenes von Iconia und Synnadä; gegen welche Aussprüche Stephan wohl deutlich genug seine Ansicht, jedoch ohne definitives Urtheil aussprach, so, daß Cyprian noch immer ohne Bruch im Glauben selbst, und ohne formelle Verletzung seiner schuldigen Anerkennung der Glaubensprärogative des apostolischen Stuhles, bei seiner Praxis bis zur vollen und letzten Entscheidung der Frage verharren konnte, — was wir jedoch aus gleich zu ersehenden Gründen sehr bezweifeln.

Gewiß ist nämlich, daß Stephan mit Cyprian im Kirchenfrieden blieb, was Stephan doch nie gethan haben würde, wenn er ein definitives Urtheil hätte ergehen lassen. Für die historische Gewißheit dieser unserer Behauptung des ungestörten Kirchenfriedens, liegen uns die Zeugnisse aus Cyprian selbst, und Augustin vor Augen. — Dieser schreibt in seinem Buche "de Baptismo:" h) „Obwohl etwas heftiger, eiferten sie (Cyprian und Stephan,) doch brüderlich; — denn es siegte der Friede Christi in ihren Herzen, so daß zwischen ihnen das Uebel des Schisma nicht erfolgte." — "Itaque, quamvis commotius, fraterne tamen indignarentur; — vicit enim pax Christi in cordibus eorum, ut nullum inter eos schismatis malum oriretur." — Cyprian aber selbst in seinem Briefe "ad Juba-

h) C. 25. 1. 5.

janum" bezeugt: „Es wird von uns in Geduld und
Liebe des Herzens bewahrt: die Ehre des Collegiums,
das Band des Glaubens, die Einheit des Priesterthums."
"Servatur a nobis patienter et leniter: charitas animi,
honor collegii, — vinculum fidei, concordia Sacerdotii."
Stephan drohte wohl mit der Excommunication; —
und wäre sie als Folge eines definitiven Urtheils erfolgt,
so hätte sich Cyprian um so gewisser unterworfen, je
ängstlicher er Alles aufbot, wie aus dessen Briefen er=
hellet, daß dieser Bannstrahl nicht erfolge. Stephan,
diesen letzten Schritt verschiebend, handelte auch ganz im
Geiste der Kirche, deren Haupt er war; die so lange
schont, als sie ohne Verletzung von Pflicht kann, in der
Hoffnung, größeres Uebel zu vermeiden, und der ohne=
dies bald zu erfolgenden Rückkehr zur Wahrheit, mit Ge=
duld entgegen sehend. Stephan wollte, da er die
Hitze des Streites gewahrte, die Glaubenstreue so hoch
verdienter Männer, wie ein Cyprian und Firmi=
lian mit ihrem Anhange waren, besonders da diese den
Gegenstand als bloße Disciplinarsache ansahen, keiner
zu plötzlichen Erschütterung aussetzen, sondern mit wei=
sester Mäßigung des Befehles vor sich gehen. Die
Drohung sollte der That und Strafe vorausgehen; viel=
leicht, daß sie genügte, und dann um so besser. Und ob
dieß bei Cyprian nicht wirklich der Fall gewesen,
kann durchaus nicht geradehin geläugnet werden, was
aber doch unsere Gegner, wider alle geschichtliche Begrün=
dung, geradezu thun zu dürfen meinen.
  Für seine endliche Nichtunterwerfung liegt ja gar kein
historisches Dokument vor, wohl aber gegen dieselbe, wie

dieß mit Cabasutius, Baronius, Thamassinus, Ludovicus, Bail, so viele andere Canonisten, gestützt auf die Zeugnisse der ältesten, bewährtesten Männer jener Zeit, nachweisen. Ausdrücklich versichert uns dessen, und zwar mit Berufung auf die Zeugnisse seiner Vorwelt, der hl. Hieronymus, in seinem "Dialog. adv. Lucifer." Augustin, in seinem zweiten Buche "de Bapt.," schreibt gleichfalls, daß ihm dieß wahrscheinlich sei, wenn gleich es nicht schriftlich dargethan werden könne. „Dieß thue jedoch," sagt Augustin, „nichts zur Sache; denn es ist ja nicht Alles, was damals geschah, aufgeschrieben worden, noch wissen wir Alles, was aufgeschrieben ward."

Man beurtheile doch nicht die Zeiten der Handschriften nach denen der Presse!

Wenn daher Augustin an einer andern Stelle sagt, Cyprian hätte sich dem Ausspruch eines Conciliums unterworfen, so ist dieß nur gegen die Donatisten deßhalb gesagt, um es diesen ketzerisch Halsstarrigen begreiflich zu machen, daß zwischen ihrem Streit, gegen welchen bereits Concilien-Aussprüche unter Confirmation des Papstes ergangen, und den Umständen der Streitangelegenheit Cyprians durchaus keine Gleichheit Statt finde, da zu dessen Zeit solche Aussprüche noch nicht erfolgt waren. — Augustin wollte aber, gegen die Donatisten nicht sagen: Cyprian habe sich dem Willen Stephans, auch ohne definitiven Ausspruch unterworfen, weil dieß aus historischen Quellen nicht evident dargethan werden konnte, also gegen donatistische

Halsstärrigkeit ganz nuklos, ja unklug gesagt worden
wäre.

Wir halten schließlich unsern Gegnern, die sich gar
so viel auf diesen verworrenen Streithandel Cyprians
zu Gute thun, noch ein Bedenken vor.

Alles zugegeben, was sie Cyprian zumuthen, so
hätte Cyprian doch nur unsern Satz von dem Glaubensprimat der Nachfolger Petri mittelbar geläugnet;
implicite, wie man in der Schulsprache sagt. — Nun
aber, was folgt daraus? — Hat dieser nämliche Cyprian nicht bei eben der Gelegenheit, wo er dieß
implicite that, *explicite* einen andern Satz vertheidiget,
und der Kirche zugemuthet, welchen die Kirche bereits
explicite als ketzerisch verworfen hat?! — Folgt nun
gegen diesen Satz, welchen Cyprian ausdrücklich
gegen die Erklärung des Papstes mit allem Aufwand
von Beredtsamkeit zu vertheidigen suchte, nichts gegen
dessen Falschheit, wie sollte aus demselben Cyprian
und seiner Halsstarrigkeit gegen den Glaubensprimat der
Nachfolger Petri selbst etwas folgen? Hat sich Cyprian
in jenem Satze geirrt, den er *explicite* vertheidigte, und
für den wirklich ein Schein von Rechtgläubigkeit stritt,
wie sollte derselbe Cyprian in dem, was man ihm
dabei *implicite* läugnen läßt, und wofür gar kein Schein
von Tradition und Rechtgläubigkeit vorlag, sich nicht
ebenfalls haben irren können?!! — Mit welcher Consequenz und Logik, fragen wir, berufen sich unsere Gegner
auf Cyprian, das päpstliche Lehransehen zu entkräften, das sich eben in dieser Angelegenheit, so auffallend,
als unfehlbar in der Lehre bethätiget hatte?! — Wir

sehen gewiß weit richtiger in Allem diesem nur einen glänzenden Beweis für die Glaubensprärogative des Pap= stes, als etwas, das dieselbe verdächtigen oder in Zweifel stellen könnte.

Ferner: Wenngleich wir nicht gesonnen sind, der Mei= nung so mancher Canonisten und Theologen beizupflich= ten, welche, gestützt auf Aeußerungen des hl. Augusti= nus, den ganzen Streit, was Cyprian betrifft, als eine Erfindung und Lüge der Donatisten erklären, welche die dahin gehörigen Briefe dem Cyprian nur unter= schoben hätten; so dürfen doch unsere Gegner auch diesen Umstand nicht vergessen. — Denn, wenngleich die Be= weisgründe, welche den Widerstand Cyprians als bloße Finte der Donatisten darzuthun trachten, keines= wegs so tüchtig sind, daß nicht das Gegentheil immer wahrscheinlicher bliebe, weßhalb wir auch uns an selbes halten: so sind doch diese ihre Gegengründe von der Art, daß, — wohlgemerkt, — ein hl. Augustin selbst sich nicht recht *pro* oder *contra* auszusprechen wagt, sondern die Sache dahingestellt sein läßt; mithin fehlt jedenfalls die historische Evidenz, die wir billig bei Einwürfen ver= langen gegen ein so voll historisch=begründetes Recht, wie die Unfehlbarkeit des Papstes in Glaubensentscheidungen.

Jedenfalls sind die betreffenden Briefe Cyprians in dieser Angelegenheit nicht außer Zweifel von donati= stischer Interpolation. i) Wir fragen: Mit welchem Fug bedienen sich unsere Gegner derselben als unbezweifelbar, während sie die Aeußerungen aus andern, wirklich ganz

---

1) Gar so absurd erscheint überhaupt diese Zumuthung wohl nicht; wenn man be= denkt, was den Werken eines Origenes und Hieronymus wiederfuhr, und

außer Zweifel von Verfälschung gesetzten Briefen und
Werken desselben Vaters nicht beachten?

Endlich, gestützt auf das Gegengewicht aller übrigen
Zeugnisse der hl. Väter und der hl. Schrift selbst, fragt
es sich ja nicht nur, wenn Cyprian so gethan, wie die
Gegner es wollen, ob er es so gethan, — sondern wenn er
es so gethan, — mit welchem Rechte er so gethan? — und
da können wir nicht anders, als trotz dem, was wir zur
Rettung der Rechtgläubigkeit Cyprians billiger Weise
gesagt, dennoch unumwunden, dessen Benehmen gegen
Stephan, wie es auch Augustin gethan, tadeln,
und mit Augustin dasselbe, wenn er so gethan, eine
Sünde nennen, welche er durch das Blut und die Si=
chel der Marter getilgt; wie derselbe hl. Augustin so
schön und treffend in seinem Buche von der Taufe gegen
die Donatisten sich äußert: „Cyprian," sagt Augu=
stin, k) „ist zur Marterpalme gelangt, auf daß durch
den Glanz des Marterblutes die Nebel des Geistes, die
in seinem Geiste aus menschlicher Gebrechlichkeit aufstie=
gen, verscheucht würden." — Nun aber, was sollte diese
Sünde in dem Streite, von dem Augustin spricht, für
eine gewesen sein, als sein Widerstand gegen den Papst?

---

welche Verfälschungen zu jenen Zeiten des bloßen Abschreibens und der sehr ver=
hinderten Mittheilung. sich einschleichen konnten. — Fürwahr, wenn ein Pho=
tius es wagen konnte, ganze Concilien zu erdichten, und als wirklich gehalten
von der Hauptstadt in die Provinzen zu versenden, — die doch niemals gehalten
wurden; — und wenn die Griechen überhaupt es wagen konnten, an die Acta der
wirklich gehaltenen allgemeinen Concilien Hand zu legen, was wird es uns Wun=
der nehmen, wenn die Donatisten Aehnliches bei Briefen eines einzelnen Mannes
zu versuchen wagten, dessen Ansehen in ihrem Lande groß und für sie sehr wichtig
war? —

k) I. 1. c. 8. de Bapt. contra Donatistas.

Denn, daß er eine Ansicht, die er auf apostolische Tradition gegründet hielt, vertheidigte, war doch nicht Sünde! — mithin war es die Widersetzlichkeit, mit der er dies gegen des Papstes Ansicht that. Es gibt kein Drittes.

Wir entgegnen daher schließlich, was bereits Augustin denjenigen, welche das Ansehen Cyprians zum Vorwand ihrer Halsstärrigkeit gegen den apostolischen Stuhl mißbrauchten, in seinem 48. Briefe entgegnete: „Entweder hat Cyprian durchaus nicht so gemeint, wie ihr ihn meinen lasset, oder er hat es alsdann verbessert durch die Regel der Wahrheit, — oder er hat diesen Fehler gedeckt durch die Fülle der Liebe; denn es steht geschrieben, die Liebe deckt die Menge der Sünden." Jene Liebe nämlich, in welcher Cyprian für Jesu und seine Kirche den Martertod gelitten. —" Cyprianus aut non sensit *omnino* quod eum sensisse recitatis, aut hoc postea correxit in regula veritatis, aut hunc *naevum* cooperuit ubere charitatis, quoniam scriptum est: charitas operit multitudinem peccatorum." —

Wie nichtig ist also der Einwurf, welchen unsere Gegner so gerne aus Cyprian gegen die Glaubensprärogative und das Ansehen des apostolischen Stuhles ziehen, und wie wichtig für uns, wenn wir sehen, wie elend und schwach die auch scheinbar stärksten Gegengründe sind, die man zur Bekämpfung der Glaubensprärogative der Nachfolger Petri als Oberhaupt und Lehrer der Kirche vorbringt.

VI. Einwurf.

„Allein," sagt man weiters, „nicht nur ein Cyprian,
„sondern die ganze französische Kirche erkennt die
„apostolische Glaubens=Vollmacht nicht an, wie dies
„aus dem vierten Artikel der gallicanischen Freihei=
„ten ersichtlich ist, welche der Clerus von Frankreich
„im Jahre 1682 ergehen ließ."

Antwort: Weit entfernt, daß dieser vierte Artikel
das Recht des apostolischen Stuhles selbst und das An=
sehen der Tradition Frankreichs dafür, in irgend einer
Hinsicht entkräftet, so ist es im Gegentheil eben die Kirche
Frankreichs, deren Zeugniß das Recht, das wir vertheidi=
gen, in voller Beweiskraft festsetzt, und den Einwurf zu=
rückschlägt. — Wir wollen bei dieser Lösung auch noch
einige andere Ausflüchte verschließen, mit welchen unsere
Gegner die Anerkennung der Rechte des apostolischen
Stuhles zu umgehen pflegen.

Was den angezogenen vierten Artikel selbst betrifft, so
ist es freilich ganz wahr, daß er unserer Behauptung ent=
gegen ist; denn er gesteht dem Papste nur ein provisori=
sches oberstes Entscheidungsrecht zu, kein peremptorisches,
sondern verlangt zu diesem auch die erfolgte Beistimmung
der übrigen Kirche.

Allein, wir fragen erstens: Sind die Bischöfe von 1682
schon die ganze gallicanische Kirche? Und wären sie es, —
werden die Bischöfe einer Provinz gegen das Ansehen der
übrigen kirchlichen Vor= und Mitwelt ein göttliches Recht
und einen Glaubenssatz schwankend machen? — Wäre
dies der Fall, wie viele Glaubenssätze müßten nun in
Zweifel gerathen sein, weil England, weil Schweden,

23

weil Preußen, weil Rußland, und so viele Provinzen im
Orient und Occident in Glaubens-Irrthum und Schis=
ma gerathen sind? — Diese Bemerkung richtet sich mit
aller Kraft einer consequenten Logik gegen die Beweis=
kraft dieser vier Artikel.

Doch, gehen wir zur Prüfung dieser Artikel selbst über.
Sie heißen, Erstens: „Freiheiten der galli=
canischen Kirche." Ist dies nicht ein offenbares
Eingeständniß jener Franzosen selbst, die sie geschmiedet,
daß sie durch selbe von dem Gesammtglauben der
übrigen gläubigen Welt abgewichen. Woher sonst der
Ausdruck: „Freiheiten?!" — Zweitens, welch
ein Brandmal des Irrthums in diesem Ausdrucke selbst
liegt! Es sind diese Artikel Lehrsätze, in Betreff geoffen=
barter Wahrheiten und göttlich gegebener Rechte. Gibt
es aber wohl in Bezug auf diese — Freiheiten?! —
Sind da nicht Alle schuldig zu glauben, was uns der
Glaube zu bekennen vorstellt? — Wir sagen Drittens,
diese Artikel sind wohl Aussprüche der Versammlung von
1682 gewesen; allein Aussprüche gegen die bisherige
Tradition und Glaubens-Anerkennung der französischen
Kirche und ihrer Traditions-Zeugnisse waren es, — höfi=
sche Aussprüche, welche diese Bischöfe später selbst feier=
lich zurücknahmen; was will man also aus ihnen gegen
das Ansehen der gallicanischen Kirche, und mittelbar ge=
gen das Recht der Nachfolger Petri folgern? —

Hören wir den Beweis dafür:

Erstlich. Es sind Aussprüche gegen die ganze, bis
auf jene Zeit feierlich ausgesprochene Tradition der
französischen Kirche. Oder wie? sind die Zeugnisse von

Irenäus, dem Bischof von Lyon und apostolischen
Schüler angefangen, die wir in so ausgedehnter Reihen=
folge durch alle Jahrhunderte angeführet, sind dies keine
Zeugnisse der gallicanischen Kirche und ihres Glaubens?
die Zeugnisse eines H i l a r i u s von Poitiers, eines
B r i c c i u s von Tours, eines C a s s i a n von Mar=
seille, eines E u c h e r i u s von Lyon, eines A v i t u s
von Vienne, und aller Bischöfe Galliens mit ihm, im
fünften Jahrhunderte? — Sind die Zeugnisse eines C ä =
s a r i u s von Arles, der Väter der Synode von Orleans
im sechsten Jahrhundert; — sind die Zeugnisse eines
R h e g i n o von Prüm, eines L u p u s von Ferriers;
— sind die Zeugnisse der Synoden von Soissons, Douzzt,
Pontigny, Troyes und Fimes im neunten Jahrhundert,
sind dies keine Zeugnisse der gallicanischen Kirche? —
Wissen unsere Gegner nicht, daß es eben die Gallicaner
waren, welche die Päpste, wenn sie dieser ihrer Macht im
Gottesreich auf Erden zu vergessen schienen, zur kräftige=
ren Amtsverwaltung aufriefen? — Sind die Zeugnisse
eines O d o von Clüni, eines A b b o von Fleury, eines
F u l b e r t von Chartres; die Zeugnisse der Bischöfe von
Limoges, eines I v o von Chartres, mit einem Worte,
sind alle die Zeugnisse, die wir bis auf B e r n a r d von
Frankreich angeführt, sind es nicht Zeugnisse der Väter
dieser gallicanischen Kirche? — Welch herrliche Zeugnisse
geben die Bischöfe dieser Kirche unter G r e g o r IX. zum
Beweis der Anerkennung der Glaubensprärogative der
Nachfolger Petri in den Synoden von Bezieres, Valence,
und Albi, — und so fort bis auf die Zeiten des großen
Schisma, welches den Anfang jener Epoche bildet, von

welcher Zeit, wie wir oben nachgewiesen, Einzelne wohl hie und da Aeußerungen fallen ließen, die den Rechten der Würdeträger Petri Abbruch thun; — indeß nimmermehr haben diese einzelnen Abweichungen von der Urtradition, den Glauben im Allgemeinen getrübt, auch nicht, was die Kirche von Frankreich betrifft.

Gerson selbst, dessen Ansehen uns die Freikirchler Frankreichs früher gerne entgegen zu halten pflegten, blieb sich keineswegs in seinen Aeußerungen so gleich, daß man ihn uns mit Bestimmtheit entgegensetzen könnte, und es bleibt zweifelhaft, ob seine Aeußerungen nicht wie die, aus dem Concil von Constanz überhaupt genommenen viel mehr von den Prätendenten der päpstlichen Tiara seiner Zeit, als von den legitimen Nachfolgern und Würdeträgern Petri zu nehmen seien. Denn in der Rede, welche er am Feste Christi Himmelfahrt vor Alexander V. vortrug, da er den Grund angeben will, warum die griechische und nicht ebenso die lateinische Kirche in Irrthümer verfallen sei; folgert er die Unwandelbarkeit des römischen Glaubens aus dem: „Weil in der reinen und unversehrten Kirche des Abendlandes der Sitz Petri aufgeschlagen ist, für dessen Unwandelbarkeit im Glauben insbesondere derjenige flehet, dessen Würde in Allem Erhörung fand."

Ausdrücklich aber lehrten nach ihm eine Unzahl französischer Gelehrten, wie man aus Raynald, Milante, Duvall und Claudius Florius ersehen kann, die apostolische Macht und Unfehlbarkeit des Papstes in Glaubensentscheidungen. Noch wichtiger sind dafür die oben angeführten Zeugnisse der Sor-

bonne. Ja, auch nach dem Concil von Constanz und
Basel, und bis nahe an das Jahr 1682 ward in ganzen
Synoden der Bischöfe Frankreichs diese Anerkennung
immer noch feierlich und mit so bestimmten Worten als
immer möglich, ausgesprochen. Hören wir das Bekenntniß dieser Bischöfe in der Synode vom Jahre 1626, und
zwar in dem Sendschreiben an den ganzen Clerus von
Frankreich. — „Sie sollen," heißt es in demselben, „unsern hl. Vater, den Papst, das sichtbare Oberhaupt der
allgemeinen Kirche, als den Nachfolger des hl. Petrus
verehren, auf welchem Christus die Kirche gegründet;
dem er die Schlüssel des Himmels übergeben, sammt der
Unfehlbarkeit im Glauben, welchen wir nicht
ohne Wunder in seinen Nachfolgern bis auf den heutigen Tag unversehrt erhalten sehen." — "Super quem
Christus fundavit Ecclesiam, illi claves coeli tradens,
cum *infallibilitate fidei*, quam non sine miraculo im-
motam in ejus successoribus perseverasse, usque in
hodiernum diem cernimus."

Im Jahre 1653 sandte die nämliche Geistlichkeit
oben erwähntes Glückwunsch-Schreiben an Innocenz
X., in welchem sie die nämlichen Gesinnungen äußerte.

Ein eben so glänzendes Zeugniß liest man in dem, von
der im Jahre 1663 versammelten französischen Geistlichkeit, an die Erzbischöfe und Bischöfe des Reichs erlasse-
nen Rundschreiben (diei 2. act.); es lautet also: „Die
Unterwürfigkeit, welche wir gegen den hl. Vater an den
Tag legen, ist gleichsam das Erbgut der Bischöfe Frankreichs. Diese ist der feste Grund, auf dem unsere Ehre
beruht; diese ertheilt unserem Glauben Unüberwindlich-

keit, und unſerem Anſehen Unfehlbarkeit." — "Quod et
nostram fidem invincibilem reddit et nostram auctoritatem *infallibilem*."

Wenn es ſich alſo traf, daß dieſe Biſchöfe Frankreichs
bald darauf, nämlich nach nicht vollen zwanzig Jahren,
anders erklärten, ſo ſteht ihre Erklärung offenbar mit ſich
ſelbſt und mit dem Anſehen der Tradition ihrer Kirche
im Widerſpruche. Sie war, ſagten wir zweitens, eine
h ö f i ſ ch e Erklärung, welche ſie ſpäter ſelbſt feierlich mit
ſammt ihrem Könige zurückgenommen.

L u d w i g XIV. nämlich, dominirte in ſeinem hochfahrenden Herrſchergeiſte dieſe Verſammlung, und leider
hatten dieſe Biſchöfe vor des Königs Macht zu tief ſich
neigend, und alſo ſchmachvoll gebeugt, für einige Zeit
ihre Pflicht und das Recht der Nachfolger Petri aus den
Augen verloren. Sobald ſie ſich wieder erhoben, bekannten ſie auch den Irrthum und ihre Schuld, und widerriefen feierlich. Man möchte da wohl ſagen, nicht ſowohl "aliquid humani," ſondern "gallicani quid passi
sunt;" denn es iſt bekannt, welche oft überſpannte Ve-
neration die Franzoſen für ihren König ehemals zu he-
gen pflegten.

Inſonderheit iſt es von Wichtigkeit, dem Anſehen
B o ſ ſ u e t s hier zu begegnen, bevor wir den Abſchnitt
ſchließen, weil uns das Anſehen dieſes Mannes aus dieſer Verſammlung beſonders entgegen geſtellt zu werden
pflegt ; und weil wir dabei, wie oben bemerkt, Gelegenheit haben, einige andere beliebte Ausflüchte unſerer Gegner zu bezeichnen und zu verſchließen.

Was alſo B o ſ ſ u e t betrifft, deſſen Autorität ge-

gewiß keine geringe ist, so behaupten wir, B o s s u =
e t habe eben so gut wie die übrigen Bischöfe jener Ver=
sammlung, eine Sünde höfischer Nachgiebigkeit begangeu,
wider sein besseres Wissen und Gewissen, wie dies aus
den klarsten Bekenntnissen erhellt, die er an andern Stel=
len, in seinen Werken, von diesem seinem Glauben an den
absoluten Glaubensprimat der Nachfolger Petri abgelegt.
B o s s u e t war sich auch dessen wohl bewußt; um aber
beiden Theilen zu genügen: der Kirche und den Präten=
sionen des Hofes, so suchte er durch Unterscheidungen die
Ausdrücke der Versammlung mit dem Glauben der Kirche
und seiner eigenen Glaubensüberzeugung in Einklang
zu bringen.

Allein er täuschte damit nur sich und Andere. Und
das, was hier B o s s u e t aus sündhafter Nachgiebig=
keit gegen L u d w i g XIV. that, dessen schmeichelhaf=
tes Wort: „Wenn ich B o s s u e t höre, meine ich ein
Concilium zu hören;" — leider die Wirkung nicht ver=
fehlte, bleibt ein Flecken in dem Leben dieses großen
Mannes, — und seine Biographie berichtet, daß er da=
von die Folgen für die Ruhe seines Gemüthes bis an
seinen Tod schmerzlich büßte.

Wir sagten, B o s s u e t lehre in jenen Artikeln der
Declaration von 1682 wider sein besseres Wissen und
Gewissen, und dieß erhelle aus so vielen Stellen, wo
B o s s u e t, weil frei von jenen höfischen Einflüssen,
sich auch ganz in unserer Glaubensüberzeugung über
den Glaubensprimat Petri aussprach.

Beweis dessen sind die oben gleich im ersten Abschnitte
des Werkes angeführten classischen Stellen, die man hier

wieder lefen möge. — Mit gleicher Beſtimmtheit ſpricht
er ſich aus, in ſeinen Betrachtungen über die Evan=
gelien, über das XXII. und XXIII. Hauptſtück des
hl. Lucas; deßgleichen in ſeinem „Katechismus von
den Kirchenfeſten, auf das Feſt Petri und Pauli. —
Ferner in ſeinem I. und II. Paſtoralſchreiben an den
Clerus ſeiner Diözeſe; ebenſo in der „Widerlegung
des Katechismus der hugenottiſchen Partei;“ und end=
lich in ſeiner “Expositio doctrinae catholicae.”

Ja, ſo durchdrungen war Boſſuet von dieſer
Wahrheit, daß er ihr auch ſelbſt in der Inaugurations=
Rede jener Verſammlung, und in der Defenſio ihrer
Declaration, die ihm von Hof aus aufgetragen worden
ſein ſoll, die herrlichſten Zeugniſſe gibt. — Die berühmte
Rede „von der Einheit,“ war es ja, die er in jenem
Convent hielt, und in der er ſich, wie wir oben ange=
führt, ſo überaus beſtimmt und kräftig äußert: „Daß
der römiſche Glaube immer der Glaube der Kirche ſei;
daß die römiſche Kirche immer Jungfrau geblieben; daß
Paulus, vom dritten Himmel zurückgekehrt, doch zu
Petrus geeilt, allen Geſchlechtern ein Beiſpiel zu hinter=
laſſen; — daß Petrus in ſeinen Nachfolgern die Grund=
feſte des Glaubens ſei, und daß die allgemeinen Con=
cilien, Afrika, Frankreich und die ganze Kirche vom Auf=
gang bis zum Untergang immer ſo geglaubt! — Boſ=
ſuet ſprach in jener Rede deßhalb ſeine Glaubens=
überzeugung und den Glauben der Kirche, dieſen ſeinen
Mitbiſchöfen ſo gellend in die Ohren, weil er ſah, bis
wie weit ſie ihre Willfährigkeit gegen Ludwig reißen
könnte. — Er wollte ſein Möglichſtes dagegen thun, doch

nicht unmittelbar, und nicht präcise und consequent genug, weil er, wie gesagt, es mit beiden Theilen nicht verderben wollte. — Ja selbst in der Defensio ist diese Tendenz noch deutlich genug bemerkbar; denn auch in derselben heißt es von dem Glauben der gallicanischen Kirche: "Romanum Pontificem firmissimum et valentissimum Conciliorum auctorem, — fidei et traditionis toto orbe terrarum assertorem, a Christo institutum veneramur." — Es wird in derselben mit Abscheu die Zumuthung zurückgewiesen, die sich doch in nothwendiger Consequenz aufdringt, als seie auf solche Weise das Haupt der Kirche nicht gehörig gekräftiget; "neque vero velimus, quod catholici omnes summique pontifices perhorrescunt, Ecclesiae, tanti corporis, imbecille esse caput." — „Wenn diese Cathedra in Irr= thum fallen könnte, es wäre um die Kirche selbst geschehen;" "quae cathedra si concidere posset, fieretque jam cathedra non veritatis, sed erroris, Ecclesia ipsa catholica esset dissoluta." — Und die Glaubensformel Hadrian II. anführend, sagt er in dieser Defensio: „Alle Kirchen bekannten also durch die Unterschreibung der Formel, daß der Glaube des apostolischen Stuhles und der römischen Kirche in unversehrter und vollkommener Festigkeit beharre, und daß für diese Unwandelbarkeit die gewisse Verheißung des Herrn Gewähr leiste. Welcher Christ kann also wohl eine so allgemein verbreitete, durch alle Jahrhunderte fortgepflanzte, und durch ein öcumenisches Concilium geheiligte Lehre zurückweisen?" 1) — Was thut also

---

1) Lib. 10. et 16. c. 7.

Bossuet, um sich aus dem Widerspruche, in welchen
er sich mit sich selbst und mit dem Glauben der Kirche
gesetzt, herauszuziehen?! Er nahm zu Distinctionen
und Erklärungen seine Zuflucht, die aber eitel und un-
statthaft sind, und nur in neue Widersprüche verwickeln.

Seine erste Ausflucht ist: Er will, alle Päpste sollten
nicht im Einzelnen, sondern zusammengenommen, als die
Eine Person Petri gedacht werden, die nicht
irren könne, und bei welcher der Glaube nicht abnehmen
werde;... mit andern Worten, die einzelnen
Päpste könnten in Glaubensirrthum fallen; jedoch dieser
Irrthum könne nicht auf dem Stuhl Petri wurzeln.
"Accipiendi sunt Romani Pontifices tamquam una
persona Petri, in qua nunquam fides deficiat, atque
ut in aliquibus vacillet aut concidat, non tamen deficit in totum."

Also, alle römischen Päpste sind als Eine Person
zu betrachten; — ganz richtig! — in dem Sinne, als
wir es selbst in diesem Traktat behaupteten. Eben darum
aber, darf ja in Keinem ein Irrthum Statt haben,
sonst befleckt derselbe, eben weil Alle nur Eine Person
Petri vorstellen, eben diese Eine Person. — Welcher con-
sequente Kopf durchschaut das nicht auf den ersten Blick?
Und ein Bossuet übersieht dieses!

Diese Distinction ist aber auch in einem eben so fühl-
baren Widerspruche mit den übrigen Eingeständnissen
Bossuets in Betreff der Prärogative des apostolischen
Stuhles. Gesteht er dann nicht mit den hl. Vätern und
dem ganzen kirchlichen Alterthum, daß Petrus in jedem
seiner Nachfolger lebt und spricht; daß er in Jedem der

Fels sei, auf welchem die Kirche gebaut ist; — preiset er nicht die ganze Formel Hadrian II., durch welche Jeder schwört, den Verordnungen und Entscheidungen des Papstes, wer es immer sei, der den Stuhl Petri ein= nimm, als Regel des Glaubens zu folgen? Mithin auch in dem Einzelnen, — wenn der Papst als Haupt der Kirche irrt, so hat sich Petrus geirrt gegen die Verhei= ßung Christi: „Petrus, ich habe für dich gebetet, daß dein Glaube nicht wanke." Wenn Bossuet dieß selbst fühlend, sich damit zu helfen meint, daß er selbst bei Petrus einen zeitweiligen Irrthum annehmen zu dürfen glaubt, da ja dieser im Vorhof Pilati auch Christum verläug= net habe, und dann wieder bekehrt worden sei; so stellt dies die Grundlosigkeit und den Irrthum seiner Distinction in ihrer ganzen Blöße hin. Hatte dann Petrus im Vorhofe Pilati eine Glaubens=Definition oder ein kirchliches Urtheil erlassen, als er sich voll Furcht unter jene Kriegsleute gesetzt: wie er gethan, als er sich nach bereits gestifteter Kirche im Concil von Jerusalem unter seinen Mit=Aposteln erhob, und die Frage entschied? — Weiß Bossuet nicht, daß die Petro ertheilten Privilegien für die Kirche gegeben waren, also auch erst nach der Stiftung der Kirche in Wirksamkeit traten? die Verhei= ßung lautet für die Zukunft: "aedificabo, dabo, et tu aliquando." — Will man aber einen Vergleich a simili ziehen, gut; aber dann wird er nicht anders lauten können, als so: Gleichwie Petrus im Vorhof verläugnen konnte, wo er nicht als Haupt der Kirche fungirte, so kann auch jeder Papst sündigen — und selbst Irrthum im Glauben reden, wo er nicht als Haupt der Kirche fungiret und lehret. Oder, wird wohl **Bossuet** oder sonst ein Katholik sich so weit vergessen, und behaupten wollen, Petrus habe sich auch als Apostel und Statthalter Christi zeitweise irren können, wenn er die allgemeine Kirche belehrte? — Was will man also mit dergleichen willkührlichen Sophisticationen, die streng verfolgt bis zur Lästerung und zum offenbaren Irrthum führen?

Und wie wäre es wohl möglich, diese Annahme mit der unzerstörbaren Festigkeit der Kirche selbst zu vereinigen, da Christus Ihr durch Petrus so feierlich verhieß, auf daß die Pforten der Hölle sie nie überwältigen. Wie oft weiset **Bossuet** selbst auf diese Verheißung hin! Nun aber, angenommen, daß die Kirche auch nur durch den Irrthum einer einzigen falschen Glaubensentscheidung von Seite ihres Oberhauptes, einmal im Fundament gesunken wäre, so hätten die Pforten der Hölle sie damals überwunden; und doch sollte nach Christi Verheißung dieß nie der Fall sein, bis an das Ende der Welt. Die Kraft dieser Verheißung Christi in irgend einem Falle entkräften wollen, wäre dieselbe Lästerung, als sie überhaupt läugnen. Davor bebt nun freilich **Bossuet** selbst zurück, der ja wohl unmöglich die Klippe nicht gewahren konnte, an die er anfuhr.

Er meint daher wohl noch einen Schritt weiter machen zu dürfen und zugeben zu können, daß wenn der Papst, die Kirche belehrt, oder, wie der Ausdruck der Schule lautet, wenn der Papst *ex Cathedra* spricht, es Petri Stimme, und seine Entscheidung unfehlbar sei. m) Um

---

m) V. Coroll. def. §. 8. 1. 2. p. 309.

aber dadurch den absoluten Glaubensprimat nicht mit=
eingestehen zu müssen, versucht er eine zweite Ausflucht.
Allein da zieht er wohl die Schlinge noch fester, in der er
sich selbst gefangen. Bossuet sagt nämlich: „Der
Papst könne wohl "ex Cathedra docens" als unfehlbar
angesehen werden; allein unter die Criterien oder Kenn=
zeichen, ob er ex Cathedra geredet habe oder nicht, setzt
er oben an den " *Consensus* Ecclesiae dispersae," die
Beistimmung der zerstreuten allgemeinen Kirche.

Allein, gegen dieses Criterium, sagen wir, streitet er=
stens Alles das, was wir gegen diesen Consensus als all=
gemeine Glaubensnorm oben bewiesen. Es streitet dieses
Criterium aus allem daselbst Gesagten auch gegen die ein=
hellige Lehre der hl. Väter, welche die Lehre der zerstreu=
ten Kirche aus dem Munde der Nachfolger Petri, und
nicht vice versa geschöpft wissen wollten.

Ferner zieht diese Annahme, sagten wir, Bossuet
mit seinen eigenen Worten noch fester in die Schlinge.
Kein Zweifel; denn wir bedienen uns seiner eigenen
Worte als Waffe wider ihn, und zur Darstellung der
durchgreifenden Richtigkeit unserer Behauptung und
ihrer Beweisführung, wie dies jederzeit bei der Wahrheit
der Fall ist, die, wo man sie immer angreifen und aus
dem Verband reißen will, sich als festgeschlossen und un=
besiegbar beweiset.

Bossuet nämlich, argumentirt auf folgende Weise;
er sagt: „Der Papst und ein allgemeines Concilium ste=
hen in ihrer Unfehlbarkeit im gleichen Verhältniß; aber
eben deßhalb bedürfe sein Ausspruch noch der Bestäti=
gung der zerstreuten Kirche." ‚Denn gleichwie," sagt

Bossuet, „bei einem allgemeinen Concilium, wenn es auch, wie kein Katholik bezweifelt, in Glaubensentscheidungen unfehlbar ist, dasselbe doch des Zeugnisses der zerstreuten Kirche bedarf, weil es ohne diese allgemeine Annahme doch zweifelhaft sein kann, ob es wohl ein allgemeines Concilium gewesen ist, was erst aus dem Zeugnisse der zerstreuten Kirche vollends offenbar wird, so sei es," sagt er, „daß der Papst *ex Cathedra* lehrend unfehlbar sei; — da man jedoch zweifeln kann, ob er wohl *ex Cathedra* gesprochen habe, muß dies letztlich aus der Beistimmung der zerstreuten Kirche entnommen werden." — Wir fragen mit Recht: kann es wohl einen Vergleich geben, der siegreicher die Wahrheit der Thesis, die wir hier vertheidigen aussprächе, als dieser Vergleich, der nur die Nothwendigkeit des factischen Beweises in Anspruch nimmt? Vorausgesetzt nämlich, daß es unbezweifelbar erwiesen sei, der Papst habe *ex Cathedra* gesprochen, läßt ihm Bossuet die Unfehlbarkeit zu, so gut wie dem allgemeinen Concil.

Nun gut, wir nehmen also die Parität, die Bossuet uns in die Hände legt, ohne Anstand auf, und schlagen ihn vollkommen mit seinen eigenen Worten, indem wir also folgern: Gleichwie im Fall der factischen Gewißheit, daß ein Concil ein allgemeines war, die Unfehlbarkeit allen Definitionen desselben zukömmt in Kraft der der Kirche göttlich verheißenen Unfehlbarkeit; welche Evidenz einer Definition aus der Bestimmtheit des Ausspruches selbst zu entnehmen ist, und nirgend andersher: eben so muß man also nach der von Bossuet zugegebenen Parallele consequent sagen: Im Falle der factischen Gewißheit, daß der Papst definitiv und an die ganze Kirche geredet—*ex Cathedra*, seien seine definitiven Aussprüche unfehlbar; welche Kraft einer Definition aus der Bestimmtheit der Entscheidung selbst zu entnehmen ist, und nirgend anderswoher.

Man erwäge nun, was denn dazu erforderlich ist, damit man dessen gewiß sei: Der Papst habe *ex Cathedra* gesprochen. Dazu ist nach Ansicht aller Theologen nur dies erforderlich: „Daß der Papst sich d e f i n i t i v ausspricht, und sein Wort a n d i e g a n z e K i r c h e richtet." Nun denn, ob dieser Ausspruch definitiv und an die ganze Kirche gerichtet sei, dies hängt ja von der Art und B e s t i m m t h e i t des päpstlichen Ausspruches und von der Form der Promulgation ab, aus welcher jedem Sprach= und Sachverständigen auch ·ohne erst die ganze Kirche zu fragen, von selbst klar ersichtlich wird, ob der Papst definitiv und an die ganze Kirche gesprochen habe oder nicht. Z. B. Welcher, ich sage nicht Theolog, sondern welcher blos nur gewöhnliche Katholik wird wohl zweifeln, ob P i u s IX. bei dem Ausspruch über das Dogma der unbefleckten Empfängniß entscheidend, und an die ganze hl. Kirche geredet habe, oder nicht? — Aehnliches gilt von allen Entscheidungen und Belehrungen dieses Papstes und aller seiner Vorgänger, wenn sie die ganze Kirche definitiv belehrend in ihren Bullen oder Allocutionen angeredet.

Ja, so lange es ungewiß ist, ob der Papst entscheidend und an die Kirche gesprochen, — ganz recht, — so lange stehen seine Aussprüche in gleicher Schwebe mit den Aussprüchen eines Concils, von dem es noch zweifelhaft ist,

ob es ein allgemeines war, oder nicht. Daß aber dazu bei
päpstlichen Aussprüchen, wie bei allgemeinen Concilien,
erst die Beistimmung der ganzen zerstreuten Kirche abzu=
warten sei, stößt gegen alle Bedingnisse zum Beweis einer
historischen Thatsache, für welche nichts anders er=
forderlich wird, als relativ evidente, glaubwürdige, histo=
rische, mündliche oder schriftliche Zeugnisse; und dazu
braucht man bei der Frage: „ob der Papst definitiv an die
ganze Kirche gesprochen," gewiß nicht die Beistimmung
der ganzen Kirche abzuwarten.

Bei der Frage, um die Thatsache allgemeiner Conci=
lien, mag dies gelten, so fern es sich bloß um die factische
Uebereinstimmung der zerstreuten Kirche mit dem Concil
fragt; nicht aber, was seine bindende Macht betrifft, die,
wie oben bewiesen, von der Confirmation des Papstes ab=
hängt, und von sonst nichts in der Welt.

Und mit solchen Illusionen konnte sich ein Bossuet
blenden?! Er ist uns ein merkwürdiges und wichtiges
Beispiel, was menschliche Willensschwäche über die Klar=
heit des Verstandes vermag. Und welch ein Gegensatz,
wenn wir ihm gegenüber, den fleckenlosen, heldenmüthi=
gen Kämpfer, und eben deßhalb sich immer gleichbleiben=
den Denker, den hochgebildeten und liebenswürdigen Bi=
schof von Cambray, Franciscus Fenelon Sa=
lignac de la Motte, betrachten, der sich in seinem
Pastoralschreiben vom Jahre 1714 also über den Glau=
bensprimat von Rom ausspricht. Er erwähnt jener
Formel des Papstes Hormisdas, und sagt: „Es
handelt sich hier um jene Verheißung, die Christus Petro
gethan, und welche sich täglich durch die Thatsachen ihrer

Wirkungen bewährt, — "quae quotidie rerum probatur effectibus." — „Und was find dies für Wirkungen?" fährt Fenelon fort. Diese, daß im apostolischen Stuhle die katholische Religion immer unversehrt bewahrt wird; — diese, daß diese Kirche, wie wir aus Bossuet, Bischof von Meaur, selbst vernehmen sollen, immer Jungfrau ist, — Petrus immer von seinem Lehrstuhl spricht, und der römische Glaube immer der Glaube der Kirche ist. — Wer immer der Lehre dieser Kirche, allzeit Jungfrau, vereiniget ist, der setzt seinen Glauben nie einer Gefahr aus. Dieses Glaubensbekenntniß ward in dem achten Concilium bestätiget. Jeder Bischof gelobt durch selbes, daß er sich nie von dem Glauben und der Lehre dieser Kirche trennen, sondern stets in Allen, den Entscheidungen des Bischofes dieses Stuhles folgen werde. Um diesen Preis wurden sie unter die Katholiken gezählt, "hoc pretio inter Catholicos recensiti!!" Man begreift es, wie Fenelon von diesem Glauben durchdrungen im Jubel, den dieses Bewußtsein in seinem Herzen ergoß, also auszurufen sich gedrängt fühlte: "O église romaine — o cité sainte! o chère et commune patrie de tous les chrétiens! Il ni a en Jesus Christ ni Grec, ni Scythe, ni Barbare, ni Juif; tous sont un seul peuple dans votre sein, tous sont concitoyens de Rome, *et tout le Catholique est romain!*"

Während um ihn sich so Viele unter die Hofstandarten der vier Artikel sammelten, — Bossuet an der Spitze, — nannte Fenelon sie ungescheut: „Freiheiten gegen den Papst, Knechtschaft gegen den König!" Und welch einen glänzenden Beweis heroi-

24

scher Starkmüthigkeit er gab, als ihn selbst die Reihe traf, von diesem obersten Glaubenstribunal gerichtet zu werden, ist weltbekannt. Bossuet war es, der das Buch Fenelons, "Maximes des saints," welches einige Irrthümer enthielt, zu Rom denuncirte; und was Fenelon gethan, als das Urtheil erfolgte, ist hochgefeiert in den Annalen der Kirche. Er selbst, der Erzbischof und einstmalige Erzieher königlicher Prinzen, bestieg die Kanzel, verkündigt das Urtheil des römischen Stuhles, und verdammt öffentlich sein eigenes Buch, und verbot seinen Gläubigen, es zu lesen, indem er beifügt: „daß es ihm lieb und wichtig sei, ihnen ein Beispiel seines vollen Gehorsams gegen den apostolischen Stuhl zu geben, bis an den letzten Hauch seines Lebens;" — "dont nous voulons vous donner l'exemple jusqu'au dernier soupir de notre vie !" — Mit Recht ruft da ein scharfsinniger Gelehrter aus: "Heureux les hommes, si les hérésiarques s'étaient soumis avec autant de modération, que le grand évéque de Cambrai, qui n'avait nulle énvie d'étre hérétique;" — und Rothensee fügt dieser Stelle mit Recht bei: „Welche Erinnerungen knüpfen sich hier an, für unser gutes Deutschland !" —

Wir kehren demnach zurück mit Fenelon, zum Schluß unserer Antwort, auf den Einwurf, den man uns von Seite der französischen Kirche macht, und fragen: War Fenelon nicht auch ein Sohn dieser Kirche, und gleichzeitig mit den Bischöfen von 1682 ? — Haben wir vergessen, welche Erklärung diese Bischöfe in der Angelegenheit des Jansenius und späterhin von sich gegeben, wenn sie feierlich erklären, daß ein jeder Katholik nicht nur zu schweigen habe, sondern daß er denselben auch "mentis internae obsequium," die Unterwerfung seines Geistes, schulde. Endlich, widerriefen denn nicht die Bischöfe selbst, die diese vier Artikel geschmiedet, und that dieß nicht auch der König selbst?

Die Worte der Bischöfe in diesem ihrem Wider= rufungsschreiben, welches sie an Papst Innocenz XI. eingeschickt, lauten folgendermaßen: „Zu deinen Füßen hingeworfen, bekennen wir und erklären, daß es uns sehr, und mehr als es sich sagen läßt, vom Herzen schmerzt, was wir in jener Versammlung gethan," — "nos vehe= menter quidem et supra omne id quod dici potest, ex animo dolere de rebus gestis in conciliis praedictis," — „und darum, was immer in derselben, gegen die Vollmacht der päpstlichen Gewalt ausgesprochen scheinen könnte, wollen wir als nicht ausgesprochen haben, und erklären es, als nicht ge= sagt;" — "pro non decreto habemus, et habendum declaramus." — De Prabt, in seinem Buche "quatre concordats," n) fügt noch die Worte Bossuets be= sonders bei, die er nach der päpstlichen Verdammung die= ser Artikel gesagt haben soll: "Rôme," sagt de Prabt, "a anathématisè les quatre articlés du clergé; Bossuet les a abjurès lorsqu'il a pu dire;" — "abeat ergo quocumque voluerit ista declaratio."

Dieses Urtheil sprachen auch gleich nach ihrem Er= scheinen, nicht nur die Universitäten von Spanien, Bel= gien und Italien, sondern diese Artikel setzten als Beweis ihrer Neuheit, Falschheit und Gefährlichkeit auch die

n) Paris 1820. IV. 136.

fernſten Länder in Bewegung. Für die Gallicaniſten iſt
dieſer Umſtand ein ganz peremptoriſches Gericht der
Falſchheit ihrer Grundſätze, und zwar aus den Behaup=
tungen dieſer Artikel ſelbſt. — Denn, wenn nach galli=
caniſcher Anſicht ſelbſt ein päpſtliches Urtheil, dem von
der zerſtreuten Kirche widerſprochen würde, ſich als falſch
bewieſe, ſo gilt das wohl um ſo mehr von den Erklärun=
gen einer National=Synode, der in aller Welt widerſpro=
chen ward! Der Primas von Ungarn namentlich ver=
ſammelte eine National=Synode im Jahre 1686, und
verdammte ſie mit ſeinem Clerus, als "propositiones
absurdas, detestabiles et ad schisma tendentes." Es
läßt ſich auch nicht läugnen, wie V o l t a i r e es auch
ſcharfſinnig bemerkt, der Geiſt einer Nationalkirche, welcher
in der oft extravaganten Nationalliebe der Franzoſen,
ſeine Keime unvermerkt trieb, er ſchien damals förmlich
auszuſchlagen zu wollen. — Indeß die überwiegende Katho=
licität, wie geſagt, überwand, und brachte, nachdem
A l e x a n d e r VIII., I n n o c e n z XI. und XII. dieſe
Artikel ſammt ihrer Defenſio verdammten, alle dieſe,
leider einſt zu nachgiebigen Biſchöfe, zum entſchiedenen
Widerrufe und zur Buße.

Daß aber demungeachtet dieſe Artikel von Einigen,
beſonders von der intriganten Janſeniſtiſchen Partei
auch ſpäterhin immer wieder und wieder aufgewärmt
worden, iſt wohl nicht zu verwundern, wenn man
erwägt, in welcher Hartnäckigkeit das Parlament die=
ſelben aus politiſcher Tendenz in Schutz nahm gegen
den Willen des Königs ſelbſt und der Biſchöfe; und
wenn man bedenkt, was in der Folge der Zeit nicht

Alles in Frankreich benützt, und in Bewegung gesetzt
wurde, um nicht nur das Ansehen des Papstes, sondern
die Kirche selbst vom Grunde aus zu zerstören. — Doch
auf die Lehre der wirklich katholischen Geistlichkeit von
Frankreich, hatte man nach dem Sendschreiben der Bischöfe von 1692 an Innocenz, kein Recht mehr sich
zu berufen; um so weniger, was die Folge der Zeit
betrifft, und am Allerwenigsten, was die Gegenwart
selbst.

Was das katholische Frankreich und namentlich der
Clerus desselben glaubt, dessen Stimme als Organ
des Landes in dieser Hinsicht gilt, erhellet aus ihren
neuern und neuesten Erklärungen an das Oberhaupt
der Kirche und an den König und Kaiser. So sendeten
im Jahre 1819 achtzig Bischöfe Frankreichs ein Libel=
lum an Pius VII. Sie nennen in demselben den Papst
„das Organ, oder den Mund der Kirche,"
und bekennen: „Derjenige, der Christi Stelle vertrete,
könne nicht anders, als den Glauben Christi beschützen,
als erster Anführer, Lehrer und Doctor der Gläubigen."
"Christi fidem non posse non tueri, qui Christi vices
in terris supplet, primus dux, magister et doctor
fidelium." o)

In der Erklärung aber vom 10. April des Jahres
1826, welche der Clerus dem Könige überreichte, sag=
ten sie: p) — „Wir verdammen aber mit der ganzen
katholischen Kirche jene, welche unter dem Vorwande
der Freiheiten der gallicanischen Kirche, dem von unserm

---

o) Vide Illustr. Ziegler Prolegom. de Eccl. p. 291.
p) Den vierten Artikel von den drei erstern trennend.

Herrn Jesus Christus eingesetzten Primat Petri und
der römischen Päpste seiner Nachfolger, dem von allen
Christen demselben schuldigen Gehorsam, und der allen
Nationen so ehrwürdigen Majestät des apostolischen
Stuhles, wo der Glaube gelehrt und die Einheit der
Kirche erhalten wird, einen Abbruch zu thun sich nicht
scheuen." — "Ubi fides docetur et Ecclesiae unitas
conservatur, detrahere non verentur." q)

In neuester Zeit sind aber in den Stürmen unserer
Jahre auch die letzten Ueberreste dieser Artikel mit dem
Aussterben der Männer der sogenannten "pétite église"
völlig gesunken, und nur Neuerer oder Fanatiker oder
formelle Glaubensfeinde wagen es mehr, sich auf diese
Artikel zu berufen, nicht aber der katholische Clerus von
Frankreich. Derselbe erhob besonders seine Stimme, die
Glaubensprärogative Petri anerkennend, bei Gelegenheit
der Veröffentlichung des Syllabus und bei der Feier der
vielen Synoden in letzter Zeit, wie wir oben nachgewiesen.
Man sagt:

VII. Einwurf.

„Man müsse unterscheiden zwischen dem Stuhle Petri,
„und dem, der selben einnimmt. Der Stuhl Petri
„seie unfehlbar, aber nicht der einzelne Papst, der ihn
„gerade einnimmt."

Wir fragen diese Herren: Was versteht ihr denn un=
ter dem Stuhl Petri? Ist dieser etwas anders, als der
Inbegriff der kirchlichen Macht Petri, welche ungetheilt
auf seine Nachfolger übergeht, und übergehen muß? —
Sind denn die Rechte seinem Sitze, wegen d i e s e m selbst,

---

q) Cfr. Maistre, über die Freiheiten der gallicanischen Kirche.

oder wegen Dem gegeben, der auf demselben sitzt? — d. h., welcher als Nachfolger Petri in seine Würde und mithin in seine Rechte eintritt. So distinguirten die hl. Väter wahrlich nicht, welche mit Hieronymus aus= riefen: "Ego Beatitudini tuae, id est, cathedrae Petri communione consortior." „Ich freue mich der Gemein= schaft deiner Heiligkeit, d. h., der Cathedra Petri." In eben dem Sinne schreibt Augustin von der Secte der Pelagianer, bald daß Innocenz, bald daß der apostolische Stuhl sie verdammt habe. In die= sem Sinne schreibt Prosper: „Der heil. Stuhl des seligen Petrus hat mit dem Mund des Papstes Zosimus durch die ganze Welt also gesprochen." "Sacrosancta B. Petri sedes per universum orbem, Papae Zosimi ore, sic loquitur."

Das kirchliche Alterthum und die Tradition weiß nichts von diesem Unterschiede. Ihnen sind der Papst und der apostolische Stuhl in seinem kirchlichen Ansehen Eins und dasselbe, völlig Synonyma; so wie Christus zu Petrus nach dem chaldäischen Urterte gesprochen: "Tu es petra." „Du bist der Fels;" und so alle kirchliche Nachwelt in Anerkennung der Würde Petri in seinen Nachfolgern; sie rufen einstimmig mit den Worten des sechsten Con= cils: „Petrus lebt auf seinem Sitz — und durch Agatho hat Petrus gesprochen." Es ist auch an und für sich betrachtet eine so disparate und desperate Distinction, daß Melchior Canus mit Recht von ihr sagte: "hanc distictionem ratio aspernatur, repellit." r)

. r) Loc. theol. Ep, 6. 8.

Boffuet felbft hat fie verworfen, und zwar noch mit einer zweiten Ausflucht, wenn er alfo fagt: "Neque propterea dicimus, ipsam sedem aliquid exercere posse potestatis, quam per ipsum praesidentem; neque distinguimus *a Rom. Pontificum fide, — Romanae Ecclesiae fidem*, quam scilicet non aliter, quam a Petro primo, atque Petri successoribus, Romani didicerunt." Man fagt nämlich:

VIII. Einwurf.

„Die römifche Synodalkirche, d. h. der Klerus in Rom, „vereinigt, könne im Glauben nicht irren, nicht aber „der Papft für fich allein genommen."

Antwort. Auch von diefer Diftinction weiß die Verheißung der hl. Schrift nichts, die an Petrus und feine Nachfolger gerichtet war. Eben fo wenig weiß die Tradition hievon, fondern fie ift damit ganz im Widerfpruch.

So wenig nämlich, wie wir oben nachgewiefen, die Tradition zur Kräftigung der Entfcheidungen der römifchen Bifchöfe als Nachfolger Petri, die Zuftimmung der übrigen Kirchen der Welt fordert; fondern im Gegentheil alle Beweiskraft des Glaubens derfelben, letzlich aus der Gemeinfchaft mit dem apoftolifchen Stuhle herleitet: eben fo wenig fordert fie die Beiftimmung der römifchen Clerifei; fondern allen Vorrang diefer in kirchlicher Hinficht, leitet fie von dem in ihr gefetzten Stuhle Petri her, ohne welchen Stuhl die Kirche von Rom nicht wichtiger wäre, als irgend eine andere. Davon geben alle angeführten Stellen aus den Vätern

und Concilien Zeugniß. Der Grund ihrer Glaubens=
unterwürfigkeit beruht einzig in der Succession und in
der durch selbe in den Nachfolgern Petri lebenden Würde
desselben, und nicht in der, der Clerisei
von Rom. — So, der öfter erwähnte heil. Hiero=
nymus. — Warum ist er bereit, sich dem Ausspruche
des Damasus zu fügen? „weil ich mit dem Nachfol=
ger Petri rede," sagt er, — "quia cum successore Petri
loquor, qui cathedram Petri tenes; et ideo quicumque
tecum non colligit, spargit," — wäre es auch die römi=
sche Clerisei, — "qui tecum non est," „wer nicht mit dir
ist, der ist des Antichrist!" In ähnlicher Weise, wenn
Petrus Chrysologus den Eutyches ermahnt,
sich unbedingt dem Ausspruche des Papstes zu unterwer=
fen, ist sein Grund nicht die Autorität der Clerisei
von Rom, sondern, weil Petrus auf seinem Sitze lebt
und Antwort gibt — "quia Petrus in propria sede
vivens, praestat quaerentibus fidei veritatem." Nicht
weil die Clerisei von Rom ihnen beistimmt, jubeln die
Väter des sechsten Concils, sondern "Summus," rufen
sie, "Summus nobiscum certat Apostolorum princeps,
eo quod ejus successorum habuimus fautorem. Charta
et atramentum videbatur, et per Agathonem Petrus
loquebatur." — So die Väter des vierten und achten
Concils. — Der Grund ihrer Glaubensunterwürfigkeit
an die Entscheidungen und Normen des apostolischen
Stuhles ist immer nur diese: "quia non potest praeter-
mitti Domini nostri Jesu Christi sententia: "Tu es
Petrus et super hanc petram aedificabo Ecclesiam
meam."

Und was ist denn der Grund der Gegner, warum ge=
rade der Papst mit dem Clerus von Rom vereinigt, erst
volles Ansehen habe? — Dieser: weil, sagen sie, bei der
Versammlung so vieler Theologen und Kirchenhirten, die
den Papst stets zu Rom umgeben, billig für ihn die Prä=
sumption der Wahrheit stehe, daß seine Lehre auch die
Lehre der ganzen Kirche sei. Allein dieser Grund ist an
und für sich ein höchst ungenügender, da die Unfehlbar=
keit kein Resultat menschlicher Klugheit ist, sondern immer
als besondere göttlich gegebene Prärogative zu betrachten
ist. Ferner fiele dieser Grund ja bei den Bekenntnissen
der allgemeinen Concilien ganz weg, wo die Präsumption
der Wissenschaft im Glauben wohl ungleich mehr in ihrer
Mitte zu suchen gewesen wäre, — in der Mitte von so
viel hundert Bischöfen und Theologen, als in dem Cle=
rus, welcher den Papst umgibt.

Ferner, wie will man uns eine Meinung aufbringen,
von welcher der C l e r u s v o n R o m s e l b s t N i c h t s
w i s s e n w i l l? — Nie hat der römische Clerus die Vor=
rechte des römischen Stuhles von sich abgeleitet, sondern
er hat im Gegentheil seinen Vorzug in der Kirche, auf
die Primatialwürde des römischen Bischofs gestützt. Nä=
her dem Quell des Lichtes fanden sie sich von diesem natürlich
selbst herrlicher umstrahlet. Ueberdieß, wer ist wohl eifri=
ger, als der Clerus von Rom selbst, für die in der Würde
Petri unbedingt sich gründende apostolische Vollmacht des
Papstes in kirchlicher Sphäre? — Im gleichen Sinne und
Bewußtsein äußerten sich von jeher auch alle die Päpste,
wo sie in ihrer kirchlichen Machtsphäre, und namentlich
von diesem ihrem Rechte Erwähnung thun, oder selbiges

vertheidigen. Sie behaupten mit L e o: Alles, was sie
im Reiche Gottes zur Schützung des Glaubens thun und
gethan, sei der Petro vom Herrn persönlich gemachten
Verheißung, und der von ihm stammenden Primatial=
Würde zuzuschreiben, "illius esse gubernaculis depu-
tandum, cui dictum est: "Ego rogavi pro te, Petre,
ut non deficiat fides tua," et quia soliditas illa fidei,
quae in Apostolorum Principe est laudata, perpetua
est, et in suos se transfundit haeredes; et ideo in mea
humilitate ille honoretur, cujus dignitas etiam in indigno haerede non deficit."

Wenn also, ob dieser nähern Gemeinschaft mit dem
Erben der Machtfülle Petri, die römische Kirche ihren
Vorrang vor anderen behauptet, so wurzelt in diesem die
Würde der römischen Kirche nicht und umgekehrt; so, daß
P e t r u s D a m i a n u s mit Recht an A l e x a n d e r
II. schreiben konnte: " Vos apostolica, vos Romana estis
Ecclesia."

Endlich, wenn nur der Umstand, daß zu Rom stets
viele Bischöfe 2c. seien, der Grund der schuldigen Unter=
würfigkeit für die Entscheidungen des apostolischen Stuh=
les wären, so bliebe diese dennoch nie innerlich bindend,
wäre also doch eigentlich nie eine Glaubens=Entscheidung;
denn diese Präsumption bliebe immer nur inner den
Schranken einer größeren oder mindern Wahrscheinlich=
lichkeit, nie aber einer Gewißheit, wie sie eine Glaubens=
Entscheidung verlangt, der man ein "internum mentis
obsequium" schuldig ist. — Somit ist auch diese Aus=
flucht null und nichtig, und es übrigt nur noch, daß wir
auf den letzten Anstand Antwort geben, den man aus

wirklich erfolgten Irrthümern einnimmt, in welche, Päpſte in Glaubens-Entſcheidungen gefallen ſein ſollen.

Man ſagt nämlich:

IX. Einwurf.

„Die Päpſte haben wirklich im Glauben geirrt; — mit-
„hin ſind Sie fehlbar in Glaubens-Entſcheidun-
„gen.“

Antwort: Der Schluß iſt logiſch richtig; aber das Suppoſitum des Antecedens iſt falſch; mithin auch die ganze Folgerung des Schluſſes. Was nämlich dieſe prä-tendirten Irrthümer betrifft, ſo ſind es nach dem Geſtänd-niſſe Boſſuets ſelbſt, hauptſächlich zwei oder drei, die ſchwierig ſcheinen; die andern werden von den Gegnern ſelbſt meiſt aufgegeben. Auf zwei jedoch beruft man ſich fortwährend, und dieſe hier zu widerlegen iſt nothwendig. Es wird dabei von ſelbſt erſichtlich werden, was wohl von der Wichtigkeit derjenigen zu halten ſei, die ſelbſt den Gegnern weniger gewiß und wichtig ſcheinen.

Dieſe zwei Irrthümer ſind die des Liberius und Ho-norius. Man beſchuldigt den Erſteren des Arianis-mus, den Zweiten des Monotheliſmus. Mit welchem Rechte? — Das ſoll nun gleich nachgewieſen werden.

Bevor wir aber in dieſe Erörterung ſelbſt eingehen, kömmt vorher noch in Erinnerung zu rufen, was ſchon hie und da eingeſchärft ward, nämlich: daß man den Fragepunkt, den "status quaestionis" nicht ver-rücke; nicht, wie man zu ſagen pflegt, "extra rhombum" argumentire; — denn Alles was ſo geſagt wird, trifft ja den Gegenſtand der Frage nicht.

Es fragt sich nämlich bei einem Irrthume, welcher die apostolische Vollmacht des Papstes in Glaubens-Entschei= dungen entkräften soll, nicht um dieß: Ob ein Papst irgend wann etwas gesagt habe, was gegen den Glau= ben ist. —

Ja nicht einmal: Ob irgend ein Papst, irrig geschrieben oder geprediget; sondern ob irgend ein Papst, in einer, an die ganze Kirche gerichteten, den Glauben berufenden Ent= scheidung geirrt habe; denn nur in solchen Entscheidungen vertheidigen wir die absolute Competenz desselben; nur für solche war sie ihm als Haupt der Kirche gegeben; eben, weil sie nur für solche unfehlbar nothwendig war. Ein anderer Irrthum, hätte er selbst Statt gehabt, würde den Glaubensprimat Petri eben so wenig beeinträchtigen, als der Fall Petri im Vorhofe Pilati.

Mithin haben unsere Gegner bei den zwei Glaubens= irrthümern, welche sie vor allen dem L i b e r i u s und H o n o r i u s vorwerfen, folgende drei Punkte zu erwei= sen: Erstens, die h i s t o r i s c h e G e w i ß h e i t, daß der Papst wirklich gefehlt; Z w e i t e n s, daß dieser Fehler eine E n t s c h e i d u n g, eine formelle Glaubens= Regel gewesen; und D r i t t e n s, daß selbe in der A b s i c h t erlassen worden sei, d i e K i r c h e a l s H a u p t d e r s e l b e n z u b e l e h r e n, w a s z u g l a u b e n s e i, o d e r n i c h t. — Alles dieses sind aber unsere Gegner von keinem Papst, der je gelebt, zu erweisen im Stande, und namentlich nicht von L i b e r i u s und H o n o r i u s; sondern vielmehr beweisen wir ihnen unwiderlegbar klar das Gegentheil.

Erwägen wir also e r s t e n s den Glaubensirrthum,

deſſen man **Liberius** beſchuldigt: Er ſoll in die Irrthümer der Arianer verfallen ſein.

Wir ſagen dagegen: Die Thatſache ſelbſt kann
nicht hiſtoriſch bewieſen werden; — und dieſe ſelbſt zugegeben; war es kein Irrthum in einer Glaubens-
Entſcheidung, — vielweniger in einer freien Entſcheidung, um als Oberhaupt der Kirche zu lehren;
mithin beweiſet der Fall durchaus Nichts gegen uns. —

Wir ſagen Erſtens: Die Thatſache, — der Fall
des Liberius ſelbſt, iſt ungewiß, und läßt ſich nicht
hiſtoriſch nachweiſen; im Gegentheil ſtreiten weit mehr
hiſtoriſche Zeugniſſe für Liberius, als gegen ihn. —
Denn alle Urkunden, aus denen man den Fall des Liberius beweiſen will, ſind im höchſten Grade verdächtig, wahrſcheinlich unterſchoben, oder gewiß wenigſtens
für verfälſcht zu halten. Dies gilt erſtlich von den
"*Fragmentis*," oder Bruchſtücken, die man dem hl. Hilarius zuſchreibt. Sie ſind von einem unbekannten
Verfaſſer und des Hilarius ganz und gar unwürdig.
Man beruft ſich, zweitens, auf die Briefe des Athanaſius; allein, daß der Text des Athanaſius in den
bezüglichen Briefen, und in der Schutzſchrift gegen
die Arianer von den Arianern verfälſcht worden ſei, beweiſen die Schriftſteller, die wir ſpäter anführen werden.

Daſſelbe gilt von zwei Stellen des heil. Hieronymus, "ex lib. de Scriptoribus ecclesiasticis," und
aus dem "Chronicon" deſſelben, welche Schriften unter
allen übrigen Werken des heil. Lehrers, anerkannter
Weiſe am meiſten verfälſcht ſind; über welche Verfäl-
ſchung ſeiner Werke der Heilige ſich ſelbſt öfter beklagt.

Um so verdächtiger sind aber gerade diese angeführten
Stellen; denn sie stimmen auch nicht mit anderen Aus=
sprüchen des heil. H i e r o n y m u s überein, sind mit sich
selbst im Widerspruche, und enthalten offenbare Irrthü=
mer, die klar anzeigen, daß hier eine Unterschiebung
Statt gefunden habe. Die vier Briefe endlich des L i =
b e r i u s selbst, waren gleichfalls von den Luciferianern,
Arianern oder andern Schismatikern erdichtet worden,
wie dieß Alles der gelehrte Bolandist H i t i n g u s mit
den trifftigsten Gründen einer erleuchteten Kritik nach=
gewiesen. s) Desgleichen Cardinal J o s e p h u s
O r s i, "Hist. Eccl. saeculo quarto;" und F r a n =
c i s c u s A n t o n i u s Z a c h a r i a, in der Disserta=
tation: Von dem vorgeblichen Falle des L i b e r i u s. t)
    Jene Erzählung endlich, welche den L i b e r i u s, nach=
dem er nach Rom zurückgekehrt war, von dem größten
Theile des Clerus und des Volkes aus der Stadt weisen
läßt, und andere dergleichen Mährchen sind aus den un=
echten Acten des hl. E u s e b i u s, des Priesters, genom=
men. u) Diese Acten kommen B o s s u e t selbst ver=
dächtig vor, als solche, die, wie er sich ausdrückt: „ent=
weder keine, oder eine sehr geringe Autorität haben,"
weßwegen in der neuen Auflage der "Defensio anno
1745," das ganze Hauptstück aus der Stelle, wo es war,
in den Anhang versetzt ward. Daß im Gegentheil die
Rückkehr des L i b e r i u s von allen Römern mit der
größten Freude und Beifall gefeiert worden sei, berichten

---

s) Tom. IV. act. Sanct. ad diem 23. Sep. cap. 9. et 10.
t) Tom. II. Thesauri theologici.
u) Man sehe T'flemont, Not. 59. in Arian.

uns Marcellinus und Faustinus in der Bitt=
schrift an den Kaiser, indem sie unter andern da sagen:
„Welchem (Liberius,) das römische Volk mit Freu=
den entgegen ging, so zwar, daß sein Einzug gleichsam
der Triumphzug eines Siegers zu sein schien;" — "ut
ejus ingressus, veluti victoris triumphus videretur;"
— wie auch der hl. Hieronymus von dieser Rück=
kehr schreibt: „Er zog in Rom gleichwie ein Sieger ein."
"Romam quasi victor intravit." — Wir fragen, erhebt
sich nicht aus einem so festlichen und triumphirenden
Einzuge des Liberius in die Hauptstadt der katholi=
schen Welt, womit ihn der Clerus und das römische Volk
aufgenommen, und dafür den After=Papst Felix ver=
trieben hatte, mit Grund der Zweifel, ob nicht das, was
man von dem Fall des Liberius erzählt, nur erdich=
tete Verläumdung sei? Wenn der aus Berea an die
römische Geistlichkeit geschriebene Brief des Liberius
echt wäre, worin er Nachricht gab von seiner Pflichtver=
gessenheit, hätte dieser Brief den römischen katholischen
Clerus nicht auf das Höchste empören müssen? — Ge=
wiß; die Römer, die dem Nicäischen Glaubensbekennt=
nisse und dem Vertheidiger desselben, dem hl. Athana=
sius, so sehr zugethan waren, und den Arianismus
über Alles verabscheuten; die Römer, welche gegen Felix,
den die Arianer statt des Liberius eindrängten, so
aufgebracht waren, weil er sich nicht scheute, mit den
Ketzern Gemeinschaft zu haben: wie könnte dieser Cle=
rus und das römische Volk von Rom den Liberius
mit solcher Festlichkeit aufgenommen haben, wenn Libe=
rius von seiner Standhaftigkeit gewichen, das Glau=

bensbekenntniß von Sirmium, dem von Nicäa vorgezo=
gen, und von der Vertheidigung des Athanasius
und deſſen Gemeinſchaft, zur Gemeinſchaft der Ketzer,
und beſonders des Valens und Urſazius, Epik=
tet und Aurentius, deren bloßer Name dem Abend=
lande ſchon ſo verhaßt war, übergegangen wäre?!

Gewiß, es iſt ganz unglaublich, daß die Römer einen
Mann, der ſich ſo ſchändlich beſiegen ließ, nach einem
Falle, der die Ehre der römiſchen Kirche ſo tief verletzte,
nun auf einmal wie einen Sieger und glorreichen Käm=
pfer des Glaubens aufgenommen hätten! — Und doch
war dem ſo; und dieſe Thatſache iſt gewiß ein ſehr wich=
tiger Beweisgrund, daß man dieſen Brief, gleichwie an=
dere, die dahin gehören, und welche ſich unter den Frag=
menten des hl. Hilarius befinden, nicht für echt,
ſondern für unterſchoben halten müſſe; wie jener ganz
gewiß unterſchoben iſt, welcher ebenfalls unter dem Na=
men des Liberius an die Biſchöfe des Morgenlandes
gerichtet, bei Hilarius im vierten Fragment zu leſen
iſt. Wenn nun Hilartus dieſen, von allen Kriti=
kern als unterſchoben anerkannten Brief, in ſeinen Frag=
menten unbehutſam genug aufgenommen: konnten nicht
auch andere, dem Liberius zugeſchriebene Briefe, mit
der nämlichen Unbehutſamkeit in ſelbe eingetragen wor=
den ſein, die nur von Arianern oder Halb=Arianern er=
dichtet, und in der Abſicht herausgegeben waren, um vor=
geben zu können, daß Liberius auf ihrer Seite ſtehe?
Mochten ihre Behauptungen bei Einigen immerhin eini=
gen Glauben gefunden haben, ſo war dies doch keines=
wegs bei Allen, oder bei der Mehrzahl der Zeitgenoſſen
25

Liberii der Fall, und gerade bei denen nicht, die die=
sen zunächst folgten, und denen es doch sehr daran liegen
mußte, darüber Gewißheit zu haben, und welche dießfalls
auch gewiß alle Sorge angewendet; demungeachtet aber
von diesem Falle nichts melden. Es schweigen davon
die ältesten Kirchengeschichtschreiber; ein Severus,
ein Sulpicius, ein Socrates, ein Sozome=
nus, ein Theodoretus; es schweigen Menea,
Theophanes, Nicephorus, Callistus, selbst
Photius schweigt! — Der hätte doch nicht geschwie=
gen, wenn er das Gegentheil hätte geschichtlich bezeugen
können!! Und alle diese schweigen nicht nur, sondern
sie sagen gerade das Gegentheil.

So Theodoret, der in seiner Geschichte der Arianer, sich der Werke des Athanasius selbst bediente.
Er gibt als Ursache der Zurückberufung des Liberius,
nicht den vorgeblichen Fall Liberii, sondern die Ver=
wendung der römischen Damen bei dem Kaiser, und die
Acclamationen des Volkes im Circus an. Theodo=
ret nennt diesen Papst nie ohne großes Lob; bald den
berühmten Liberius, bald einen ruhmwürdigen Strei=
ter der Wahrheit — "celeberrimum Liberium — glorio-
sum veritatis athletam." — Und damit man ja nicht
glaube, daß er durch eine minder würdige Handlung auf
seinen Stuhl zurückgekehrt sei, gibt Theodoret ihm
eben wegen seiner Rückkehr den Beinamen: „der Be=
wunderungswürdige;" was Liberius nimmer gewe=
sen wäre, wenn Er aus Gefälligkeit für den Kaiser, Ver=
räther an dem Heiligthum der Wahrheit und des Glau=
bens geworden wäre! Nach diesem Zuruf des christli=

chen Volkes, schreibt Theodoret, welches den Libe=
rius von dem Kaiser im Circus verlangte, kehrte jener
bewunderungswürdige Liberius zurück. — "Post has
Christianae plebis acclamationes, Liberium ab impe-
ratore postulantis in circo, reversus est *admirabilis*
ille Liberius!"

Sulpicius Severus, welcher die Bruchstücke
des Hilarius in seiner Geschichte der Arianer übri=
gens sehr benützte, thut auch nicht mit einem Worte von
dem Falle des Liberius Meldung, und schreibt seine
Wiedereinsetzung gleichfalls den Unruhen und dem Auf=
ruhr der Römer zu, von denen in den Bruchstücken des
Hilarius kein Wort steht. Die Briefe, welche man
nun in diesen Fragmenten lies't, tragen übrigens selbst
das Gepräge der Unterschobenheit an sich; verschiedener
Widersprüche wegen, auf die man in denselben stößt, als
z. B. wenn man in eben diesen Briefen lies't, daß Con=
stantius in die Wiedereinsetzung Liberii nicht gerne
eingewilliget habe, und sich endlich dazu nur, bewogen
durch die Bitten des Valens, Ursacius, Ger=
minius, Vincentius, Capuani, Fortu=
natius aus Aquiläa, und andere Orientalen, verstehen
wollte. Auch Socrates, der die Wiedereinsetzung
des Liberius einem Volksaufstande zuschreibt, er=
wähnt nicht nur nicht den vorgeblichen Fall dieses Pap=
stes, sondern zeugt gleichfalls für das Gegentheil, da er
schreibt: „der Kaiser hätte, durch einen Aufruhr der
Römer bewogen, obwohl ungern, — "licet invitus," —
zur Wiedereinsetzung seine Einwilligung gegeben." —
Hätte ihn dann der treulose Kaiser nicht gerne wieder

eingesetzt, wenn er den standhaften Muth L i b e r i i ge-
brochen, und ihn dahin gebracht hätte, seine Freiheit
durch einen so schändlichen Fall in den gleichen Glaubensirrthum zu erkaufen? — R u f i n u s selbst, dieser
gewiß nicht gefallsüchtige Parteigänger der Päpste, schreibt
im zweiten Buche seiner Kirchengeschichte, welches um das
Jahr 402 geschrieben ward, also: „L i b e r i u s , Bischof der Stadt Rom, kehrte bei Lebzeiten des C o n s t a n -
t i u s zurück. — Ob es aber seiner Willensänderung,
oder aber der Gunst des römischen Volkes zuzuschreiben
sei, daß ihm späterhin Ruhe gegönnt war, das weiß ich
nicht." — Also ein R u f i n !" —   v)

Die Arianer freilich, besonders im Orient, überließen
sich bei der ersten Nachricht der Rückkehr des L i b e r i u s
gleich ihren Wünschen und Vermuthungen, und schrien
dieselben als sicher aus, was bei der damaligen, sehr be-
schränkten Communication auch lange benützt werden
konnte, die Gläubigen zu beängstigen, und wo möglich zu
täuschen.   Gelang ihnen dies bei Einigen, so gewiß nicht
bei jenen, welche durch ihr Ansehen eine wahrhaft be-
weisende Stimme hatten, und gewiß auch nicht bei der
besser unterrichteten Mehrzahl. Nebst den genannten
Kirchen-Schriftstellern, erwähnen auch viele andere hl.
Väter des L i b e r i u s mit den größten Lobeserhebungen;
ja in verschiedenen Marterbüchern des Morgen- und
Abendlandes wird L i b e r i u s unter den Heiligen auf-
gezählt, eben wegen der unbesiegbaren Standhaftigkeit,
die er in Vertheidigung des Glaubens, durch erlittenes

---

v) Cap. 27.

Exil und auch späterhin in harten Prüfungen, so glorreich bewährt hatte.

War es denn nicht eben dieser L i b e r i u s, der einem Concil und zwar einem der zahlreichsten des ersten
Jahrtausend christlicher Zeitrechnung, dem zu Rimini,
in welchem diese große Zahl von Bischöfen getäuscht oder
verführt zu einer sündhaften Unterzeichnung aus Furcht
vor dem Kaiser sich neigten, — beinahe allein gegenüber
stand, und aus apostolischer Machtfülle das ganze Concil und seine Acta cassirte! — Nein, großer Held, der du
mit solcher Macht und solchem Muth das Richtschwert
Petri zu führen gewußt, dir sieht die Schwäche wahrhaf-
tig nicht gleich, die man dir zumuthet. Hingegen denen,
die es zuerst gethan, — wir meinen die orientalischen
Arianer, die arianischen Griechen — diesen ja sieht die
Treulosigkeit der Verläumdung und die Unterschiebung
falscher Zeugnisse dafür ganz gleich, und mehr noch sieht
ihnen gleich; denn diese Griechen haben späterhin oft
noch mehr verläumdet, erdichtet und gethan, wie wir es
an einigen Orten in unserer Abhandlung bereits gerügt
und nachgewiesen. Um so leichter konnten sie bei L i b e -
r i u s, wie gesagt, irgend einen Schein von Möglichkeit
benützen, und die erfolgte Rückkehr des L i b e r i u s aus
dem Exil so lange als Deckmantel gebrauchen, als es
ging; wenngleich die Verläumdung unglaublich genug
war. Man bedenke nur mit welchem Ausdruck L i b e r i u s
die Formel, welche dieses Concil unterschrieb, cassirte; —
Er heißt sie "blasphemam," „eine gotteslästerliche!"
Einem solchen Manne sieht der Fall in eine gleiche
Schlinge wahrlich nicht gleich, — und er verdient die

Verehrung, welche die Mit= und Nachwelt ihm als einem Heiligen gezollt. So nennt ihn Ambrosius, "sanctae memoriae virum" — „einen Mann heiliger Gedächtniß." — Basilius „den Hochseligen" "Beatissimum. epist. 74." Epiphanius „den Seligen" "Beatum. haer. 75." Gleichfalls Siricius in " epist. ad Himerium c. i."

Von ihm wird auch glorwürdige Meldung gethan im Brevier am 5. August. Endlich wird sein Name im Verzeichnisse der Päpste im Marterbuche " B. Bedae Martyrologium;" in dem Marterbuche des Wandalbert; in den Heiligenbüchern oder "Synaxariis et Menaeis;" der Griechen am 27. August als der, eines heiligen Papstes gefeiert.

Beweiset dieß Alles nicht, daß sein Fall ganz unwahrscheinlich, und wirklich nur Verläumbung sei? Und, wie will also Jemand aus solch einer, in jedem Falle nicht beweisbaren Thatsache, Beweise nehmen gegen ein also erwiesenes Recht, wie jenes ist, das wir hier vertheidigen?

Doch angenommen Alles, was man Liberius vorwirft, bewiese dieß Alles noch nichts gegen uns; denn wir fragen zweitens: War das, dessen ihr Liberius beschuldiget, eine formelle, an die Kirche gerichtete, gültig erlassene Glaubensentscheidung? — Ant. Mit nichten.

Zwei Vergehen nämlich werden Liberius zur Last gelegt: Das Eine ist, daß er sich von der Kirchengemeinschaft des Athanasius — diesem großen Kämpfer der katholischen Sache im Orient — getrennt; das Zweite, daß er jene Formel von Syrmium unterschrieben habe, welche Hilarius "perfidiam arcanam" nennt.

Wir antworten: Beides, selbst angenommen, beweiset Nichts gegen uns.

Nicht das Erste; — denn die Kirchengemeinschaft mit einem Menschen aufgeben, der zwar rechtgläubig ist, von dem man aber falsch berichtet meint, er sei es nicht, ist keine Glaubensentscheidung, und geschähe sie selbst wider besseres Wissen und Gewissen, so ist es wohl eine Sünde; aber keine an die ganze Kirche gerichtete formelle Glau=bens=Entscheidung; beweiset also nichts gegen die apo=stolische Machtvollkommenheit des Papstes als Oberhaupt der Kirche, sondern bloß die Sündfähigkeit des Papstes — und diese hat er als Mensch.

Was aber das Zweite: die Unterschreibung der For=mel von Syrmium anbelangt, so kommen alle Gelehrten, ja auch die Gegner darin überein, daß es nur jene erste Formel von Syrmium gewesen sei, gegen P h o t i o n herausgegeben, welche der hl. H i l a r i u s in seinem Werke „Von den Synoden" selbst als echt katholisch in Schutz nimmt. In seinen Fragmenten nennt er sie deßwegen Treulosigkeit, "perfidiam," weil nach seinem Dafürhalten, was immer nicht in dem Einen Glaubens=bekenntniß von Nicäa enthalten war, Treulosigkeit "per-fidia" genannt werden sollte, wie er sich in seinem Buche gegen C o n s t a n t i u s No. 24 ausdrückt. Es war diesem Eiferer der katholischen Wahrheit aus Ursache der ihm bekannten Arglist der Arianer, auch nicht ohne Grund Alles verdächtig, was anders klang und lautete als das Symbolum von Nicäa. In der That aber war Alles, was diese erste Formel enthielt, wahr und katholisch; — es war nur in böswilliger Absicht von den Arianern in

derſelben das "consubstantialis Patri" ausgelaſſen.
Dem L i b e r i u s kann alſo im höchſten Fall nur dieſes
zum Verbrechen gemacht werden, daß er jene Glaubens=
formel unterſchrieben habe, in welcher die Worte "consubstantialis Patri" „der nämlichen Weſenheit mit dem
Vater" ausgelaſſen waren; was dann von den Ketzern
erklärt werden konnte, als nähme er den Irrthum in
Schutz. Nun aber, dasjenige bloß verſchweigen, was
katholiſch iſt, und was ein Katholik öffentlich bekennen
ſoll, iſt wohl eine Sünde gegen die ſchuldige Offenheit
des Bekenntniſſes; — und das Unterſchreiben, welches
man wegen beſagter Auslaſſung als eine Beſtätigung
des Irrthums anſah, wäre wohl eine Sünde des Aerger=
niſſes geweſen;— nie aber kann es eine Definition und
formelle Beſtätigung und Lehre des Irrthums, im
eigentlichen Sinne genannt werden. — Wenn daher
L i b e r i u s, angenommen, daß er dieſe Formel un=
terſchrieben, welche dasjenige gefliſſentlich verſchwieg,
was doch damals Pflicht war, öffentlich zu bekennen,
von einer Sünde des Aergerniſſes nicht entſchuldigt
werden konnte: kann er doch nimmermehr einer for=
mellen, irrigen, an die Kirche erlaſſenen Glaubensent=
ſcheidung bezüchtiget werden; — und es beweiſet alſo
auch die Suppoſition des Falles nichts gegen die Irr=
thumsloſigkeit des Papſtes "ex cathedra docentis."

Ja, wir dürfen noch mehr zugeben, und würden
unſerer Behauptung noch nichts vergeben. — Selbſt
zugegeben, (was doch ſelbſt die Gegner nicht prätens
diren,) ſelbſt zugegeben, L i b e r i u s habe eine von den
zwei andern arianiſchen Syrmiſchen Glaubensformeln

unterſchrieben, — bewieſe auch dieſer Fall nichts gegen den unfehlbaren Glaubensprimat der Nachfolger Petri. Denn wie bei Entſcheidungen eines Concils, und zwar nach den unumſtößlichen Principien des Naturrechtes ſelbſt, iſt auch zur gültigen und bindenden Glaubens= Entſcheidung der Päpſte erforderlich, daß der Papſt in ungeſchmälerter Freiheit ſeiner Amtsgewalt die Ent= ſcheidung ergehen laſſe; ſo daß von demſelben, wie von dem Ausſpruche des Hieroſolimitaniſchen Concils, geſagt werden kann: "Visum est Nobis et Spiritui sancto," — „es hat Uns und dem hl. Geiſte gefallen;" mit andern Worten: die Entſcheidung muß ohne Anwen= dung von äußerem Zwange erlaſſen ſein, ſo daß kein moraliſcher Zweifel obwalte, ob das Entſchiedene wirk= lich Ausſpruch des Entſcheidenden, und nicht vielmehr Ausdruck der Erpreſſenden ſei, wie dieß bei Liberius der Fall geweſen wäre. — Nach den Anſchuldigungen der Gegner ſelbſt, wäre ja die Unterſchreibung als Be= dingniß der Befreiung aus dem Exil erfolgt, und dem= ungeachtet erſt nach Jahren erfolgt. — Geſetzt alſo auch, die Unterſchreibung wäre erfolgt, ſo wäre dieſelbe rein nur als Mittel der zu erhaltenden Befreiung aus dem Exil und als Wirkung eines Mißbrauches kaiſerlicher Gewalt, nie aber als legitime Ausübung der legitimen Gewalt des Pontificats zu betrachten; und nur dieſem ſtehet die in Frage ſtehende Prärogative der Entſchei= dung zu. — Da dieſe Behauptung in der Natur der Sache liegt, und auf Grundſätzen des natürlichen Rech= tes ſich fußet, welches da auch ein Fels der Wahrheit iſt, den die Pforten der Hölle nie ſtürzen werden, ſo konnte auch dieser prätendirte Fall des Liberius selbst bei jenen, denen man diesen vorlog, durchaus nicht den Charakter einer päpstlichen Entscheidung an sich tragen; sondern sie erklärten dieselbe für das, was sie wirklich gewesen wäre, nämlich: als eine Entscheidung der Arianer, die sie erpreßt, nicht aber des Liberius, von dem sie erpreßt war; mithin als illegitim, nicht als Ausfluß des Glaubensprimates, also auch für die Kirche nicht bindend. Dieß ist auch die Bemerkung des hl. Athanasius, in seinem 48. Briefe an die Einsiedler.

Gleichwie Niemand sagen wird, Petrus, da er aus Furcht den Herrn verläugnete, habe gelehrt, man müsse Christum verläugnen: eben so wenig hatte Liberius, wenn er je die Consubstantialität des Sohnes läugnete, gelehrt, daß sie zu läugnen sei; sondern, er hätte dann die Consubstantialität des Sohnes nur aus Ueberdruß der Verbannung, und aus Furcht des Todes gezwungen, nicht ausgesprochen.

Man mag also annehmen, was man auch nur immer gegen Liberius prätendirt; sein Fall beweiset wohl die Schwäche der Gegner in der Geschichte, Theologie, Logik und im natürlichen Rechte: entkräftet aber nicht im Mindesten die Begründung des von uns vertheidigten Pontificalrechtes; sondern wie es bei den oben angeführten Einwürfen schon der Fall war, und bei Einwürfen gegen die Wahrheit immer der Fall sein muß, der Einwurf bezeugt in seiner Lösung noch offenbarer, als früher, die Wahrheit und unerschütterliche Begründung dieses Rechtes der Nachfolger Petri. Liberius ist es gerade, auf den wir uns ganz ausgezeichnet bei der Nachweisung

dieser Glaubensprärogative des Oberhauptes der Kirche
berufen; denn in der ganzen Reihe der Päpste sehen wir
kaum Einen, der so ausgezeichnet und auffallend als Fels
der Kirche in dem Bewußtsein und in der Ausübung
dieser Vollmacht des apostolischen Glaubensprimates da=
steht, als Liberius gegenüber den Beschlüssen des
Conciliums der siebenhundert Bischöfe, die von Syrmia
eingerechnet, nach deren Unterzeichnung, wie Hierony=
mus so kräftig sagt, die ganze katholische Welt sich mit
Verwunderung in eine arianische verwandelt sah! — nur
das Haupt ausgenommen!! — Ihnen allen gegenüber
steht dieser Eine Liberius, das Schwert Petri in
seiner Rechten, mit dem er die Acta des Concils richtet.
Es war und blieb gerichtet!! —

Wir gehen zur Beleuchtung des prätendirten Falles
des Papstes Honorius über. — Er soll Mono=
thelismus gelehrt haben.

Zu den Zeiten seines Pontificates nämlich wurden
jene Stürme aufgeregt, welche den ganzen katholischen
Orient entzweiten, nämlich die Streite von der zweifachen
Wirkung und dem doppelten Willen in Christo. — Nach=
dem diese Stürme bereits wogten, und dem Glauben die
höchste Gefahr drohte, so war es Pflicht des Papstes, um
die Einheit des Glaubens zu bewahren, und um seine
Brüder im Glauben zu stärken, (besonders, da der ganze
Hergang der Sache von drei Patriarchen dem apostolischen
Stuhle selbst berichtet worden war,) eine Entscheidung
in Vollmacht des apostolischen Glaubensprimates Petri
auszusprechen. Dieß nun hat Honorius nicht
gethan; aber nicht, weil er gegen das katholische Dogma

gesinnt war: sondern weil er aus Fahrlässigkeit vor=
zog, die Entscheidung zu verschieben. Allein seine Hoff=
nung betrog ihn. Der Irrthum griff eben wegen dieser
Unterlassung immer weiter um sich, und schlug tiefere
Wurzeln. — Da aber diese Unterlassung keine
Entscheidung des Glaubens war, so irrte er ja
nicht in einer Entscheidung.

Doch wir wollen den Fall selbst genau erwägen,
dessen Honorius beschuldiget wird, und wollen selbst
die Briefe einsehen, in welchen er den Monothelismus
gelehrt haben soll. Jene zwei Briefe nämlich, welche er
über die Eine oder zwei Wirkungen und Willen in
Christus an Sergius den Patriarchen, geschrieben.
Aus eben diesen Briefen aber zeigen und beweisen
wir, daß er weder den Irrthum der Monotheliten ge=
lehrt, noch vielweniger denselben als Glaubenssatz ent=
schieden habe.

Daß Erstens Honorius in Betreff des Dogma's
selbst recht gedacht habe, erhellet klar aus den Worten
dieses Papstes in diesem Schreiben an Sergius,
in welchem er die Wirkungen und Willen beider Na=
turen, — der göttlichen und menschlichen,
deutlich unterscheidet. — Sergius näm=
lich, mit der Secte der Monotheliten, behauptete, und
lehrte: „In Christo wäre nur Ein Wille gewesen,
nämlich der göttliche, in welchem der mensch=
liche so aufgegangen und verschmolzen gewesen
wäre, als wie ein Tropfen Wein im Meere zu Wasser
wird." — Desselben Irrthums nun beschuldiget man
Honorius. — Doch, hören wir aus den eigenen

Worten des H o n o r i u s, mit welchem Unrechte. —
Er schreibt nämlich in seinem zweiten Briefe an S e r =
g i u s also: „Was das Dogma der Kirche in Bezug
„die zwei Naturen anbelangt, so müssen wir in dem
„E i n e n Christus z w e i N a t u r e n bekennen, welche
„in natürlicher Einheit verbunden in wechselseitiger
„Gemeinschaft handeln und wirken, und zwar die gött=
„liche, welche thut, was Gottes ist, und die menschliche,
„welche thut, was des Menschen ist; und wir lehren,
„daß dieses weder getheilt, noch vermischt geschehe, oder
„mit Verwechslung der Natur, so, d a ß w e d e r d i e
„N a t u r G o t t e s i n d i e N a t u r d e s M e n =
„s ch e n, n o ch d i e N a t u r d e s M e n s ch e n i n
„d i e N a t u r G o t t e s v e r w a n d e l t w u r d e.“
"Quantum ad *dogma* ecclesiasticum pertinet, *utrasque*
"*naturas* in uno Christo unitate naturali copulatas
"cum alterius communione operantes atque operatri-
"ces confiteri debemus, et divinam quidem, quae Dei
"sunt, operantem, et humanam, quae carnis sunt,
"exequentem; *non devise, nec confuse, aut inconver-*
"*tibiliter Dei naturam in hominem, et nec humanam*
"*in Deum conversam, docentes.*" — Und gleich darauf
bestätiget Er das Vorhergehende mit diesen klaren Wor=
ten, nämlich: „daß die zwei Naturen, — die göttliche
und menschliche Natur, — in der Person des Einge=
bornen Gottes des Vaters unvermischt, unzertheilt,
ohne Verwandlung, j e d e e i g e n t h ü m l i ch w i r =
f e n.“ —— "Duas naturas, i. e., Divinitatis et carnis
assumptae in una Persona Unigeniti Dei Patris, in-
confuse, indivise et inconvertibiliter *propria operari.*"

Konnte wohl der Papst klarer und deutlicher das katho=
lische Dogma an und für sich bekennen, dessen Ver=
fälschung er doch angeklagt wird? — und wir fordern
seine Ankläger mit Recht auf, sie sollen versuchen, uns
das katholische Dogma gegen den Monothelismus klarer
auszusprechen. Wenn er also im ersten Briefe an Ser=
gius nur von Einem Willen Meldung thut, so meinte
Honorius damit nicht bloß den Einen Willen der
Gottheit, wie Sergius, sondern er wollte sagen:
„Christus habe nicht, wie wir Adamskinder, einen sich
durch den Zunder der Leidenschaft in seinen Begierden
widersprechenden und so gleichsam getheilten
Willen an sich genommen; da dieser Zustand nicht natür=
liche Eigenschaft des Willens an sich, sondern nur Folge
des Falles unserer Natur ist. — Er läugnete den zwei=
fachen sich widersprechenden menschlichen
Willen, welchen einige in Christo, wie Sergius
in seinem Brief an den Papst meldet, und gewiß irrig
behaupteten. Wem ist es unbekannt, wie diese Lästerung
ja auch in neuester Zeit im Güntherianismus noch An=
klänge fand?

So erklärten schon die Zeitgenossen und unmittelbaren
Zeitnachfolger die Gesinnungen des Honorius, wie
Johann IV. in seiner Schutzrede an Kaiser Con=
stantius, und der hl. Maximus, der Martyrer,
in seinem bekannten Dialog mit Pyrrhus. — Ja,
was noch weit wichtiger für uns ist, diesen Sinn des
Honorius bestätiget sogar der Secretär des Papstes,
welcher den ersten Brief an Sergius geschrieben hatte
und ein Zeitgenosse des hl. Maximus war. — Der

hl. Blutzeuge schreibt in der citirten Stelle, aus dem Munde dieses Secretärs, der damals noch lebte, als Maximus diese Worte von ihm anführt, die jeden Zweifel beseitigen. „Da Sergius geschrieben hatte, daß es Einige gebe, welche sagten, in Christus wären zwei sich widersprechende Willen; so antwortete Honorius: „Einen Willen habe Christus gehabt, nicht zwei sich widersprechende, nämlich den des Fleisches und des Geistes, wie wir haben nach der Sünde; sondern nur Einen, welcher natürlich seine Menschheit bezeichnete."—Und an einer andern Stelle: „Wir haben gesagt, daß es in dem Herrn nur Einen Willen gebe, nicht zugleich seiner Gottheit und Menschheit, sondern nur seiner Menschheit nach." — "Quum enim Sergius scripsisset, esse, qui dicerent, in Christo *duas contrarias voluntates*, resqondit (Honorius), unam voluntatem Christum habuisse, non duas *contrarias carnis et spiritus*, sicut *nos habemus post peccatum*, sed unam tantum, quae naturaliter ejus humanitatem insigniret. . . . Unam voluntatem diximus in Domino, non divinitatis et humanitatis, sed *humanitatis dumtaxat."*

Daß aber dieser Secretär, welcher den Brief in der Person des Honorius geschrieben hatte, ein ganz glaubwürdiger Zeuge sei, erhellt zu Genüge aus dem Geständnisse des nämlichen hl. Maximus; denn er sagt von ihm: „Er lebt noch und erleuchtet durch seine Tugenden und Lehrsätze der Frömmigkeit den ganzen Occident. — Doch noch einen kräftigeren und ganz unmittelbaren Beweis haben wir. — Der

Papst selbst erklärt mit vieler Beredtsamkeit in dem nämlichen Briefe, wo er von Einem Willen spricht, unter andern mit Folgendem, diesen Sinn seiner Worte: „Weil in der That," sagt er, „von der Gottheit unsere Natur angenommen wurde, nicht die Schuld; jene, wie sie vor der Sünde erschaffen war, nicht jene, durch die Uebertretung verderbte." "Quia profecto a divinitate assumpta est *nostra natura*, non culpa; illa profecto, quae ante peccatum creata est, non quae post praevaricationem vitiata." Und nachdem er einige Zeugnisse der hl. Schrift, welche sich auf die Verderbtheit des menschlichen Willens und den Streit, in welchem er mit der Vernunft steht, beziehen, angeführt hat, schließt er damit: „Es ist also von dem Erlöser nicht die verdorbene Natur, wie wir gesagt haben, angenommen worden, welche dem Gesetze des Geistes widerspricht ꝛc."—"Non est itaque assumpta, sicut praefati sumus, a Salvatore vitiata natura, quae repugnat mentis legi etc." — Nichts in der That konnte bestimmter und klarer zur Erklärung dieses Briefes des H o n o r i u s gesagt werden.

Der Fehler des Honorius dessen Rechtgläubigkeit Papst J o h a n n IV. und M a r i m u s, der Martirer, in ihren Apologien vertheidigten, war kein Irrthum im Glauben, sondern, wie gesagt, ein Fehler der Fahrlässigkeit und der Unterlassung; weil Er nämlich, wie es doch nothwendig war, aus unkluger Nachsicht, durch keine definitive Entscheidung die katholische Lehre ausgesprochen hat, und zwar bindend für die ganze Kirche; ferner weil Er sich der entstehenden Ketzerei nicht kräftig genug entgegensetzte, wie Er sollte; weil Er endlich, sich in sträfli-

.cher Leichtgläubigkeit ganz gegen die gewöhnliche Wach-
samkeit der obersten Hirtensorge der Statthalter Christi
durch die Briefe des S e r g i u s überlisten ließ; und
sehr zur Unzeit blos ein allgemeines Stillschweigen gebot:
auch seinerseits Ausdrücke nicht vermied, welche die ihm
wohlbekannte Verschmitztheit der Griechen zu Gunsten
der Ketzerei auslegen konnte, und wirklich ausgelegt hat,
so wie es auch heute noch die Feinde des Primats zu thun
belieben.

Daß H o n o r i u s von einer f o r m e l l e n Entscheidung nichts wissen wollte, erhellet aus den Briefen dieses
Papstes selbst. In seinem zweiten Briefe an S e r g i u s
heißt es ja ausdrücklich: „Wir sollen in Christo eine oder
zwei Wirkungen seines Willens nicht durch einen definitiven Ausspruch verkündigen;" "Nos non oportet unam
vel duas operationes *definientes* praedicare;" — was er
doch, wie gesagt, Kraft seines apostolischen Amtes bei
solchen Umtrieben im Orient hätte thun müssen, wenn er
sich nicht äußerlich den Ketzern günstig bezeigen wollte.

Daher ist selbst N a t a l i s A l e x a n d e r, der doch
gewiß keinem Gegner, der zu großen Zuneigung für den
apostolischen Stuhl, verdächtig ist, mit zahllosen andern
Gelehrten ganz unserer Meinung und beweiset mit der
ihm eigenen Gründlichkeit, daß das sechste ökumenische
Concilium, auf welches sich die Gegner in Betreff H o -
n o r i u s mit solch vermeintlichem Triumph ihrer Sache
zu berufen pflegen, H o n o r i u s nicht als Ketzer verdammt habe, sondern nur als einen solchen, welcher der
aufkeimenden Ketzerei sich nicht, wie es Pflicht war und
Noth that, widersetzte, wohl aber durch seine Fahrlässig-

26

keit und Unvorsichtigkeit dieselbe begünstigte, und so Anlaß zu vielen Glaubensstürmen gab.

In demselben Sinne ist L e o II. zu verstehen in seinem Briefe an die Bischöfe Spaniens.

Das sechste Concilium selbst, zugegeben, daß dessen
Acte unverfälscht an uns gekommen, was doch von großen Kritikern geläugnet wird, unterscheidet H o n o r i u s ,
ausdrücklich von S e r g i u s und den Monotheliten, und
brandmarkt ihn nur als deren Gönner. Wäre es je die
Ansicht dieses Conciliums gewesen, H o n o r i u s habe
Monothelismus gelehrt, nie hätte A g a t h o durch seine
Gesandten vor demselben ein so unbedingtes Zeugniß
von dem unerschütterlichen Glauben aller seiner Vorfahren ohne Ausnahme gegeben, und nie hätte das Concilium durch Acclamation eine solche Aeußerung bestätigen
können, wie wir dies oben nachgewiesen, wenn H o n o -
r i u s einen Irrthum entschieden, und die hl. Synode
ihn als einen Ketzer verdammt hätte ?! — Man bedenke
doch die Worte A g a t h o s an den Kaiser und den ganzen Orient, wenn er also schreibt : "Liberanda est S.
Dei Ecclesia, imperii vestri mater, de talium Docto-
rum erroribus et evangelicam atque apostolicam orthodoxae fidei rectitudinem, quae fundata est *super firmam
petram hujus b. Petri apostolorum principis ecclesiae,
quae ejus praesidio ab omni errore illibata permanet,*
omnis praesulum numerus ac sacerdotum, cleri ac po-
pulorum, unanimiter ad placendum Deo veritatis, formulam apostolicae traditionis nobiscum confiteatur et
praedicet." — Wir haben die Acclamationen und Bekenntnisse der Väter dieses Conciliums früher bereits

angeführt. Wie ließe sich dies mit der Verdammung des Honorius als Ketzer in demselben Concil vereinbaren? Uebrigens, wie gesagt, gestatten die Ausdrücke des Concils selbst nicht diese Zumuthung; denn dasselbe nennt den Honorius ausdrücklich nur einen Gönner der Monotheliten, und scheidet ihn von den Häuptern dieses Irrthums; erwähnt Seiner nur wie gelegentlich ganz zuletzt, wo doch gewiß, wenn das Concil den Honorius für schuldig erkannt hätte, es den Namen desselben oben an hätte setzen müssen.

Aus diesem nun mag man entnehmen, was man von den übrigen Fällen zu halten habe, welche man andern Päpsten zumuthet, die nach dem Geständnisse Bossuets selbst von viel geringerem oder von gar keinem Belange sind, von dem nichts zu sagen, daß die historische Evidenz der Thatsachen selbst zumeist ermangelt. Wahrlich, um gegen ein Recht mit Erfolg aufzutreten, das auf so mächtigen Pfeilern ruht, gehört eine ganz unläugbare Evidenz der Thatsache, die aber in Hinsicht auf diese angeblichen Irrthümer der beschuldigten Päpste sich durchaus nicht vorfindet. Sie sind auch alle bereits von so vielen namhaften Gelehrten widerlegt, als da sind: Ballerini, Mansi und Roncaglia, Cardinal Orosius, Jacobus Serry, Milante, Sarbagna 2c., die man nachlesen kann.

Wir können nicht umhin, bevor wir schließen, noch einen Anstand zu heben, der wohl so bestimmt mit Worten nicht leicht irgendwo ganz formell ausgesprochen zu treffen ist; den wir aber doch, und das in so manchen Herzen zu lesen meinen, und welcher nicht wenig hinderlich wäre, der Wahrheit den vollen Zutritt zu gestatten; nämlich die Besorgniß:

„Ob man denn dadurch, daß man alle Gewalt in dem „Einen Bischofe von Rom anerkenne, dem Ansehen „der übrigen Hirten im Reiche der Kirche nicht zu „nahe trete, oder dasselbe nicht zu sehr erniedrige."

Wir antworten: Nein! im Gegentheil. Es kann ja das hohe Ansehen der bischöflichen Amtsgewalt und die göttliche Sendung in der Lehre nur heben, wenn wir die= selbe allein jenem unterordnen, den Christus zum Haupt der Kirche gesetzt. Erniedriget wird ein Ansehen nur in dem Maße, als die Zahl derjenigen wächst, die nur Ihres Gleichen sind, und von denen man sie abhängig macht, wie dies der Fall gerade bei febronianischen und gallica= nischen Grundsätzen ist. Gewiß höher gestellt erscheint mir ein F e n e l o n, der weder vor einem B o s s u e t, noch vor allen den Bischöfen Galliens sein Haupt neiget; sondern nur vor dem Einen Statthalter Jesu Christi, bei dem die Klage des Streites der ihn betreffenden Lehre angemeldet und entschieden ward, und allein vollgültig entschieden werden konnte.

Ferner, die Würde des ganzen Episcopates ist nur Eine, und wurzelt und entspringt, wie wir die Väter re= den gehöret, in eben der Machtfülle des apostolischen Stuhles. Je höher diese erstrahlt, desto glänzender leuchtet den Völkern und ihren Gewalthabern auch die bischöfliche Würde; je mehr jene erniedriget wird, desto tiefer sinkt auch diese. — Welche Belege gab die neuere und neueste Zeit dafür! — Die Richtigkeit dessen erhellet auch klar, wenn man die Sache in Vergleich mit dem An-

fehen der Machthabenden in zeitlichen Staaten bringt.
Je höher die Obergewalt des Regenten ist, desto höher ist
auch das Ansehen der untergeordneten Amtsgewalten eines solchen Hauptes in der Verwaltung eines Reiches.

Keineswegs thut also dieser Glaubensprimat dem Lehransehen des übrigen Episcopates irgend einen Abbruch.
Immer bleibt seine göttliche Sendung zur Lehre, inner-
halb der ihm anvertrauten Heerden sehr hoch gestellt, und
nur dem Einen Oberhaupte von Gott gesetzet, unterge-
ordnet.

Es steht also die Wahrheit, die wir vertheidiget, das
Recht Petri in seinen Nachfolgern fest. Wie Leo
der Große gesagt, v) und wie es die Geschichte
aller Zeiten der christlichen Aera dargethan, und wie es
unsere Zeit so herrlich der Welt von Neuem beweiset:
„Der heil. Petrus, ausharrend auf dem ihm übergebenen Felsen, verläßt die ihm übergebene Leitung der
Kirche nicht; seine Macht lebt auf dessen Thron, sein Ansehen glänzt dort, und seine Würde weicht von seinem Erben nicht." So ist die wahre Kirche auf dem Felsen gebaut, gegen welche die Mächte der Finsterniß vergebens
toben; so wurde die Bitte des göttlichen Heilandes er-
hört, daß bis jetzt der Glaube des Petrus nicht nachließ,
noch je beirrt werden wird auf seinem Sitze. Unerschütterlich, wie die Würde selbst, ist auch diese
Glaubenskraft Petri in seinen Nachfolgern. Alle Einwürfe dagegen fallen wie Sternschnuppen in finstere Leere
von diesem Firmamente der Wahrheit, das uns zum Be-

---

v) Leo Magn. serm. 3.

weise dieses Rechtes aus den Annalen der Zeit in göttli=
cher und menschlicher Autorität licht und klar entgegen=
strahlet, und das wir in unzählbaren Sternen erster Grö=
ße, in den Zeugnissen, deren wir erwähnt, und auf die
wir hingewiesen, so wunderherrlich besäet, vor unserem
Geistesauge leuchten sehen.

Nicht nur funkeln an diesem Glaubensfirmamente, wie
an dem des sichtbaren Himmels, Tausende von einzelnen
Sternen, in den einzelnen Bekenntnissen, sondern eine
wahre Milchstraße von Zeugnissen ist über die Höhe des=
selben ausgegossen. — Die angeführten Stellen, sie stehen
ja nicht allein da zerstreut am Himmel der Zeiten, son=
dern sie sind im Verbande mit den Glaubenszeugnissen
g a n z e r Länder und Völker auch der f e r n s t e n Jahr=
hunderte.   Man nenne uns eine andere Glaubenswahr=
heit, für welche die Erblehre der Kirche auf eine so viel=
seitige und dabei so vollständige und entscheidende Weise
ihr Gewicht in die Wagschale der Wahrheit gelegt hätte,
als eben für die Beglaubigung dieser unserer Thesis,
und für das durch dieselbe ausgesprochene göttlich ge=
gebene Recht der Nachfolge Petri.   Die unfehlbare Glau=
bensprärogative derselben bedurfte deshalb auch bisher
eben so wenig einer eigenen Definition als die Unfehlbar=
keit der Kirche selbst.   Das Gewissen der Christenheit be=
kannte dieselbe zu offen und zu feierlich.

Gleich dem Schöpfungswort in der sichtbaren Welt,
so hallt auch durch die geistige Schöpfung der Kirche das
Wort des Stifters fort in seiner wirksamen Bedeutung
und Kraft, bis auf heute:

Petrus — Pius: „Du bist der Felsen, auf dem ich meine Kirche gebaut!—Die Pforten der Hölle werden sie nicht überwältigen!" Nein, sie steht heute so fest, wie je, durch die unerschütterliche Glaubensfestigkeit ihres Hauptes.

Petrus — Pius: „Weide meine Schafe, weide meine Lämmer!"—Er weidet sie heute noch der Nachfolger Petri, und alle die zur Heerde Christi gehören, sie hören seine Stimme und folgen ihm.

Petrus — Pius: „Ich habe gebetet, daß Dein Glaube nicht wanke. Du einst stärke Deine Brüder." — Er stärkt und schirmt sie heute noch als Stellvertreter Christi und von Gott eingesetzter Lehrer des Menschenge= schlechtes, und unerschütterlich gestärkt im Glauben fühlt sich jedes wahre Kind der Kirche.

Petrus — Pius: „Dir gebe ich die Schlüssel des Himmels!" — Er hält sie heute noch in seinen Händen, der Nachfolger Petri. Mögen alle Menschenkinder Ihn als Stellvertreter Christi, der menschgewordenen Wahrheit, anerkennen, folgend in demselben Glauben, in derselben Hoffnung und Liebe, dem Einen, unfehlbaren Führer auf dem Wege des Heiles, auf daß da in Wahrheit werde:

,Ein Hirt und Eine Heerde."

Amen.